プリント形式のリアル過去問で本番の臨場感！

宮城県 市立

仙台青陵中等教育学校

2025年春受験用

解答集

本書は，実物をなるべくそのままに，プリント形式で年度ごとに収録しています。
問題用紙を教科別に分けて使うことができるので，本番さながらの演習ができます。

■ 収録内容

・解答集（この冊子です）

書籍ＩＤ番号，この問題集の使い方，最新年度実物データ，リアル過去問の活用，
解答例と解説，ご使用にあたってのお願い・ご注意，お問い合わせ

・2024（令和６）年度 ～ 2015（平成27）年度　学力検査問題

・リスニング問題音声《オンラインで聴く》　詳しくは次のページをご覧ください。

○は収録あり

年度	'24	'23	'22	'21	'20	'19
■ 問題（総合問題，作文）	○	○	○	○	○	○
■ 解答用紙	○	○	○	○	○	○
■ 配点	○	○	○	○	○	○

全分野に解説
があります

上記に2018～2015年度を加えた10年分を収録しています
2022年度より英語のリスニングを実施（音声・原稿も収録しています）
☆問題文等の非掲載はありません

教英出版

■ 書籍ＩＤ番号

リスニング問題の音声は，教英出版ウェブサイトの「ご購入者様のページ」画面で，書籍ＩＤ番号を入力してご利用ください。

入試に役立つダウンロード付録や学校情報なども随時更新して掲載しています。

書籍ＩＤ番号　103206

（有効期限：2025年9月30日まで）

【入試に役立つダウンロード付録】

「要点のまとめ(国語／算数)」

「課題作文演習」ほか

【リスニング問題音声】

オンラインで問題の音声を聴くことができます。

有効期限までは無料で何度でも聴くことができます。

■ この問題集の使い方

年度ごとにプリント形式で収録しています。針を外して教科ごとに分けて使用します。①片側，②中央のどちらかでとじてありますので，下図を参考に，問題用紙と解答用紙に分けて準備をしましょう（解答用紙がない場合もあります）。

針を外すときは，けがをしないように十分注意してください。また，針を外すと紛失しやすくなりますので気をつけましょう。

① 片側でとじてあるもの

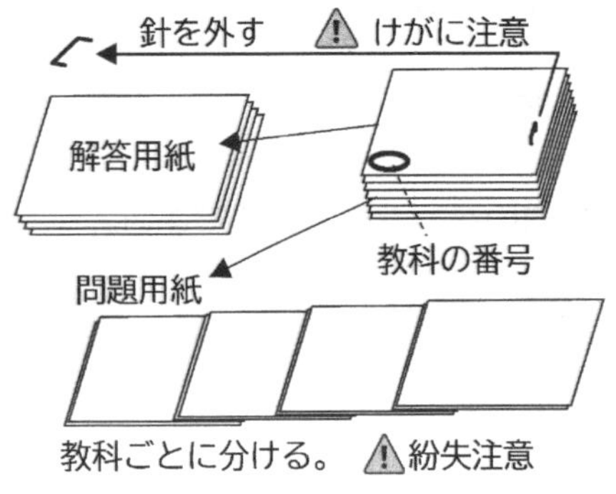

② 中央でとじてあるもの

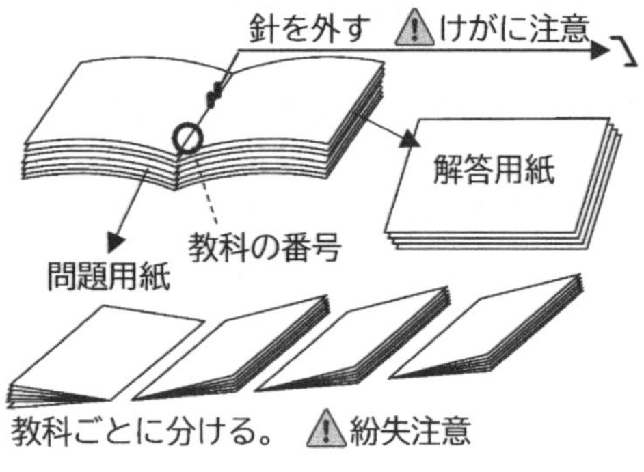

※教科数が上図と異なる場合があります。
　解答用紙がない場合や，問題と一体になっている場合があります。
　教科の番号は，教科ごとに分けるときの参考にしてください。

■ 最新年度 実物データ

実物をなるべくそのままに編集していますが，収録の都合上，実際の試験問題とは異なる場合があります。実物のサイズ，様式は右表で確認してください。

問題用紙	総合問題：Ａ４冊子(二つ折り) 作文：Ｂ５冊子(二つ折り)
解答用紙	総合問題：Ａ３片面プリント 作文：Ｂ４片面プリント

リアル過去問の活用

～リアル過去問なら入試本番で力を発揮することができる～

本番を体験しよう！

問題用紙の形式（縦向き / 横向き），問題の配置や余白など，実物に近い紙面構成なので本番の臨場感が味わえます。まずはパラパラとめくって眺めてみてください。「これが志望校の入試問題なんだ！」と思えば入試に向けて気持ちが高まることでしょう。

入試を知ろう！

同じ教科の過去数年分の問題紙面を並べて，見比べてみましょう。

①　問題の量

毎年同じ大問数か，年によって違うのか，また全体の問題量はどのくらいか知っておきましょう。どのくらいのスピードで解けば時間内に終わるのか，大問ひとつにかけられる時間を計算してみましょう。

②　出題分野

よく出題されている分野とそうでない分野を見つけましょう。同じような問題が過去にも出題されていることに気がつくはずです。

③　出題順序

得意な分野が毎年同じ大問番号で出題されていると分かれば，本番で取りこぼさないように先回りして解答することができるでしょう。

④　解答方法

記述式か選択式か（マークシートか），見ておきましょう。記述式なら，単位まで書く必要があるかどうか，文字数はどのくらいかなど，細かいところまでチェックしておきましょう。計算過程を書く必要があるかどうかも重要です。

⑤　問題の難易度

必ず正解したい基本問題，条件や指示の読み間違いといったケアレスミスに気をつけたい問題，後回しにしたほうがいい問題などをチェックしておきましょう。

問題を解こう！

志望校の入試傾向をつかんだら，問題を何度も解いていきましょう。ほかにも問題文の独特な言いまわしや，その学校独自の答え方を発見できることもあるでしょう。オリンピックや環境問題など，話題になった出来事を毎年出題する学校だと分かれば，日頃のニュースの見かたも変わってきます。

こうして志望校の入試傾向を知り対策を立てることこそが，過去問を解く最大の理由なのです。

実力を知ろう！

過去問を解くにあたって，得点はそれほど重要ではありません。大切なのは，志望校の過去問演習を通して，苦手な教科，苦手な分野を知ることです。苦手な教科，分野が分かったら，教科書や参考書に戻って重点的に学習する時間をつくりましょう。今の自分の実力を知れば，入試本番までの勉強の道すじが見えてきます。

試験に慣れよう！

入試では時間配分も重要です。本番で時間が足りなくなってあわてないように，リアル過去問で実戦演習をして，時間配分や出題パターンに慣れておきましょう。教科ごとに気持ちを切り替える練習もしておきましょう。

心を整えよう！

入試は誰でも緊張するものです。入試前日になったら，演習をやり尽くしたリアル過去問の表紙を眺めてみましょう。問題の内容を見る必要はもうありません。どんな形式だったかな？受験番号や氏名はどこに書くのかな？…ほんの少し見ておくだけでも，志望校の入試に向けて心の準備が整うことでしょう。

そして入試本番では，見慣れた問題紙面が緊張した心を落ち着かせてくれるはずです。

※まれに入試形式を変更する学校もありますが，条件はほかの受験生も同じです。心を整えてあせらずに問題に取りかかりましょう。

仙台青陵中等教育学校　2024 令和6年度　総合問題Ⅰ

《解答例》

1　1．⑴あ　⑵う　⑶い　⑷え　　2．お　　3．お

2　1．⑴い　⑵⒜1400　⒝4　　2．⑴A　⑵位置…E　方位…南　⑶ア．⑤　イ．③　ウ．①　エ．⑥

3　1．⑴あ，う，お　⑵う　　2．反乱や病気，自然災害などで苦しんでいる人々の不安を仏教の力で治めようとしたから。　　3．18 時間 45 分　　4．変化…再生可能エネルギーや原子力の割合が増加し，石油，石炭，天然ガスなどの化石燃料の割合が減少している。　効果…地球温暖化の原因の１つと考えられる二酸化炭素が減少するという効果がある。

《解　説》

1　1　【２人の会話】けんた「７月８日と９日に若葉まつりがあるよ。まつりでは伝統的な日本のダンスを見ることができるんだ。ダンスを見たい？」→エミリー「ええ。いいわね。⑴あああ，でも…土曜日の午前中はいつも母とピアノの練習をしているの」→けんた「ああ，ダンスショーは土曜日と日曜日の午後２時 30 分に始まるよ」→エミリー「ごめん，行けないわ。⑵う土曜日の午後はテニススクールに通っているの」→けんた「日曜日はどう？」→エミリー「⑶い日曜日は，いつも午前中に部屋の掃除《そうじ》をしているよ。午後は家族と買い物をすることもあるよ。あ，買い物は７月 16 日に行けるわね」→けんた「それはいいね。⑷え日曜日の午後，いっしょにまつりに行こう」→エミリー「ええ，行きましょう」…７月８日が土曜日，９日が日曜日である。エミリーの発言より，土曜日の午前中はピアノの練習，午後はテニススクール，日曜日の午前中は部屋の掃除，午後はまつりである。

２　【メールのメッセージ】「やあ，エミリーさん　日本の伝統的なダンスは好き？若葉まつりでは７月８日と９日にダンスショーがあるよ。友達はダンスが上手だよ。そして，僕《ぼく》は太鼓《たいこ》をたたくのが得意なんだ。ダンスショーでは太鼓をたたくよ。ぜひ若葉まつりに来てよ　つとむ」　【２人の会話】エミリー「ステージを見て！つとむが見たいな。彼はどこにいるの？お花の近くかな？」→けんた「うーん，いや。お右から２番目だよ」→エミリー「なるほど。わー！彼《かれ》は太鼓が上手ね。カッコイイ！」→けんた「うん。このショーはすごいね！」…右から２番目で太鼓をたたいている「お」がつとむである。

３　【２人の会話】先生「若葉まつりの人気イベントが見られるよ。若葉まつりに行ったの？」→エミリー「はい。けんたさんと若葉まつりを楽しみました」→先生「ああ，いいね。ほら，28 人の学生たちが，日本の食べ物のお店の『屋台』を楽しんだよ。君は何を食べたの？」→エミリー「焼きそばを食べました。美味しかったです」→先生「いいね。日本文化体験イベントはどうだった？」→エミリー「今回のイベントでは，けん玉とカルタを楽しみました。ああ，36 人の学生たちが日本文化体験イベントを楽しんだのですね」→先生「楽しそうだね。君とカルタで遊びたいよ。ああ，見て。24 人の学生たちが日本のダンスショーを見たんだね」→エミリー「素晴らしかったです。特設ステージではダンスショーやブラスバンド演奏を楽しみました」→先生「ああ，素敵な時間を過ごしたね」…会話とグラフより，28 人の学生が屋台，24 人の学生がダンスショー，36 人(19 人と 17 人)の学生が日本文化体験イベントを選んだと考えられるので，12 人の学生が選んだAは「お」のブラスバンド演奏である。

2　1⑴　９：03 から９：45 までに売れた商品の売上金額について，表にまとめると右のようになるから，売上金額が１番多い商品は「い」のりんごである。

商品番号	商品名	個数	売上金額
1100	いちご	２個	780 円
1200	りんご	３個	900 円
1300	もも	５個	750 円
1400	みかん	15 個	600 円

⑵　売上金額が１番少ない商品は，９：45 までに売上金額が３番目と４番目

の，ももかみかんのどちらかなので，それぞれの場合について考える。

ももの売上金額が１番少ないとき，９：58 に売れた商品はみかんである。２番目に売上金額が高いいちごとももの売上金額の差は 780－750＝30(円)だから，みかんの売上金額が 750 円以上 780 円以下になればよい。このとき，みかんが４個売れれば，みかんの売上金額は 600＋40×４＝760(円)となり，条件に合う。

みかんの売上金額が１番少ないとき，売上金額が２番目の商品との金額の差が 30 円になるためには，９：58 にみかんが売れることが条件になるが，これは先ほどの場合となり，みかんの売上金額が最も少ないこととつじつまが合わない。

したがって，ａ＝1400，ｂ＝４である。

2⑴　ロボットが条件１にしたがうと，４回動いたときに☆の位置にもどり，南を向く。よって，99 回動いたとき，99÷４＝24 余り３より，３回動いたときと同じ位置にいるので，Ａの位置にいる。

⑵　１台目は条件２にしたがうと，☆→Ｅ→Ｄ→Ｃ→Ａ→Ｂ→Ｄ→Ｅ→☆→Ｂの順に動くので，長方形ＡＣＥ☆の周上または内部を動く。はじめの３回の移動について，３マス進む→右を向く→２マス進む→２マス進む，となるので，２台目のスタート位置は「Ｅで南向き」，「Ｆで北向き」，「Ｃで北向き」のいずれかに決まる。このうち，「Ｃで北向き」は長方形ＡＣＥ☆の周上または内部を動くので，すべての通路を通過するという条件に合わない。「Ｅで南向き」と「Ｆで北向き」は長方形ＣＦＨＥの周上または内部を動き，条件に合うが，「Ｆで北向き」にすると通路ＣＥを通るときに２台のロボットがすれちがうことになり，適さない。

したがって，２台目の配置は「Ｅで南向き」とすればよい。

⑶　ロボットが「ア」と表示した後にお客さんが商品名を入力しているので，アは⑤の「商品名を入力してください」となり，「イ」と表示した後に商品まで案内しているので，イは③の「案内します」となる。

ロボットが「エ」と表示したとき，「はい」か「いいえ」で答えることができ，「はい」の場合は商品名の入力にもどるので，エは⑥の「別の商品を探しますか」となる。商品名を入力した後，「ウ」→「別の商品を探しますか」と表示されるので，入力した商品が見つからなかったことになるから，ウは①の「売り切れです」となる。

3　**1**　川の曲がったところでは，流れのおそい内側では土や石などを積もらせるはたらき(たい積作用)が大きくなり，流れの速い外側では地面をけずるはたらき(しん食作用)が大きくなる。そのため，内側には川原ができやすく，外側はがけになりやすい。

2　資料１の中の，「大きな地しんが起こる」「都で病気が流行する」「貴族の反乱が起きる」という内容から，反乱，病気，自然災害などで人々が苦しんでいることが読み取れる。資料２の中の，「ひろく人びとを救済しよう」「ともに仏恩を受け，ともに救われたい」という内容から，仏教の力で国を安定させようとする聖武天皇の意図が読み取れる。

3　１人あたり１日３Ｌの水が必要だから，10000 人が３日間で必要な水の量は３×10000×３＝90000(Ｌ)である。これが貯水されている量だから，４つのじゃ口から毎分 20Ｌずつ水を放出すると，90000÷(20×４)＝1125(分)より，(1125÷60)時間＝$18\frac{45}{60}$時間＝18 時間 45 分で貯水そうの水がなくなる。

4　2019 年の使用エネルギーの割合のグラフを見ると，化石燃料(石炭・天然ガス・石油)の割合が 70％を超えているのに対して，2030 年の割合予想のグラフでは，化石燃料の割合が減り，再生可能エネルギーと原子力の割合が増えていることがわかる。再生可能エネルギーと原子力の共通点は，温室効果ガスの１つである二酸化炭素の排出量が少ないことである。日本は，１つのエネルギー源に依存せず，さまざまなエネルギーを組み合わせて利用するエネルギーミックスを目標としている。

《解答例》

1 1．自然の家…C　駅…B　　2．(1)(水の量は)変化しない。　(2)a＝c＋d－b

3．(1)3：1：2　(2)順番…先生→りかさん→さとしさん　時間…71

2 1．コイルの巻き数が少なくなり，電磁石の力が弱くなったから。　　2．80　　3．(1)う，お　(2)2.4

3 1．11時15分　　2．(1)181.14　(2)72.5　　3．(1)4：8：3　(2)縦(南北)…15　横(東西)…63

《解　説》

1 **1**　自然の家の地下 10mまでは砂岩の層だから，図2の左から3番目の図が自然の家の地下の様子を表したものとわかり，駅の地下 10mまではれき岩の層だから，図2の左から2番目の図が駅の地下の様子を表したものとわかる。地層が北から南に向かってかたむいているという発言から，東西方向に地層のかたむきはないと考えられる。AはBの真西であり，標高はAの方がBより 20m高いから，ぎょう灰岩の層の上面の地表面からの深さはAの方がBより 20m深い(ぎょう灰岩の上面の標高が等しい)とわかる。したがって，Aの地下の様子は図2の左から4番目，Bの地下の様子は図2の左から2番目(駅)の図とわかる。同じように考えると，Cの地下の様子は図2の左から3番目(自然の家)，Dの地下の様子は左から1番目の図とわかる。

2(1)　葉にある水が出ていく穴をふさいだから，「葉からだけ出ていく」場合，水は減らないはずである。

(2)　ワセリンをぬらなかった場所から水が出ていくから，aは葉の表と葉の裏と茎《くき》から出ていった水の量，bは茎から出ていった水の量，cは葉の裏と茎から出ていった水の量，dは葉の表と茎から出ていった水の量に等しい。よって，a＝c＋d－bとなる。

3(1)　りかさんは90本植えるのに45分かかるから，10分で $90\times\frac{10}{45}=20$(本)植える。先生→さとしさん→りかさん→先生の順に植えると90本植え終わるから，先生が20分，さとしさんが10分で植える本数の合計は90－20＝70(本)である。りかさん→先生→さとしさん→りかさんの順に植えると80本植え終わるから，先生が10分，さとしさんが10分で植える本数の合計は80－20×2＝40(本)である。よって，先生が10分で植える本数は70－40＝30(本)，さとしさんが10分で植える本数は40－30＝10(本)となる。したがって，先生，さとしさん，りかさんが1分間に植える本数の比は，30：10：20＝3：1：2である。

(2)　最も早く植え終わるには，なえを植えるのが速い人から順に植えればよいので，先生→りかさん→さとしさんの順となる。植えはじめて30分間で植える本数の合計は30＋20＋10＝60(本)だから，152÷60＝2あまり32より，植え始めて30×2＝60(分後)に3回目の先生の番がきたとき，残りの本数は32本である。よって，60＋10＝70(分後)にりかさんの番が来たとき，残りの本数は32－30＝2(本)だから，さらに20÷2＝1(分後)にすべて植え終わる。したがって，求める時間は70＋1＝71(分)である。

2 **2**　ハンガーが水平になっているとき，ハンガーをかたむけるはたらき〔干したものの重さ(g)×支点からの距《きょ》離《り》〕が左右で等しくなる。支点からの距離は左右につけた番号を用いる。シャツとタオルがぬれているとき，ハンガーを右にかたむけるはたらきは 300×8＝2400 だから，左にかたむけるはたらきも 2400 で，シャツは6の位置に干してあるので，ぬれたシャツの重さは 2400÷6＝400(g)である。同じように，シャツとタオルがかわいたときについて考えると，かわいたシャツの重さは 200×8÷5＝320(g)である。よって，シャツから蒸発した水の量は400－320＝80(g)である。

３(1)　調べたい条件以外の条件をそろえて実験を行うとよい。この実験の場合，角砂糖とスティックシュガーだけを変える。　(2)　11ｇのシロップ１個にふくまれる糖分は 11×0.65＝7.15(ｇ)であり，これはスティックシュガーにふくまれる糖分の 7.15÷３＝2.38…→2.4倍である。

3　１　車で移動する道のりは 52－２＝50(km)だから，時速 40 kmで進むと 50÷40＝$1\frac{1}{4}$(時間)，つまり１時間(60×$\frac{1}{4}$)分＝１時間 15 分かかる。徒歩で移動する時間は２÷４＝$\frac{1}{2}$(時間)，つまり(60×$\frac{1}{2}$)分＝30 分だから，家からキャンプ場までは１時間 15 分＋30 分＝１時間 45 分かかる。よって，13 時ちょうどに着くには 13 時－１時間 45 分＝11 時 15 分に家を出発すればよい。

２(1)　(ドラムかんの容積)－(お父さんのかたまでの体積)－(板の体積)＝(最大で入れられる水の量)である。ドラムかんの容積は 30×30×3.14×90＝254340(cm³)より，254.34Ｌ，お父さんのかたまでの体積は 70Ｌ，板の体積は 40×40×２＝3200(cm³)より，3.2Ｌだから，水は最大 254.34－70－3.2＝181.14(Ｌ)入れることができる。

(2)　水の体積と板の体積の和は 181.14＋3.2＝184.34(Ｌ)だから，ドラムかんの容積の 184.34÷254.34×100＝72.47…(％)より，72.5％である。

３(1)　Ａ区画の面積は２×３＝６(m²)であり，図３にはＡ区画が 10 個あるので，面積の合計は６×10＝60(m²)である。Ｂ区画の面積は４×５＝20(m²)であり，図３にはＢ区画が６個あるので，面積の合計は 20×６＝120(m²)である。図３には通路は３本あり，縦の長さが１ｍ，横の長さが 15ｍだから，面積は１×15×３＝45(m²)である。よって，Ａ区画，Ｂ区画，通路の面積の比は 60：120：45＝４：８：３である。

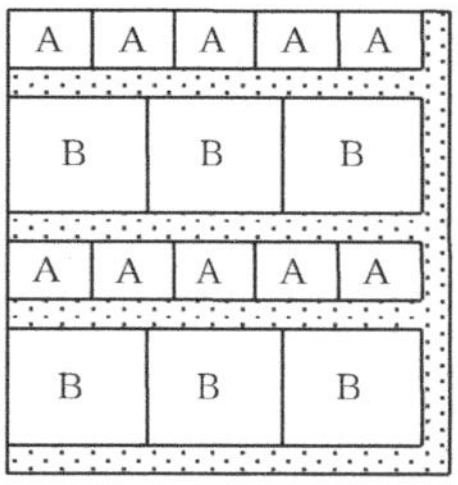

(2)　右図のように，１辺が 15ｍの正方形の区画の東側に縦の通路，南側に横の通路をそれぞれつなげると，１辺が 16ｍの正方形の区画として考えられる。この区画をつなげていったとき，１辺が 255ｍの正方形の区画は東側と南側に通路が１本ずつ増えるので，１辺が 256ｍの正方形の区画として考えられる。

１辺が 256ｍの正方形の区画には，１辺が 16ｍの正方形の区画が 256÷16＝16(個)ずつ縦，横それぞれに並ぶ。したがって，縦の通路は 16－１＝15(本)，横の通路は(３＋１)×16－１＝63(本)である。

《解答例》

〈作文のポイント〉

・最初に自分の主張、立場を明確に決め、その内容に沿って書いていく。

・わかりやすい表現を心がける。自信のない表現や漢字は使わない。

さらにくわしい作文の書き方・作文例はこちら！→https://kyoei-syuppan.net/mobile/files/sakupo.html

《解答例》

1　1．場所…う　道順…右図　　2．い　　3．う

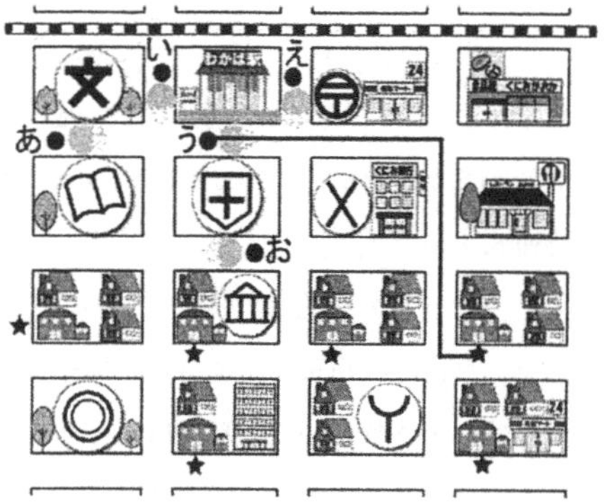

2　1．政策…い　人物…く　　2．あ　　3．5.4

4．外国の船が日本に来るのを禁止されたり，日本人が海外に行くことを禁止されたりして，貿易が制限されるようになったから。　　5．(1)年間を通して平均気温の変化が少なく，雨が降る時期と降らない時期が明確に分かれている。　(2)48

6．大量の木材を，川や海を使って輸送することができたから。

(下線部は水路でもよい)

3　1．い　　2．456　　3．(1)あ　(2)90　(3)1.5　　4．ペットボトルの原料を新たに必要としないこと。

《解　説》

1　1　ケビン「さくら！！水族館はどこにあるの？」→さくら「ケビン，大丈夫？何が見える？」→ケビン「う左側に駅が見るよ」→さくら「なるほど。右側に小学校が見える？」→ケビン「いや，う右側には病院が見えるよ」→さくら「わかったわ。道順まっすぐ行って２つ目の角を右に曲がって。そしてまっすぐ２ブロック進んで左に曲がって。左側に水族館が見えるわ」→ケビン「ありがとう」→さくら「どういたしまして」…ケビンは左側に駅，右側に病院が見えると言っているので，「う」が適切。

2　ケビン「さくら，イルカショーが見たいでしょ？」→さくら「そうよ。この水族館では，そのショーが有名よ。イルカが高くジャンプするわ。イルカはプールのそばから見られるの。あなたは何が見たい，ケビン？」→ケビン「僕はクジラが好きだよ。３Ｄムービーは興味深いね。エリアＣではペンギンに触れることができるよ。そこにも行きたいな。でも時間はある？」→さくら「ショーのタイムスケジュールを確認してみましょう。うーん。大丈夫。両方とも見られるわ。C，Dペンギンショーと映画を見に行きましょう」→ケビン「いいね！ちょっと待って！今何時？」→さくら「２時 15 分よ」→ケビン「見て！Fイルカショーは２時 30 分に始まるよ。まずそこに行こう」→さくら「ええ，行きましょう。あと 15 分あるわ。A今，この店でミネラルウォーターを買ってもいい？」→ケビン「Aいいね。それは大事だよ。今日，外はとても暑いよ」…最初にA(売店)でミネラルウォーターを買ってからF(イルカショー)を見るので，「い」が適切。その後，Ｃ(ペンギンショー)とＤ(３Ｄムービー)を見る。

3　さくらさんの発表「私は研修で水族館に行きました。う色とりどりの魚やウミガメをたくさん見ました。私は水族館のレストランでサメのハンバーグとデザートにクラゲのアイスクリームを食べました。美味しかったです。私はクジラの映画を見ました。クジラはきれいな海に住んでいます。う彼らはたいてい魚やイカをたくさん食べます。そして魚とイカは小エビを食べます。しかし，うクジラはビニール袋を食べてしまうこともあります。それは悲しいことです。私は研修で海の動物や自然についての勉強を楽しみました。聞いてくださりありがとうございました」

2　1　農民から刀などの武器を取り上げる刀狩は，方広寺の大仏をつくるための釘にするという名目のもと，豊臣秀吉が進めた。これによって，武士と農民の身分差がはっきりと区別されるようになり，兵農分離が進んだ。

2　最も安く輸入できるのは，最も円高のときである。「あ」と「い」では，1ドルで買える円の量が「あ」の方が少ないので，「あ」の方が「い」よりも円の価値が高い，つまり円高である。「う」と「え」では，100円で買えるドルの量が「う」の方が多いので，「う」の方が「え」よりも円高である。したがって，「う」を1ドル＝○円に直して，「あ」と比べる。

「う」は100円＝0.77ドル＝$\frac{77}{100}$ドルだから，$(\frac{77}{100}\times\frac{100}{77})$ドル＝1ドルは，$100\times\frac{100}{77}=129.8\cdots$より，約130円である。よって，「あ」と「う」では「あ」の方が円高だから，最も安く輸入できたのは「あ」の1月25日である。

3　約2か月＝60日＝(60×24)時間＝1440時間である。よって，求める速さは，7800÷1440＝5.41…より，時速5.4㎞である。

4　支倉常長の目的は貿易だったので，貿易ができなかった理由を表3から読み取ろう。支倉常長がヨーロッパに出発した後，江戸幕府によって，ヨーロッパ船の来航の制限や禁止，日本人の海外渡航・帰国を禁止する政策が立て続けに出されている。幕府は，キリシタン(キリスト教徒)の増加がヨーロッパによる日本侵略《しんりゃく》のきっかけとなり，また神への信仰《しんこう》を何よりも大事とする教えが幕府の支配のさまたげになると考え，キリスト教の布教を行うポルトガルやスペインの船の来航を禁止した。

5(1)　雨温図において，気温の特徴は，夏と冬の気温差や最暖月・最寒月など，降水量の特徴は，年間降水量や，月・季節ごとの降水量のちがいなどに注目するとよい。アカプルコ市は1年を通して高温で，雨季と乾季があるサバナ気候に属する。

(2)　留学生全体のうち，アジア地域の割合は3840人で全体の93.75%にあたる。よって，アジア地域以外は全体の100−93.75＝6.25(%)となるので，その人数は，$3840\times\frac{6.25}{93.75}=256$(人)である。また，アジア地域以外のうち，中南米地域の割合は18.75%だから，$256\times\frac{18.75}{100}=48$(人)となる。

6　現在においても，重く，大きいものを大量に輸送する際には船舶輸送が適している。当時の地図において，木材を切り出した地域の近くに北上川が流れていることや，海が近いことに注目しよう。道路が整備されておらず，トラックなどの輸送手段がなかった時代には，川の流れを使って切り出した木材を下流に流す「流送」が行われた。

3　1　図1の洗たく表示は左から，洗たくのしかた，アイロンのかけかた，乾燥《かんそう》のしかたを示している。

綿素材はタオルやTシャツなどに広く使われていて，洗たく機やアイロンにかけることができる。

「う」は手洗いのみで洗たく機不可のため，適さない。手洗いのみの衣類は，ニットやセーターなどのいたみやすい衣類の一部である。「あ」はアイロン不可のため，適さない。アイロン不可の衣類は，ナイロンやポリエステルなどの衣類の一部である。よって，「い」が正しい。

2　右図のように色つき部分を移動させると，色つき部分の面積は，半径10㎝の円の面積から，対角線の長さが10×2＝20(㎝)の正方形の面積を引いた値《あたい》として求められる。求める面積は右図の色つき部分4つ分だから，

(10×10×3.14−20×20÷2)×4＝(314−200)×4＝456(㎠)である。

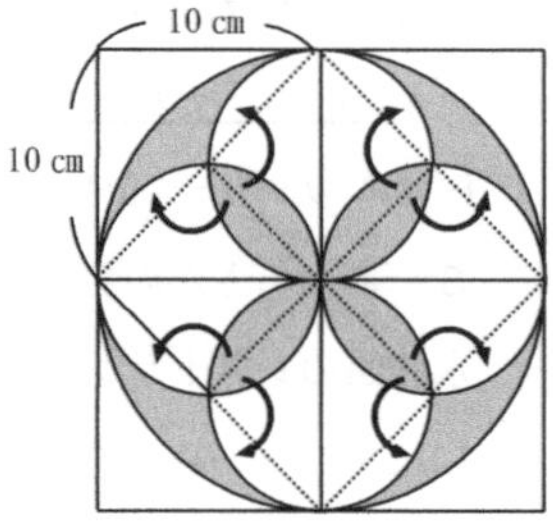

3(1)　玉むすびがある場所(マットの裏側)から針を入れ，ぬい取る手順を図4にかき加えると，図iの1から4の順番になる。ただし，点線がマットの表側でぬい取る部分であり，裏側とは左右反対になっている。よって，「あ」が正しい順番となる。

図 i

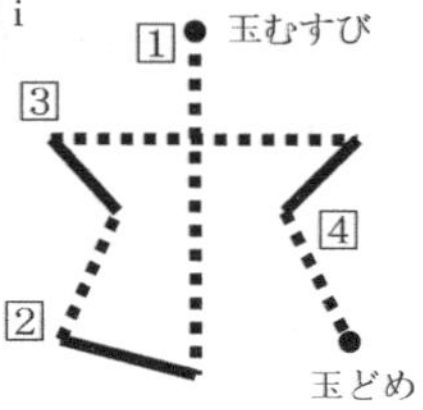

(2) 図ⅱで三角形ＡＤＣはＤＣ＝ＣＡ＝１㎝の二等辺三角形で，角ＤＣＡ＝60°だから，角ＡＤＣ＝角ＣＡＤ＝(180°－60°)÷２＝60°となるので，三角形ＡＤＣは正三角形である。よって，ＡＤ＝ＤＣ＝１㎝だから，三角形ＡＤＢはＡＤ＝ＤＢ＝１㎝の二等辺三角形となる。三角形の１つの外角は，これととなり合わない２つの内角の和に等しいから角ＡＤＣ＝角ＢＡＤ＋角ＤＢＡ＝角ＢＡＤ×２＝60°となるので，角ＢＡＤ＝30°である。
したがって，角あ＝30°＋60°＝90°

図ⅱ
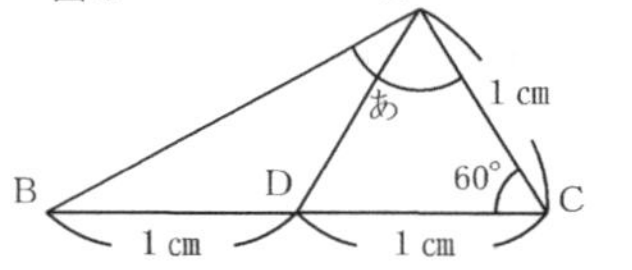

(3) 図７で「あ」と「い」の長さの比が１：３なので，「あ」の長さを$\boxed{1}$とすると，「い」の長さは$\boxed{3}$と表せる。①から③の順にぬい取ったとき，使った糸の長さは，$\boxed{1}\times 2+\boxed{3}\times 3=\boxed{2}+\boxed{9}=\boxed{11}$となるから，$\boxed{11}=5.5$ ㎝である。よって，求める長さは，$5.5\times\frac{\boxed{3}}{\boxed{11}}=1.5$(㎝)である。

4 リサイクルは資源として再利用することである。リサイクルされるものには，新聞紙，雑誌，アルミ缶，スチール缶，ペットボトル，家庭電気製品などがある。これらの製品は，資源として回収され，適切な処理をほどこした後，さまざまな製品につくりかえられる。

仙台青陵中等教育学校　2023 令和5年度　総合問題Ⅱ

《解答例》

1　1．い→え→あ→う　　2．⑴4　⑵位置…あ　方向…B

3．⑴あ．水　い．蒸発　う．水蒸気〔別解〕気体　⑵水は水蒸気になり，地面の温度が下がると考えられる。(下線部は気体でもよい)

2　1．⑴え　⑵操作…ヨウ素液　結果1…試験管の中の液体が青むらさき色に変化する。　結果2…試験管の中の液体の色は変化しない。

2．⑴144　⑵葉が重ならないようにすることで，より多くの光があたるようになり，デンプンをたくさん作ることができる。　3．右図

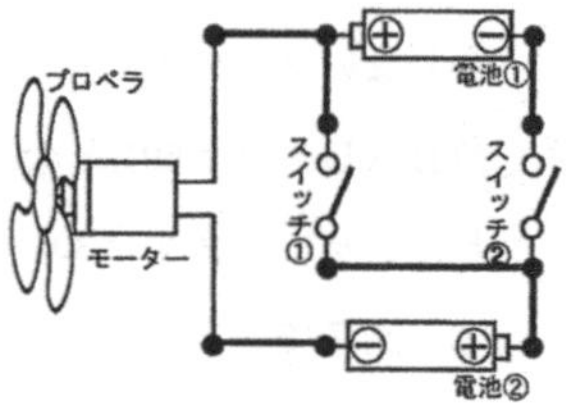

2 3の図

3　1．本数…2266　言葉や式…焼きそば4人分でにんじんを1本使うので，9063を4で割ると2265.75本となる。したがって，実際に必要なにんじんは2266本。

2．7125　　3．1900　　4．⑴11　⑵右図

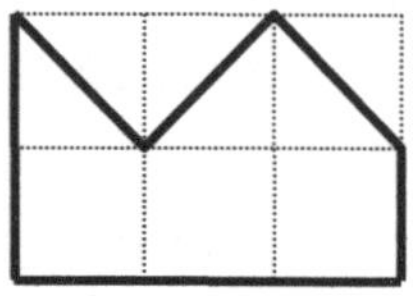

マス目は全て1辺の長さが4cmの正方形

3 4⑵の図

《解　説》

1　1　台風の位置に着目する。この台風は日本付近を南から北へ移動したと考えられるので，い→え→あ→うの順である。

2⑴　1時間→60分で15度動くので，1度動くのにかかる時間は60÷15＝4(分)である。　⑵　太陽は東の地平線からのぼり，南の空を通って，西の地平線にしずむので，かげは西，北，東の順に動いていく。図3の北の方角から，かげは「あ(10時)」→「い(正午)」→「う(14時)」の順にBの方向に動く。

3⑴　スカーフの重さがだんだん軽くなったのは，水が蒸発して水蒸気になる変化が起こっているからである。冷たい感じがするのは，水が蒸発して水蒸気になるときに熱をうばうからである。　⑵　打ち水では，水をふくませたスカーフと同じ変化が起こり，同じ効果がある。

2　1⑴　でんぷんを多くふくむ「え」が正答となる。　⑵　でんぷんがあるかどうかを確かめるには，ヨウ素液を用いる。ヨウ素液はでんぷんがあると青むらさき色に変化する。麹菌《こうじきん》にはだ液と同様にでんぷんを分解してあま味成分に変えていくはたらきがあるので，図1で何も加えなかった結果1では，でんぷんが残っていて，ヨウ素液によって青むらさき色に変化する。一方，麹菌を加えた結果2では，でんぷんが分解されてなくなるので，ヨウ素液を加えても青むらさき色にならない。

2⑴　$360\times\frac{2}{5}=144$(度)　⑵　植物の葉では，日光を受けて光合成を行う。光合成では，根から吸い上げた水と空気中からとりこんだ二酸化炭素を材料に，でんぷんと酸素を作る。葉が重ならないようなつくりになっていることで，葉が効率よく日光を受けることができる。

3　電池を2個，並列につないでも，プロペラの回転の速さは電池が1個のときと変わらないが，電池を2個，直列につなぐと，電池が1個のときよりもプロペラの回転の速さは速くなる。よって，スイッチ①を入れると電池1個の回路になり，スイッチ②を入れると電池2個が直列つなぎの回路になると考えられる。最初にスイッチ②と電池①，②を直列つなぎにした回路をつくり，次にスイッチ①を入れると電池1個の回路になるように，スイッチ①をスイッチ②に並列につなぐとよい。

③　1　割り算をして余りが出たら1本余分に使うことに気をつける。

2　1 mL＝1 cm^3である。長方形ＥＦＧＨから長方形ＡＢＣＤまでの部分に入っていたスープは 155×15＝2325(mL)である。また，長方形ＩＪＫＬから長方形ＥＦＧＨまでの部分に入っているスープは，16×25×12＝4800(mL)である。よって，初めに入っていたスープの容積は，2325＋4800＝7125(mL)である。

3　Ｌサイズのオレンジ 77 個とＭサイズのオレンジ 100－77＝23(個)を合わせて1セットとすると，1セットは，5×77＋4×23＝477(人分)のオレンジとなる。9063 人分用意するためには，このセットが 9063÷477＝19 必要である。1セットの個数は全部で 100 個だから，必要なオレンジの個数は，100×19＝1900(個)

4(1)　手順2でできる直角二等辺三角形の等しい2辺の長さは，手順2の四角柱の横の長さ4cmと等しい。また，四角柱の向かい合う縦の辺の長さを合わせると 24×2＝48(cm)となり，1回折るごとにこれが4cmずつ小さくなっていく。これをくり返し，長さが4cmとなるまで折るのだから，48÷4＝12 より，12－1＝11(回)折ればよい。

(2)　点線③で切った後の図形は，最初に谷折りと山折りにした部分が重なっているので，順番に開いていくと右図のようになる。

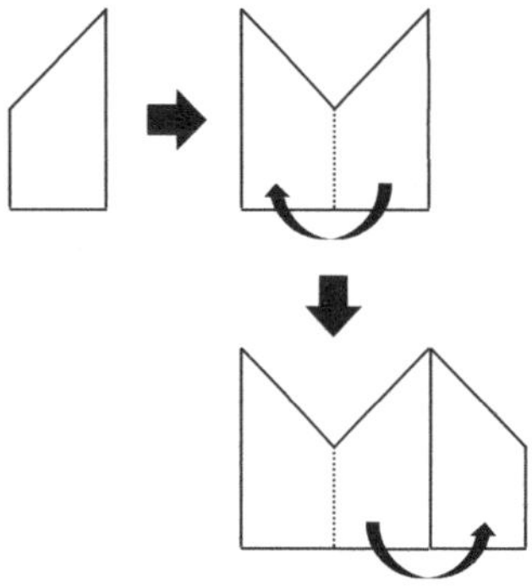

《解答例》

（例文）

筆者は、「やる気」とは人間の内部に存在している力で、ある行動を引き起こし、その行動を持続させ、一定の方向に導く心理的過程のことだと述べています。

私は「やる気」を持って何かに取り組むとき、具体的な、小さな目標を決めることを大事にしています。たとえば、勉強をするときは、「今日はこのドリルを一ページやる」というように決めておくのです。なぜなら大きな目標を立てても、達成するのが大変に思えて、先延ばしにしてしまうことがあるからです。私は夏休みに、学校の宿題以外に算数の問題集をやろうと決めたのですが、最初のうちはめんどうに感じてなかなか取りかかりませんでした。気がつくと夏休みの後半で、今からやっても終わらないと感じ、やる気そのものがなくなってしまったのです。しかし、先生に夏休みが終わっても少しずつやればいいと言われて気が楽になり、毎日一単元ずつ進めたところ、全てをやり切ることができました。

まずは小さな目標を立てて、それを一つ一つ達成することで、やる気を持続させ、大きなことを成しとげることができると思います。

《解答例》

1　１．か，い　２．授業１．う　授業２．お　３．い

2　１．1447　２．400　３．工場の近くに高速道路のインターチェンジがあり，必要な部品や製造した自動車の輸送が容易である。また，高速道路が仙台港につながっていて，部品や製造した自動車を大量に輸送できる環境にある。　４．⑴う　⑵日本の自動車メーカーの利点…アメリカでは日本のメーカーの自動車が一番多くはん売されているので，現地で生産した方が効率が良い。　アメリカの利点…現地で働く人を増やすことができる。

５．熱を有効に使うことで，温室や工場を温めるための燃料を減らすことができるので，二酸化炭素の排出量を減らすことができる。

3　１．⑴1.5　⑵男…５　女…２　⑶27.4　２．どのように国を治めたか…仏教の力で社会の不安をしずめて国を治めようとした。　天皇の名前…聖武　３．⑴28000　⑵投票できる人…としこ／まさき／はるこ／まこと／みなみ　立候補できる人…としこ／まさき／はるこ／まこと　⑶政治に参加する〔別解〕自分の意見を政治に反映させる

《解　説》

1　１【放送文の要約】参照。実際におみやげを渡したときの会話のたろうの２回目とエマの３回目の発言より，「か」のエプロンを渡したと考えられる。また，エマの３回目の発言とたろうの３回目の発言より，「い」の三角きんを渡したと考えられる。どちらも，エミリーの趣味や夢に役立つものである。

【放送文の要約】

こんにちは！私はエマ・スミスです。15 歳です。私は家族とフレンドリーな犬のココと一緒にニュージーランドに住んでいます。兄のジョージと私はサッカーが好きです。私の宝物はこのサッカーボールです。ココもこのサッカーボールが好きです。日本での学校生活はどうですか？私の好きな科目は日本語と家庭科です。夏に向けて漢字Ｔシャツを作っています。私は料理がとても好きです。パン屋になりたいです。一緒に料理を楽しみましょう。では来月会いましょう。

エマ　：こんにちは！ようこそニュージーランドへ。

たろう：たろうです。はじめまして。これは君へのプレゼントです。はい，どうぞ。今，開けてみて。

エマ　：ありがとう。まあ！これはとてもかわいいわ！これは私の名前？

たろう：かそれは日本語で書いた君の名前だよ。

エマ　：か素敵！今すぐ着てもいい？あれ？これは何？もう１つプレゼントがあるの？い三角形をしているわね。

たろう：日本の学校では，い家庭科の授業でいつも頭にかぶるよ。日本では一般的なものだよ。これも君の夢に役立つね。

エマ　：あなたは親切ね。とてもうれしいわ。

２【放送文の要約】参照。**授業１**　「顕微鏡」という単語や虫の分類を学んでいる様子から，「う」の理科室だと考えられる。　**授業２**　絵の具で野菜の絵を描いていると考えられるから，「お」の美術室だと考えられる。

【放送文の要約】

授業１　先生：さあ，みなさん。チョウは何本の足がありますか？

生徒：６本です。だからチョウはバッタのグループに入ります。それらはすべて体の部分が３つに分かれています。

先生：よくできました。クモはどう？それらも同じグループに入りますか？

生徒：はい。

先生：本当に？彼らの足を調べてみましょう。こっちに来てください。ぅこれはよい顕微鏡です。よく見えますか？

生徒：はい。１，２，３，４。そして反対側にも４本。だから８本です。ああ，わかりました。クモは別のグループに入るんですね？

先生：その通りです！

授業２　生徒：すみません，ブラウン先生。オレンジを使いたいです。でも今日は持っていません。

先生：わかりました。あなたの野菜は何ですか？

生徒：ニンジンとトマトです。

先生：心配はいりません。はい，みなさん。ぉオレンジを作れますか？何色を使いますか？今からやってみましょう。

生徒：うわー。ぉ赤と黄色からいろいろな種類のオレンジを作ることができます。このオレンジは私のニンジンにぴったりです。

３【放送文の要約】参照。エマはピザ(500円)とサラダ(250円)とプリン(130円)を注文したので，500＋250＋130＝880(円)の「い」が適切。

【放送文の要約】

エマ：こんにちは。英語を話せますか？

店員：はい。ご注文は何にいたしましょうか？

エマ：ピザとサラダが欲しいです。

店員：かしこまりました。ぃピザは500円，サラダは250円です。デザートはいかがですか？

エマ：アイスクリームはありますか？

店員：いいえ，でも本日は特別なパフェがございます。

エマ：パフェはいくらですか？

店員：400円です。パフェをご注文されますか？

エマ：うーん。結構です。プリンはありますか？

店員：はい。ぃ130円です。

エマ：わかりました。プリンを１つください。いくらですか？

2　１　静岡県の生産量は378÷1.2＝315(ｔ)，茨城県の生産量は315×４＝1260(ｔ)だから，宮城県の生産量は，1260＋187＝1447(ｔ)

２　(円周)＝(直径)×3.14だから，(直径)＝(円周)÷3.14である。国際宇宙ステーションは直径が42704÷3.14＝13600(km)，半径が13600÷２＝6800(km)の円周上を回っていることがわかるので，求める高さは，6800－6400＝400(km)

３　資料の「小さな部品を作る工場，その小さな部品を使ってエンジンやハンドルなどの大きな部品を作る工場がそれぞれ別な地域にある」に着目する。図１より，大きな部品を作る工場は，小さな部品を作る工場と自動車工場をつないでいる。以上のことを踏まえて図２を見ると，高速道路沿いに工場(☼)があるため，部品の輸送を効率よくできると導ける。

４(1)　「う」が正しい。平成21年～28年に国外製造台数は増加し続けている。「あ」について，平成21～22年と平成23～24年に，国外製造台数と輸出台数は増えている。「い」について，国外製造台数は減っていない。「え」について，平成25～26年に国内製造台数は増えているが，輸出台数は減っている。「お」について，平成21～22年と平成23～24年に国内製造台数と輸出台数は増えている。　(2)　日本の利点について，図５でアメリカではん売された自動車は，国内生産数よりも日本産の数の方が多いと読み取れる。アメリカの利点について，表で日本企業の工場で働くアメリカ人が約16800人もいると読み取れる。

3 1(1)　1段＝12 a だから，$\frac{38}{3}$段＝($\frac{38}{3}$×12) a ＝152 a
1 ha＝100 a より，1 a ＝$\frac{1}{100}$ha だから，152×$\frac{1}{100}$＝1.52 より，$\frac{38}{3}$段は現在の1.5haに相当する。

(2)　つるかめ算を用いる。資料より，あたえられる田んぼは，男が2段，女が2×(1－$\frac{1}{3}$)＝$\frac{4}{3}$(段)である。7人全員女の場合，田んぼが$\frac{4}{3}$×7＝$\frac{28}{3}$(段)あたえられるので，実際よりも$\frac{38}{3}$－$\frac{28}{3}$＝$\frac{10}{3}$(段)少ない。女1人を男1人に置きかえると，あたえられる田んぼは2－$\frac{4}{3}$＝$\frac{2}{3}$(段)多くなるので，男は$\frac{10}{3}$÷$\frac{2}{3}$＝5(人)，女は7－5＝2(人)

(3)　田んぼ1町＝10段で720束収かくできるから，$\frac{38}{3}$段で720÷10×$\frac{38}{3}$＝912(束)収かくできる。
よって，納める稲の合計は，912×0.03＝27.36より，27.4束である。

2　741～752年の出来事に着目すれば，仏教の力に頼ろうとしていたとわかる。聖武天皇は，仏教の力で世の中を安定させようとして全国に国分寺を，奈良の都に東大寺と大仏をつくらせた。当時流行した伝染病は天然痘であった。貴族の反乱として，藤原広嗣の乱が知られている。

3(1)　表3より，平成29年の20代の投票率は22%である。図より，20代の人口は，1060000×0.12＝127200(人)である。よって，平成29年における20代の投票人数は127200×0.22＝27984(人)で，上から2けたのがい数なので，28000人となる。　(2)　選挙権は満18歳以上の国民すべてに与えられている。市長には満25才以上が立候補できる(右表参照)。　(3)　市長は，その地域の住民によって直接選挙で選ばれる。また，住民には市長の解職を請求する権利が認められている。以上のような，地域の住民が住んでいる地域の政治を自らの手で行うことを「地方自治」と呼ぶ。地方自治を通して民主政治のあり方を学ぶことができることから，「地方自治は，民主主義の学校である」と言われる。

衆議院議員・都道府県の議会議員・市(区)町村長・市(区)町村の議会議員の被選挙権	満25歳以上
参議院議員・都道府県知事の被選挙権	満30歳以上

《解答例》

1　1．(1)1.35　(2)4　(3)45　(4)2.25　　2．(1)1.32　(2)あ，え　(3)メタンガスは空気よりも軽いので都市ガス用は高い位置に，プロパンガスは空気より重いので，プロパンガス用は低い位置に検知器を設置する。

2　1．(1)ポリエチレンのふくろには水が入っていて，ふっとうしてもたい熱温度の 100℃をこえないので，穴があかない。　(2)12　　2．(1)右図　(2)記号…あ　理由…外から新しい空気が入ってこないので，ランタンの中の物が燃え続けるのに必要な酸素が少なくなったため。

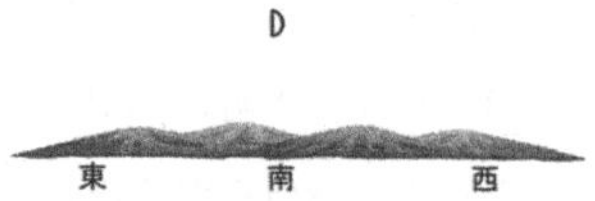

(3)気体…二酸化炭素　記号…え

3　1．25　　2．945.4　　3．上昇や下降するときに必要な道のりが加わるから，飛行機が進む道のりは 1070.4 km より長くなる。　　4．(1)2，3　(2)

(3)①210　②204

《解　説》

1　1(1)　ふりこが1往復する時間は，ふりこの長さによってのみ変化し，おもりの重さやふれはばが変わっても変化しないので，Bさんの結果はEさんと同じ1.35秒になる。　(2)　ふりこの長さが(2×2＝)4倍になると時間は2倍，(3×3＝)9倍になると時間は3倍になるのだから，4×4＝16より，ふりこの長さが16倍になると1往復する時間は4倍になる。　(3)　13.5秒はふりこの長さが45cmのときの1往復する時間(1.35秒)の10倍だから，このふりこの長さは45cmの10×10＝100(倍)の4500cm→45mである。　(4)　Bより左側では180cmのふりことして，Bより右側では180－100＝80(cm)のふりことして動く。よって，このふりこが1往復する時間は，180cmのふりこが1往復する時間の半分と，80cmのふりこが1往復する時間の半分の合計と等しいから，2.70÷2＋1.80÷2＝2.25(秒)である。

2(1)　酸素500mL→0.5Lの重さは243.28－242.62＝0.66(g)だから，酸素1Lの重さは$0.66\times\frac{1}{0.5}$＝1.32(g)である。　(2)　操作①で実際よりも大きな数値を記録すると，酸素500mLとして計算される重さが実際よりも大きくなってしまう。操作③で500mLよりも多く酸素を入れると，酸素500mLとして計算される重さが実際よりも大きくなってしまう。　(3)　1Lあたりの重さが空気よりも小さいものは上に移動し，大きいものは下に移動する。

2　1(2)　図2より，氷の温度を－15℃にするためには，氷100gに食塩を約16g入れる必要がある。したがって，氷300gには食塩を約$16\times\frac{300}{100}$＝48(g)入れる必要があるから，食塩が約48－36＝12(g)足りなかったと考えられる。

2(1)　8月16日は新月の1週間後だから，右半分が光る半月(上弦《じょうげん》の月)であったと考えられる。上弦の月は18時30分ころに南の空の高い位置にある。　(2)　燃えたあとのあたたかい空気は上に移動する。「あ」では上に空気の出口がないため，下の穴から新しい空気が入ってくることができない。「い」では上の穴から燃えたあとの空気が出て，下の穴から新しい空気が入ってくる。「う」では上が大きく開いているので，空気が出入りする。

(3)　ろうそくの火が燃えることでできる気体は二酸化炭素である。　え×…心臓から全身に流れる前の血液中に多くふくまれている気体は酸素である。全身から心臓にもどってくる血液中や心臓から肺に流れる血液中に，二酸化炭素が多くふくまれている。

3　1　資料2より，こう配40％で上昇するときは，高度が40m上がるごとに水平方向に100m進む。よって，高度

10000mに達するまでの間に水平方向に進んだ道のりは，$100\times\frac{10000}{40}=25000$(m)，つまり，25 kmである。

2　資料１より，仙台空港から福岡空港までの水平方向の道のりは，1070.4 kmである。ここから，「高度 10000m に達するまでに水平方向に進んだ道のり」と「こう配 10%で下降している間に水平方向に進んだ道のり」を引く。こう配 10%で下降している間，水平方向に 100m進むと，高度が $100\times0.1=10$(m)下がるから，「こう配 10%で下降している間に水平方向に進んだ道のり」は，$10000\times\frac{100}{10}=100000$(m)，つまり，100 kmである。

したがって，求める道のりは，$1070.4-25-100=945.4$(km)

3　1070.4 kmは水平方向に進んだ道のりであるため，実際に飛行機が進んだ道のりはこれよりも長くなることがわかる。

4(1)　右図のような方向で考える。向かい合った面の目の和は７だから，前と後ろの方向から見たときに見える面の目の合計は，$7\times8=56$ となる。

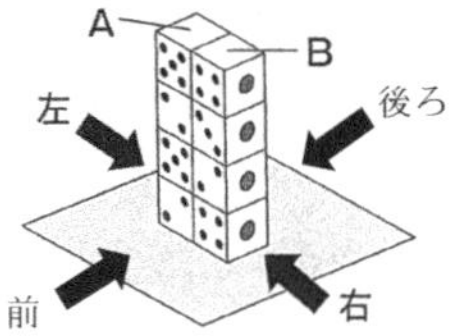

右，左の方向から見たときに見える面の目の合計はそれぞれ $1\times4=4$ だから，

ＡとＢの面の目の合計は，$69-56-4\times2=5$

Ａ，Ｂがふくまれるさいころは，Ａ，Ｂの面以外で１の目が出ているので，

考えられるＡとＢの面の目の数は，２と３である。また，５の面の向かい合う面の目は２，４の面の向かい合う面の目は３であることから，Ａが３，Ｂが２であることがわかる。

(2)　図２について，図ⅰの位置に太線を引くと，図３では図ⅱの位置になることから，文字はＲで，向きは解答例のようになることがわかる。

図ⅰ

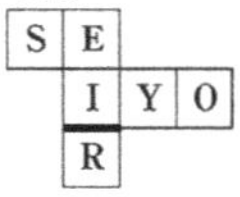

図ⅱ

(3)①　外から見えている面のうち，Ｅ，Ｉが書かれている面の数は，上から１段目が１面，２段目までが $1+2$(面)，３段目までが $1+2+3$(面)，…となる。Ｓが書かれている面の数は，上から１段目が１面，２段目までが $4=2\times2$(面)，３段目までが $9=3\times3$(面)，…となる。

したがって，求める面の数は，$(1+2+3+4+5+6+7+8+9+10)\times2+10\times10=210$(面)

②　上から１，２段目はすべてのさいころが外から見ることができる。３段目は図ⅲの色付きの１個のサイコロが見えない，４段目は図ⅳの色付きの $4=2\times2$(個)のサイコロが見えない。同様に考えていくと，見えないサイコロは，５段目が $3\times3=9$(個)，６段目が $4\times4=16$(個)，７段目が $5\times5=25$(個)，８段目が $6\times6=36$(個)，９段目が $7\times7=49$(個)，10段目が $8\times8=64$(個)だから，求める個数は，$1+4+9+16+25+36+49+64=204$(個)

図ⅲ

図ⅳ

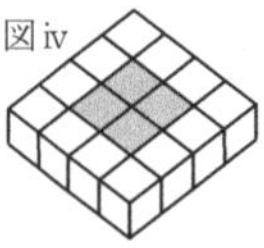

《解答例》

(例文)

筆者が「そういう発想は、選手として危ないのではないか」と思っていたのは、そのように真剣に反省をしたり謝罪したりするタイプの選手には、次にスランプが待っていたりすることを、自分の経験から分かっていたからだと思う。

私は、少年野球チームに入っている。以前は、バッターボックスに立つと、きん張してふだん通りのバッティングができなかった。そんなある日、テレビで大谷選手のプレーを見た。大谷選手はどんな時も、野球好きの少年のように楽しそうだ。もちろん真剣にプレーしているのだが、全力で野球を楽しんでいるのが伝わってくる。その日から、私は、打てなかったらどうしようと後ろ向きに考えるのをやめようと思った。ここでヒットが出せたら気持ちいいだろうなと、前向きな気持ちでプレーすることで、ふだん以上の力が出せるようになり、試合が楽しくなった。

この経験から、私は何かにチャレンジする場面では、それはだれのためでもなく自分のためにやるのだから、失敗をおそれず、チャレンジできる喜びを力に変えることを大切にしようと考えるようになった。

仙台青陵中等教育学校　2021 令和3年度　総合問題Ⅰ

《解答例》

1　1．(1)20.1　(2)1.5　(3)真夏日の日数が多くても，年間最高気温が低い年があるから。　2．下図
3．(1)1200　(2)7，5

2　1．C　2．他のすべての地域との人の移動において，転出する人の数よりも転入する人の数の方が多いという特ちょう。　3．下表　4．(1)日本は，大小さまざまな島がたくさんあり，海岸線が複雑に入り組んでいるという国土の特ちょうがあるから。　(2)8.3

3　1．高れい者が増え働く人が減ると，収入にかかる所得税が減ってしまう。これをおぎなうために，年れいに関係なく物を買った人にかかる消費税にたよる必要があるから。　2．57，6932　3．A．②　B．①　C．④　D．③

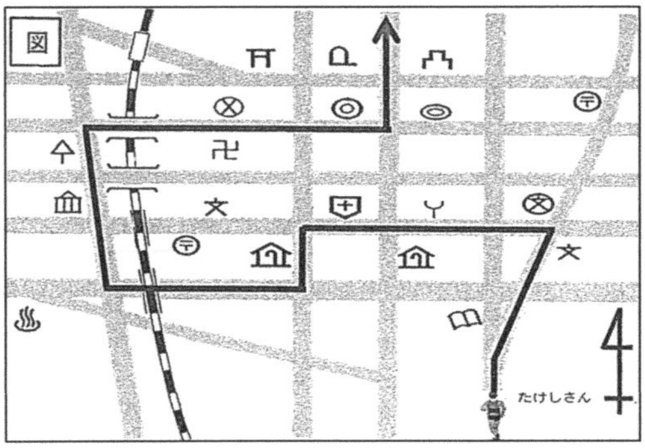

	都道府県名	地図	土地の特色や産業	土地の文化・歴史など
A	あ	い	い	え
B	う	え	う	い
C	い	あ	あ	う
D	え	う	え	あ

《解　説》

1　1(1)　真夏日の日数なので，棒グラフの方を見る。平成11年から10年間の真夏日の日数の合計は，
28＋30＋15＋24＋9＋29＋20＋13＋22＋11＝201(日)だから，平均は，201÷10＝20.1(日)

(2)　(1)より，平成11年から10年間の真夏日の日数の合計は201日であり，平成21年から10年間の真夏日の日数の合計は，10＋48＋36＋46＋21＋26＋28＋26＋19＋36＝296(日)である。求める割合は，296÷201＝1.47…より，約1.5倍である。

(3)　真夏日の日数が多い年はつねに年間最高気温が高い，または，つねに年間最高気温が低いということが読み取れれば，2つのグラフに関わりがあるといえるが，資料1ではそうなっていない。

2　小学校は「文」，病院は「⊕」，老人ホームは「⌂」，鉄道(ＪＲ線)は「━」，裁判所は「仝」，市役所は「◎」の地図記号であり，方位は，上が北，左が西，下が南，右が東である。

3(1)　たけしさんがかおりさんと出会うまでに走った時間は35＋9＝44(分)だから，10㎞のコースの$\frac{44}{50}=\frac{22}{25}$だけ走ったときにかおりさんに会ったとわかる。したがって，かおりさんは10㎞のコースの$1-\frac{22}{25}=\frac{3}{25}$を自転車で走ったのだから，求める道のりは，$10\times\frac{3}{25}=\frac{6}{5}$(㎞)，つまり，$\frac{6}{5}\times1000=1200$(m)

(2)　たけしさんがいつもより余分にかかった時間が何分かを調べる。10㎞＝(10×1000)m＝10000mだから，いつもの速さは，分速$\frac{10000}{50}$m＝分速200mである。いつもなら500mの道のりを$\frac{500}{200}=\frac{5}{2}$(分)で走るが，この日はこの道のりを$\frac{500}{40}=\frac{25}{2}$(分)かけて歩いたので，いつもより$\frac{25}{2}-\frac{5}{2}=10$(分)余分にかかった。立ち止まっていた5分を合わせると，いつもより5＋10＝15(分)余分にかかったので，自宅にもどってきた時刻は，

6時＋50分＋15分＝7時5分

2 1　Cを選ぶ。Cと宮城県との移動人口の差は493－478＝15(人)で，20人以下である。Aでは4574人，Bでは82人，Dでは36人差となる。

2　右表のように，たての数値がその都道府県に転入した人口，横の数値がその都道府県から転出した人口を示す。いずれの県の場合でも，東京都に転入した人口の方が，東京都から転出した人口より多いことを読み取ろう。このように，日本では東京都への一極集中が続いている。

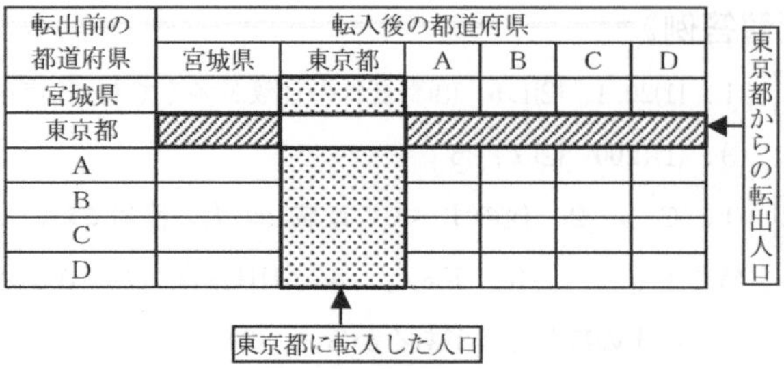

3都道府県名　表1より，宮城県や青森県(A)と移動人口が最も少なくなるDは，距離が最も遠い長崎県の「え」，東京都との移動人口が多くなるBは，人口の最も多い広島県の「う」と判断できるから，Cは岐阜県の「い」となる。

地図　「あ」は岐阜県だからC，「い」は青森県だからA，「う」は長崎県だからD，「え」は広島県だからBである。

土地の特色や産業　「あ」は岐阜県だからC，「い」は青森県だからA，「う」は広島県だからB，「え」は長崎県だからDである。　**土地の文化・歴史など**　「あ」は長崎県だからD，「い」は広島県だからB，「う」は岐阜県だからC，「え」は青森県だからAである。

4(1)　離島が多い長崎県や沖縄県は，海岸線延長が長くなる。

(2)　日本の国土の面積を10×10＝100(㎠)とすると，日本の森林面積はその68.5%にあたる，$100\times\frac{68.5}{100}=$ 68.5(㎠)である。したがって，□×□が68.5に最も近くなるような□にあてはまる数を探す。

8×8＝64，9×9＝81だから，□に入る数は8以上9以下であり，68.5は81より64に近いので，□に入る数は9より8に近いと予想できる。8.1×8.1＝65.61，8.2×8.2＝67.24，8.3×8.3＝68.89だから，□＝8.3とわかる。

3 1　資料1より，65才以上の数が増え続けていることから，高れい化が進んでいるとわかる。一方，15～64才の数は減り続けているとわかる。それを踏まえて資料2を見ると，高れい者が増えて働く人の数が減れば，収入にかかる所得税や会社のもうけにかかる法人税も減ってしまうとわかる。以上のことから，財政における不足分を補うために，すべての消費者が平等に負担する消費税率が引き上げられたと導ける。

2　税金の割合は18.4＋17.6＋12.7＋10.5＝59.2(%)だから，国の収入にしめる税金は974547×0.592＝576931.824(億円)で，57兆6932(億円)となる。

3　国の支出は，社会保障関係費(②)＞国債費(①)＞地方交付税交付金(④)＞公共事業費＞文教及び科学振興費(③)＞防衛費である。高れい化が進んで，年金や医療保険給付を受ける高れい者が増えているため，社会保障関係費と国債の返済費用である国債費が増えていることも覚えておこう。

《解答例》

[1] 1．記号…B　理由…成虫になるまでにさなぎになる虫がAで，さなぎにならない虫がBである。セミはさなぎにならないのでBに入る。　2．でんぷん　3．(1)二酸化炭素の割合が増える　(2)日光に当たった植物が，二酸化炭素をとり入れ，酸素を出したから。　(3)ウ　(4)記号…イ　理由…日光に当てなかったため，植物が二酸化炭素を吸って酸素を出すことができず，酸素を吸って二酸化炭素を出す呼吸を行ったから。

[2] 1．(1)①　(2)①　2．(1)磁石に引き寄せられるスチールかんと，引き寄せられないアルミニウムかんという，それぞれの金属の性質を利用して選別するしくみになっている。　(2)A．ア　B．ア　理由…手順2で棒磁石のN極につけたくぎの部分がS極になり，くぎのとがった部分がN極になったから。

[3] 1．(1)あ．20　い．17　う．7　え．3　(2)A3用紙…1120　A4用紙…140　2．(1)①3.44　②(い)，1.12
(2)①(3，4，6)，(3，6，8)，(4，6，8)のうち2つ　②ほかの2つの棒の合計

《解　説》

[1] **1**　カブトムシとアゲハチョウは卵，よう虫，さなぎ，成虫の順に成長する完全変態のこん虫，トンボとバッタは卵，よう虫，成虫の順に成長する不完全変態のこん虫である。セミは不完全変態だからBに入る。

2　植物の葉では，日光を受けて，水と二酸化炭素を材料にでんぷんと酸素を作り出す。このはたらきを光合成という。

3(1)　はいた空気には二酸化炭素が多くふくまれているので，下線部の手順を行うと二酸化炭素の割合が増える。

(2)　日光を当てると，植物は呼吸よりも光合成をさかんに行う。植物は光合成の材料として二酸化炭素を使い酸素を出したので，酸素の割合が増えて二酸化炭素の割合が減る。

(3)　ウ○…気体検知管では，境界面がななめになったときは，それぞれの値の中間を読み取る。　**(4)**　イ○…植物に箱をかぶせて暗い場所に置くと，植物は光合成を行わず，呼吸のみを行うので，酸素の体積の割合は減り，二酸化炭素の体積の割合は増える。

[2] **1(1)**　①○…1 cm^3あたりの重さを密度という。アルミニウムの密度は 21.6÷8＝2.7(g/cm^3)，ポリエチレンテレフタラートの密度は 86.8÷62＝1.4(g/cm^3)，鉄の密度は 15.8÷2＝7.9(g/cm^3)，ガラスの密度は 262.5÷105＝2.5(g/cm^3)となる。したがって，①～④の体積を同じにしたときの重さが2番目に重いのはアルミニウムである。

(2)　①○…同じものは密度が同じになる。35.1÷13＝2.7(g/cm^3)より，アルミニウムである。

2(1)　スチールかんは磁石につくが，アルミかんは磁石につかないので，磁石を利用して，アルミかんとスチールかんを選別することができる。　**(2)**　磁石についた鉄くぎは磁石の性質をもつようになる。そのときの鉄くぎの極は，磁石のN極につけた場合はその部分がS極になり，磁石のS極につけた場合はその部分がN極になる。この実験では磁石のN極にくぎの頭部をつけたので，くぎの頭部がS極，くぎのとがった部分がN極になる。したがって，AとBの方位磁針のN極は，ともにアのように右を向く。

[3] **1(1)**　A3用紙1枚で4ページ分だから，A3用紙5枚だと，4×5＝あ20(ページ)分の冊子になる。
説明書のような作り方で冊子を作ると，となりあうページ数の和は，表裏関係なくどの紙でも等しくなる。
1ページ目のとなりは20ページ目になるから，4ページと21－4＝い17(ページ)を並べて印刷しないといけない。

原こうが25ページならば，25÷4＝6余り1より，A3用紙は少なくとも6＋1＝う7(枚)必要である。

A3用紙7枚だと4×7＝28(ページ)分の冊子になるから，28－25＝え3(ページ)分が白紙になる。

(2)　原こうが34ページならば，34÷4＝8余り2より，A3用紙8枚で2ページ分足りない。したがって，真ん中にA4用紙1枚をはさめばちょうど34ページ分となる。よって，140人分の冊子を作るためには，A3用紙が8×140＝1120(枚)，A4用紙が1×140＝140(枚)必要になる。

2(1)①　正方形ABCDの面積が4×4＝16(㎠)，円の面積が2×2×3.14＝12.56(㎠)だから，求める面積は，16－12.56＝3.44(㎠)

②　正方形EFGHは対角線の長さが円の直径と等しく4㎝である。正方形はひし形にふくまれるから，正方形の面積はひし形の面積の公式を使って，(対角線)×(対角線)÷2でも求められるので，正方形EFGHの面積は，4×4÷2＝8(㎠)　　よって，㋑＝12.56－8＝4.56(㎠)だから，㋑の方が，4.56－3.44＝1.12(㎠)大きい。

(2)①②　3本の棒のうち最も長い棒の長さをa㎝，ほかの2つの棒の長さをb㎝とc㎝とする。a＝b＋cのとき，三角形を作ろうとすると3本の棒が一直線に並んでしまい，三角形ができない。したがって，b＋cがaより長いときに三角形を作ることができる。

2㎝，3㎝，4㎝，6㎝，8㎝の棒のうち3本を使って三角形を作ることができる組み合わせは，(2㎝，3㎝，4㎝)以外に，(3㎝，4㎝，6㎝)(3㎝，6㎝，8㎝)(4㎝，6㎝，8㎝)の3組ある。

仙台青陵中等教育学校　2021 令和3年度　作文

《解答例》

(例文)

筆者は、自分の身の回りから考えていくことが、将来のことを考えることだと述べている。現実的ではない夢を将来像として願うのではなく、今の自分を作っている、これまで自分が積み上げてきたものを生かすことに目を向けると良いと考えている。

私は本が好きだ。動画やテレビも見るが、それらとはちがう楽しさが本にはあると思う。本を読むと、自分で想像したりじっくり考えたりすることができ、ものの見方が深くなる。本を好きになったのは、幼いころに絵本の読み聞かせをたくさんしてもらったからだ。絵本の中には自分の知らない世界が広がっていた。そこに入りこむことで、多くのことを感じ、学んだ。だから私は、未来の子どもたちにも良い絵本をたくさん読んでほしいと考え、絵本に関わる仕事に就きたいと考えた。

絵本に関わる仕事は、絵本作家や編集者だけでなく、ブックデザイナーや、ほん訳者など、数多くある。絵本を作りたいという気持ちをもとに、自分の得意なことをどのように生かせるかを考えて、将来の仕事を選びたいと思う。そのように、ぶれない気持ちを土台にして、自分に何ができるかを時間をかけて見つけていくことを大事にしたい。

《解答例》

1　1．資料1と資料2をみると，各市の見ごろの時期の平均気温がほぼ 10℃であることがわかる。よって，平均気温が 10℃になる時期が早い北の方が見ごろが早く，遅い方が見ごろが遅いと考えられるため。　2．記号…C　理由…雨を降らせる黒い雨雲がたくさんあるため。　3．(1)④　(2)1500

2　1．資料1から，図1は直接手でかいたもので，図2は版画だとわかる。版画だと量産できるので安く手に入れることができたと考えられるため。　2．番号…③　理由…図3から考えると，進行方向の右側に富士山があるはずなのに，図4の③の風景画は富士山が左側にあり，進行方向と逆向きの風景と考えられるため。

3．番号…②　理由…資料2は，古典である日本のうたの良さが書かれていて，資料3の古典を研究し本来の日本の考え方を明らかにしようとする国学の考え方に一致するため。

3　1．(1)150　(2)12　2．計算式…18＋31＋30＋31＋30＋31＋31＋30＋10＝242　242÷7＝34 余り4　余り4ということは，火曜日から4日後なので土曜日とわかる。　答え…土　3．(1)Aチーム…25　Bチーム…15　(2)15　4．(1)50円玉…1　100円玉…4　(2)10円玉…13　50円玉…7

《解　説》

1　1　気温が低くなったことなどが原因で，葉が養分をつくるはたらき(光合成)の効率が悪くなるため，葉を落とす準備の段階で，葉の色が変化する。これが紅葉《こうよう》である。したがって，紅葉の見ごろは気温が低い北の方が早くなる。なお，サクラ(ソメイヨシノ)の花がさくときにも気温が大きく関係していて，気温が高い日が続くと花がさくようになるので，サクラの花の見ごろは気温が高い南の方が早くなる。

3(1)　資料3の地図を見ると，等高線は 10m刻みでかかれているとわかるので，出発点の標高は 680～690mとわかり，1175－680＝495 だから，泉ヶ丘山頂より約 500m低い。よって，出発地点の気温は泉ヶ丘山頂より，約 $500\times\frac{0.6}{100}=3$ (℃)高いので，約 $7+3=10$ (℃)である。したがって，④が適当である。

(2)　実際の距離《きょり》は，地図上の長さの 25000 倍なので，求める距離は，$6\times25000=150000$ (cm)，つまり(150000÷100) m＝1500mである。

2　1　図1と図2は「美しい色づかいの浮世絵」であるから，すみ一色でえがいた版画によるすみずり絵ではない。図1は 1693 年ごろに作成されたから，手で紙などに直接えがいた肉筆浮世絵，図2は 1794 年ごろに作成されたから，多くの色でえがいた版画によるにしき絵だとわかる。江戸時代には、上方(京都・大阪)や江戸で町人による文化が生まれ，役者絵などの姿をえがいた「浮世絵」が版画でたくさん刷られて売り出された。

2　かなでさんが「江戸から京都に向かう進行方向の風景画」と言っているから，図3の日本橋から二川の方向に向かって進むとわかる。なお，『東海道五十三次』は歌川広重によってえがかれた浮世絵で，東海道にある 53 の宿場町がえがかれた。

3　資料2の「本来の日本のこと」「古くから受けつがれている日本のうた」などから，国学者の本居宣長が書いた『古事記伝』だとわかる。「国学」は儒学や蘭学が伝わる以前の日本古来の思想をさぐる学問であり，本居宣長によって大成された。

3　1(1)　十二角形の内角の和は，180×(12－2)＝1800(度)だから，正十二角形の1つの内角の大きさは，1800÷12＝150(度)

(2) 正三角形の１つの内角の大きさは60度，正方形の１つの内角の大きさは90度なので，60＋90＝150より，正十二角形の１つの内角に対して，正三角形と正方形の内角がくっつくようにピースを並べると，図Ⅰのようになる。図Ⅰの内側にできた正六角形には，図Ⅱのように正三角形のピースを並べることができる。したがって，正三角形のピースは12個使う。

図Ⅰ

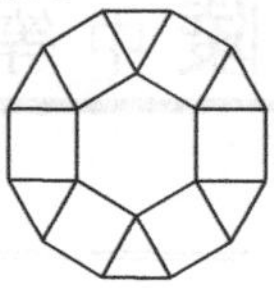

図Ⅱ

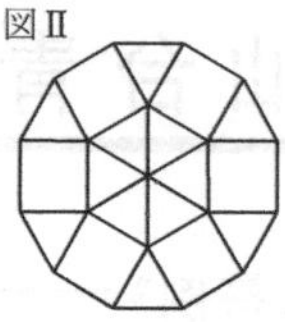

2　１週間後＝７日後は同じ曜日なので，1964年10月10日は，1964年２月11日(火曜日)の何日後なのかを考える。２月29日は２月11日の29－11＝18(日後)なので，解答例のように，10月10日は242日後と求められる。

3(1)　５：３の比の数の和の５＋３＝８が40分にあたるから，エリアを支配していた時間は，Ａチームが $40\times\frac{5}{8}=25$(分)，Ｂチームが $40\times\frac{3}{8}=15$(分)である。

(2) 前半後半合わせて，Ｂチームがエリアを支配していた時間は，$80\times\frac{9}{7+9}=45$(分)なので，

後半にＢチームがエリアを支配していた時間は，45－15＝30(分)である。

よって，後半にＢチームがエリアを支配していた時間は，前半に比べて30－15＝15(分)増えた。

4(1)　100円玉と50円玉で480－10×３＝450(円)はらった。100円玉も50円玉も最低１枚ずつ使うので，50円玉を使った枚数を１枚とすると，100円玉を使った枚数は(450－50)÷100＝４(枚)となる。100円玉１枚は50円玉100÷50＝２(枚)に置きかえられるので，50円玉を使った枚数を１＋２＝３(枚)とすると，100円玉を使った枚数は４－１＝３(枚)となる。このとき，100円玉と50円玉の枚数は同じであり，また，50円玉を使った枚数を増やすと，100円玉を使った枚数が減るので，求める枚数は，50円玉１枚，100円玉４枚である。

(2) おつりは1000－520＝480(円)である。おつりの20枚がすべて50円玉だったとすると，おつりは50×20＝1000(円)となり，実際より1000－480＝520(円)高くなる。50円玉１枚を10円玉１枚に置きかえると，おつりは50－10＝40(円)安くなるので，10円玉は520÷40＝13(枚)である。50円玉は20－13＝７(枚)である。

《解答例》

1　1．(1)E　(2)B　　2．(1)37.5　(2)604　　3．発光ダイオードAの上下の向きを入れかえる。

2　1．(1)番号…④　理由…見える大きさが同じくらいであれば，倍率が大きいものの方が実際には小さいということになるため。　(2)40　(3)見えるはん囲を広くして観察したいものを見つけ，そのあと観察したいものを大きくするため。　(4)d　　2．(1)20　(2)C　(3)A．②　B．④　C．③　D．①

3　1．(1)2，6　(2)B．441　C．604.8　　2．(1)35　(2)右図

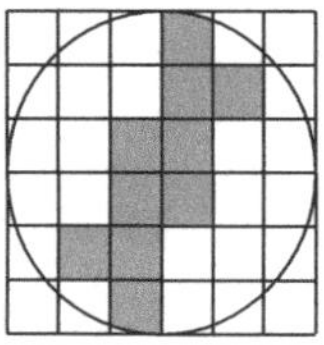

《解　説》

1　1(1)　人口密度は，人口(人)を面積(㎢)で割って求めるから，A区が$\frac{214104}{147}$＝1456.4…，B区が 1030，C区が 1005，D区が$\frac{136980}{48}$＝2853.75，E区が$\frac{196159}{58}$＝3382.0…なので，最も高い区はE区である。

(2)　A区，D区，E区の中では，A区が最も人口が多い。

B区とC区の人口密度はほぼ同じだが，面積はB区の方がかなり広いので，B区の方が人口が多いとわかる。

B区の人口は 1030×302＝311060(人)だから，A区と比べると，最も多い区はB区とわかる。

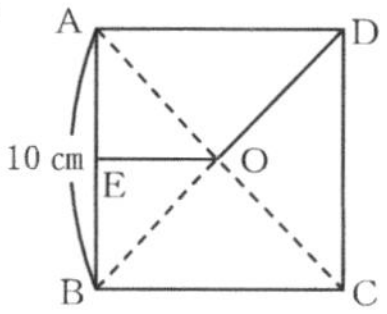

2(1)　正方形の紙を右図の四角形ABCDとすると，面積を求める図形は，台形AEODである。EO＝AD÷2＝10÷2＝5(cm)，AE＝10÷2＝5(cm)だから，上底が 10 cm，下底が5cm，高さが5cmなので，求める面積は(10＋5)×5÷2＝37.5(cm²)である。

(2)　1辺が4cmの正方形の周りの長さは4×4＝16(cm)，1辺が1cmの正方形(重ねる部分)の周りの長さは1×4＝4(cm)である。正方形を 50 枚つなげたとき，重なった部分は 50－1＝49(か所)あるので，求める長さは，16×50－4×49＝800－196＝604(cm)である。

3　発光ダイオードは正しい向きに電流が流れると光る。図3で，①が光り，②が光らなかったことから，発光ダイオードの長い方の端子《たんし》が電池の＋極につながれば，正しい向きに電流が流れ，発光ダイオードが光ることがわかる。図4では，Aだけが電池に対して正しい向きにつながっていないので，Aの長い端子と短い端子を入れかえるように上下の向きをかえれば，4つすべての発光ダイオードを光らせることができる。

2　1(2)　顕微鏡《けんびきょう》の倍率は，接眼レンズと対物レンズの倍率をかけ合わせたものである。したがって，顕微鏡の倍率が 400 倍で，接眼レンズの倍率が 10 倍であれば，対物レンズの倍率は 400÷10＝40(倍)である。　(4)　顕微鏡の視野は上下左右が反対に見える。つまり，図2のように，右上に見えているゾウリムシは実際には左下にいるので，プレパラートを右上(d)の方向に動かすことで，ゾウリムシを中心で見ることができる。

2(1)　資料1のミョウバン水は，水 1500mL にミョウバン 50gをとかしたものである。これと同じ(濃《こ》さの)ミョウバン水を 600mL の水で作るには，ミョウバンを 50×$\frac{600}{1500}$＝20(g)とかせばよい。　(2)　ここでは，水にミョウバンをとかしたことによる体積の増加は考えないものとする。(1)で作ったミョウバン水は，水 600mL にミョウバン 20gをとかしたものだから，ミョウバン水 200mL には 20×$\frac{200}{600}$＝$\frac{20}{3}$(g)のミョウバンがとけている。資料2より，ミョウバンは 40℃の水 100mL に約 25gまでとけるから，40℃の水 200mL にはその2倍の約 50gまでとける。したがって，(1)で作ったミョウバン水 200mL にはミョウバンがあと約 50－$\frac{20}{3}$＝43.3…(g)までとけるから，Cが正答とな

る。

⑶　手順１より，磁石につくのは砂鉄だけだから，Ａは②である。手順２では，水にうく発ぽうスチロールの小さなつぶを分けられるから，Ｂは④である。手順３では，水にとけない砂を分けられるから，Ｃは③である。手順４では，水を蒸発させることで水にとけていたミョウバンを取り出すことができるから，Ｄは①である。

3　１⑴　14と21と18の最小公倍数を求めればよい。３つ以上の数の最小公倍数を求めるときは，右のような筆算を利用する。３つの数のうち２つ以上を割り切れる素数で次々に割っていき（割れない数はそのまま下におろす），割った数と割られた結果残った数をすべてかけあわせれば，最小公倍数となる。よって，14と21と18の最小公倍数は，２×３×７×１×１×３＝126である。

2)	14	21	18
3)	7	21	9
7)	7	7	3
	1	1	3

したがって，次に３台の電車が並ぶのは126秒後，つまり，126÷60＝２余り６より，２分６秒後である。

⑵　コースの長さは，電車が１周するまでに走る時間に比例するから，コースＢの長さはコースＡの長さの，$\frac{21}{14}=\frac{3}{2}$（倍）なので，$294\times\frac{3}{2}=441$（cm）である。

コースの長さは，電車の速さにも比例する。コースＣでは，電車の速さがコースＡの$1.6=\frac{8}{5}$（倍）で，１周するまでに走る時間が$\frac{18}{14}=\frac{9}{7}$（倍）だから，コースＣの１周の長さは，$294\times\frac{8}{5}\times\frac{9}{7}=604.8$（cm）である。

２⑴　直径３×２＝６（cm）の円を切りぬきたいので，１辺が６cmの正方形を最大何個切りぬくことができるのかを考える。工作用紙を６cmごとに切っていくと，縦に30÷６＝５（個），横に42÷６＝７（個）正方形ができるので，最大で５×７＝35（個）切りぬくことができる。

⑵　まず，右図ｉのように円の中心を点Ｏとして，直線ℓより上側のマス目を10÷２＝５（マス）以上ぬりつぶす。このとき，ぬりつぶした図形が直線ｍに対して線対称にならないようにする。その図形を，図ⅱのように点Ｏを中心に180度回転させて重なる部分をぬりつぶせばよい。最後に，できた図形がななめの線に対して線対称にならないかを確認する。例えば，図ⅲのようにぬりつぶすと，直線ｎに対して線対称となるので，条件に合わない。

解答例以外にも，何通りかぬりつぶし方がある。

図ｉ
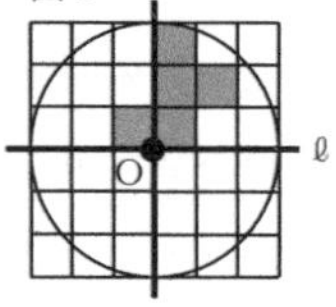

図ⅱ
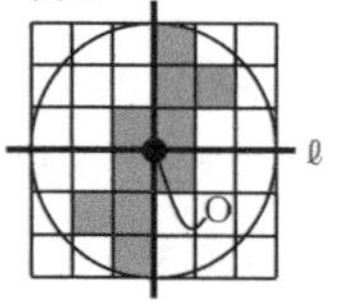

図ⅲ
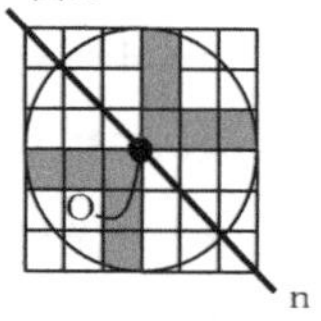

《解答例》

(例文)

　私は、いとこが就職した時、人はなんのためにはたらくのかと両親に聞いた。

　母は、生活のためでもあるが、やりがいのためでもあると答えた。看護師の母は、かん者さんの苦痛や不安を少しでも和らげるように声をかけたり、お世話をしたりする。かん者さんの笑顔を見るたびにやりがいを感じるそうだ。父は、はたらくことは社会のためでもあると言った。人々がはたらくことで、日本の経済が成長するし、人々が幸せに暮らせると話してくれた。たとえば、休日に家族で旅行に出かけたり、外食をしたりする。そのようなとき、バスや電車を運転してくれる方、レストランで食事を作ってくれる方、この方たちがはたらいてくれているから、私たちは楽しい休日を過ごすことができる。これも父の言ったことにあてはまると思う。

　両親の話を聞いて、はたらくということは大変だが、素敵なことだと思った。筆者の「もうすでにあなたは『はたらく』をしているはずです」という考えには、喜びと希望をあたえられた。例えば、祖父母に会いに行くと、元気がもらえると喜ばれる。これも「傍楽」になるのかもしれない、自分は意味のある存在なんだと思うと幸せを感じる。

《解答例》

1　1．12　　2．7.5　　3．広瀬川の下を走る路線Bは，安全に走行できる最大角度の関係で，駅の位置が路線Aよりもかなり深くなってしまい，利用者にとって不便だから。

2　1．⑴市町名…登米市　農業産出額…38.2

⑵計算式…12.3÷22.9×100＝53.71…　　説明…山元町の農業産出額に占める果実の割合4.8%に対して，いちごの割合は約53.7%であることから，野菜に含まれることがわかる。　⑶①米…0.01　いちご…0.42　②16.5

2．国民1人あたりの米の消費量が減ったことと，生産調整によって水田を減らし，米以外の作物への転作を進めたから。　　3．番号…③　理由…住宅や公共施設の建設のために使われない水田や農地を利用することは，農業を継続することによってもたらされる多面的機能にはあてはまらないから。

3　1．ふすまやたたみ，しょうじなどが使われている

2．

時代	建物	所在地	かかわりの深い人物	時代背景
古い⇩新しい	ウ	ウ	エ	ウ
	エ	エ	イ	ア
	ア	オ	ア	エ
	イ	エ	ウ	イ

3．世の中のつらい出来事や不安からのがれ，はなやかな極楽浄土を願う思い

《解　説》

1　1　歩く速さが等しいとき，かかる時間の比は歩く道のりの比に等しい。1km＝1000mだから，1.4km＝(1.4×1000)m＝1400mである。自宅から商店までと自宅から駅までの道のりの比は，600：1400＝3：7だから，自宅から商店までと商店から駅までの道のりの比は，3：(7－3)＝3：4である。したがって，自宅から商店までと商店から駅までにかかる時間の比も3：4である。自宅から商店までにかかった時間は9分だから，商店から駅までにかかる時間は，$9\times\frac{4}{3}=12$(分)である。

2　1か所のレジで対応して30分で行列がなくなるとき，レジを通った人数の合計は，60＋4×30＝180(人)だから，1か所のレジで1分間に対応できる人数は，180÷30＝6(人)である。したがって，2か所のレジで対応すると，1分間に6×2＝12(人)に対応できるから，行列にならんでいる人の人数は，1分間に12－4＝8(人)ずつ減る。よって，行列がなくなるのにかかる時間は，60÷8＝7.5(分)である。

3　資料1より，路線Bの各駅の深度が，路線Aより深くなっていることを読み取る。資料2より，現在(路線A)の各駅のホーム階が地下にあることを読み取る。以上のことを結び付けると，広瀬川の下を通る路線Bを選ぶ場合，各駅がさらに地下深いところとなり，利用者にとって不便になってしまうことが導き出せる。

2　1⑴　四捨五入して，上から3けたのがい数で答えるから，上から4けた目を四捨五入して求める。

仙台市の野菜の農業産出額は，64.7×0.38＝24.586より，24.6億円

登米市の野菜の農業産出額は，315.8×0.121＝38.2118より，38.2億円

山元町の野菜の農業産出額は，22.9×0.624＝14.2896より，14.3億円

よって，野菜の農業産出額が最も多いのは，登米市で38.2億円である。

(2)　山元町の農業産出額のいちごの割合を求めて，円グラフの果実や野菜の割合と比べればよい。

(3)①　小数第三位を四捨五入して求める。

山元町の水田1haあたりの米の農業産出額は，6.8÷646＝0.010…より，0.01億円

農地1haあたりのいちごの農業産出額は，12.3÷29＝0.424…より，0.42億円

②　いちご農地が10ha増えると，いちごの農業産出額は，0.42×10＝4.2(億円)増える。

よって，いちごの農業産出額は，12.3＋4.2＝16.5(億円)となる。

2　戦後，パンや麺類などが食べられるようになって食の多様化が進み，米が余るようになったため，1960年代の終わり頃から米の作付面積を減らす生産調整(減反政策)が実施された。日本では長らく，田の面積を減らし，畑の面積を増やす転作が奨励されてきたが，農家の自立を目指すことを目的に，2018年に減反政策を終了することになった。

3　③が誤り。資料4に「農村で農業が継続して行われることにより，私たちの生活に色々な『めぐみ』をもたらしています」とある。

3　1　書院造は，室町時代に禅宗寺院の様式が武士の住宅にとりいれられたもので，現在の日本家屋のもととなった。写真2には書院造の特徴である「違い棚」も見られるが，写真1にはないので具体例には挙げないこと。書院造の代表的な建物としては，銀閣(慈照寺)の東求堂なども有名である。

2　世界文化遺産を古い順に並べ替えると，ウ．法隆寺(飛鳥時代)→エ．平等院鳳凰堂(平安時代中期)→ア．厳島神社(平安時代末期)→イ．銀閣(室町時代)となる。所在地は，法隆寺が奈良県なのでウ，平等院鳳凰堂が京都府なのでエ，厳島神社が広島県なのでオ，銀閣が京都府なのでエである。かかわりの深い人物は，法隆寺を建てたのは聖徳太子なのでエ，平等院鳳凰堂を建てた藤原頼通は藤原道長の子どもなのでイ，厳島神社は航海の守護神として平清盛が日宋貿易をすすめる際に祈願されたのでア，銀閣を建てたのは足利義政なのでウである。時代背景は，ウ．飛鳥時代→ア．平安時代中期→エ．平安時代末期→イ．室町時代の順である。

3　11世紀中頃，社会に対する不安(末法思想)から，阿弥陀如来にすがって死後に極楽浄土へ生まれ変わることを願う浄土信仰(浄土の教え)が広まり，平等院鳳凰堂をはじめとする多くの阿弥陀堂がつくられた。

仙台青陵中等教育学校　2019 平成31年度　総合問題Ⅱ

《解答例》

1　1．(1)右図　(2)①記号…Ｄ　理由…同じ位置で観察していないので，目印にする物が決まらず，連続する月の動き方がわからない。　②イ⇒ウ⇒ア　　2．(1)イ，オ，カ　(2)②，④，⑦，⑩
3．(1)大人…500　小学生…250　(2)①５　②15　③100.5

2　1．(1)1.75　(2)Ｃ　　2．(1)①葉の緑色を脱色し，ヨウ素液の反応を見やすくするため。　②デンプンが作られなかったから。　(2)Ａ，Ｄ

3　1．(1)計算式…(63×20÷２)×２　答え…1260　※(2)15
2．(1)６　(2)24

※の求め方は解説を参照してください。

《解　説》

1　1(1)　月は，光っている部分が見えない新月から少しずつ右側が光って見えるようになり，約３日後に三日月，７～８日後(三日月から約５日後)に南の空で右半分が光って見える上弦《じょうげん》の月，約15日後に満月になる。

(2)②　月は，太陽と同じように，東の地平線からのぼり，南の空で最も高くなって，西の地平線にしずむ。アは，左手側が南，右手側が北だから，正面は西である。同様に考えて，イは正面が東，ウは正面が南だから，イ→ウ→アの順に観察したと考えられる。

2(1)　セミやスズメバチはこん虫だから，ア～キの中からこん虫に共通する特ちょうを選べばよい。こん虫の体は，頭，胸，腹の３つの節《ふし》に分かれ，６本の足はすべて胸から生えている。

(2)　①は軟体《なんたい》動物，③は環形《かんけい》動物，⑤と⑥は節足《せっそく》動物の甲殻《こうかく》類，⑧は哺乳《ほにゅう》類，⑨はクモ類に分類される。

3(1)　ゆうたさんたちは，全員通常料金で入園した。れいこさんたちは，小学生が11人だから，入園料の団体割引で小学生１名分無料となった。したがって，れいこさんたちは小学生10人分と大人４人分で4500円の入園料をはらった。大人の人数をそろえるために，ゆうたさんたちの人数をそれぞれ２倍すると，小学生４×２＝８(人)と大人２×２＝４(人)の入園料は2000×２＝4000(円)となるから，小学生10－８＝２(人)の入園料は4500－4000＝500(円)である。よって，小学生１人の入園料は500÷２＝250(円)だから，大人２人の入園料は2000－250×４＝1000(円)となり，大人１人の入園料は1000÷２＝500(円)である。

(2)①　１分＝60秒だから，15秒＝$\frac{15}{60}$分＝$\frac{1}{4}$分ごとにゴンドラが乗り場にやってくる。ゴンドラは１分間に20m進むから，ゴンドラの間隔は20×$\frac{1}{4}$＝５(m)である。

②　乗ったゴンドラの次のゴンドラを１台目とすると，60台目のゴンドラが乗ったゴンドラである。したがって，乗ったゴンドラが同じ位置に戻ってくるまでにかかる時間は，15×60(秒)，つまり$\frac{15\times60}{60}$分＝15分である。

③　観覧車の円周の長さは，②より，20×15＝300(m)だから，観覧車の円の直径の長さは，300÷3.14(m)である。図４より，観覧車の高さは，(観覧車の円の直径)＋５(m)だから，300÷3.14＋５＝100.54…より，100.5mである。

2　1(1)　肥料《ひりょう》の体積が $0.2\times\frac{1}{8}=0.025$(L)だから，必要な水の体積は $0.2-0.025=0.175$(L)→1.75(dL)である。

(2)　れいこさんのアサガオのたけが一番のびたことから，れいこさんと他の２人で，育て方がちがった点に着目すればよい。れいこさんが一日も欠かさずに水をやったのに対し，あつしさんとゆうたさんは水やりをわすれた日があったから，Ｃが正答となる。

2(1)　ヨウ素液はデンプンに反応して青むらさき色に変化する。このとき，葉の緑色が脱色されて白くなっていると，色の変化が見やすくなる。

(2)　Ａ．実験２の結果で，斑《ふ》入り以外の部分で青むらさき色に染《そ》まらなかったのは，アルミニウム箔《はく》を巻きつけた緑色の部分である。この部分では太陽の光が当たらなかったため，デンプンが作られなかったと考えられる。

Ｄ．(1)②の通り，青むらさき色に染まった(デンプンが作られた)のは，葉の緑色の部分だけである。

3　1(1)　求める面積は，(三角形ＡＢＣの面積)＋(三角形ＡＤＣの面積)である。凧の型紙は左右対称だから，三角形ＡＢＣと三角形ＡＤＣは合同であり，ＢＥ＝ＤＥ＝40÷２＝20(cm)だから，求める面積は，(63×20÷２)×２＝1260(cm^2)である。

(2)　三角形ＡＢＤと三角形ＢＣＤの底辺をともにＢＤとすると，面積の比は高さの比に等しくなるから，ＡＥ：ＣＥ＝５：16である。したがって，ＡＥ：ＡＣ＝５：(５＋16)＝５：21となるから，ＡＥ＝$63\times\frac{5}{21}=15$(cm)である。

2(1)　１辺が60 cmの正方形を同じ大きさの長方形に切り分けるから，辺ａと辺ｂの長さは，どちらも60の約数である。60の約数は，１，２，３，４，５，６，10，12，15，20，30，60である。辺ａ，辺ｂともに５cm以上で，辺ａと辺ｂの長さの和は16 cmだから，２つの辺の長さの組み合わせは６cmと10 cmとわかる。図２の③より，辺ａの長さは辺ｂの長さより短いから，辺ａの長さは６cmとわかる。

(2)　図２の④より，辺ｃの長さは辺ｂの長さ10 cmの倍数，辺ｄの長さは辺ａの長さ６cmの倍数であるとわかる。また，辺ｃの長さは60 cmより短いから，辺ｃの長さは，10 cm，20 cm，30 cm，40 cm，50 cmのどれかとなり，辺ｃ：辺ｄ＝５：４だから，辺ｄの長さはそれぞれ，$10\times\frac{4}{5}=8$(cm)，$20\times\frac{4}{5}=16$(cm)，$30\times\frac{4}{5}=24$(cm)，$40\times\frac{4}{5}=32$(cm)，$50\times\frac{4}{5}=40$(cm)となる。このうち辺ｄの長さが６の倍数となるのは，24 cmだけだから，辺ｃの長さは30 cm，辺ｄの長さは24 cmとわかる。

《解答例》

筆者は、自然現象において主役を演ずる物質が何かを特定し、その現象が物質の性質によるものか、物質の運動や変化によるものかを考えることが大切だと言っている。また、ときには物質が何からつくられているかまで考える必要があると言っている。

私が疑問を解決する時に大切にしていることは、元になる情報が正しいかどうかを見極めることだ。小学校低学年のころ、私が「ドライアイスって何？」と聞くと、いっしょに遊んでいたいとこが「氷と同じじゃない？」と答えた。私はそれ以後、理科の授業で二酸化炭素を固体にしたものだと学ぶまで、ドライアイスは水がこおったものだと思っていた。この体験から、疑問に思ったことは、人の言ったことをうのみにせず、自分自身でしっかり調べることが大切だと学んだ。

情報の正しさを見極めることは、筆者が物質について考えることを第一にしていることと共通すると思う。なぜなら、決定的に重要なことを探りだすという点で同じだからだ。元となるものがまちがっていたら、その先にある結論もまちがったものになってしまう。基本的なことから一つ一つ正確に解き明かしていくことが大事だと考える。

《解答例》

1　1．左側…流れる水によって土や石を積もらせる，たい積のはたらきによってできた。　右側…流れる水が地面をけずる，しん食のはたらきによってできた。

2．(1)1．日本海　2．太平洋

(2)

	冬(mm)	夏(mm)
仙台市	112.0	491.9
新潟市	525.8	460.6
差	413.8	31.3
理由	新潟市は季節風の影響で，冬に湿った風が山脈にぶつかることで，雪が多く降るため，降水量が多くなる。仙台市はかわいた風がふき，降水量は少ない。	

3．米づくりには多くの水が必要であるが，宮城県では，山脈から広い平野に，多くの河川が流れ込んでいることから，米作りに適している。

2　1．A国…アメリカ　B国…カナダ　C国…フランス　D国…イギリス

2．

年齢	1970年	2010年
30～59歳	930万人	180万人
60歳以上	320万人	230万人

3．農業で働く全体の人数が減少している。／農業で働く30～59歳の人数が減ったことで，全体として高齢化がすすんでいる。

3　1．全国で災害や反乱が広がり社会が不安定になったため，仏教の力で不安定な社会を治めようと願い，国ごとに国分寺を建てさせ，その中心として東大寺に大仏を作った。

2．④→⑥→③→①→②→⑤

3．(1)う　(2)国内にキリスト教信者が増えると幕府の命令に従わなくなることを心配したから。

(3)①記号…A　理由…A側には多くの鉄砲隊がいるから。　②堺を支配したことで，豊富な資金と鉄砲の生産地が手に入ったから。

(4)ウ．記号…②　目的…百姓たちから刀や鉄砲などを取り上げて，反抗できないようにするため。

オ．記号…①　目的…厳しい決まりを定め，大名に対する幕府の支配をさらに強めるため。

《解　説》

1　1　川がカーブしているところでは，内側(資料1では左側)で水の流れがおそく，外側(資料1では右側)で水の流れが速くなる。水の流れがおそいと積もらせるはたらき(たい積)が大きく，水の流れが速いとけずるはたらき(しん食)が大きい。このため，内側には川原が，外側にはがけができやすくなる。

2⑴　仙台市の冬の降水量の合計は 37.0＋38.4＋36.6＝112.0(mm)，新潟市の冬の降水量は 186.0＋122.4＋217.4＝525.8(mm)だから，差は525.8－112.0＝413.8(mm)になる。

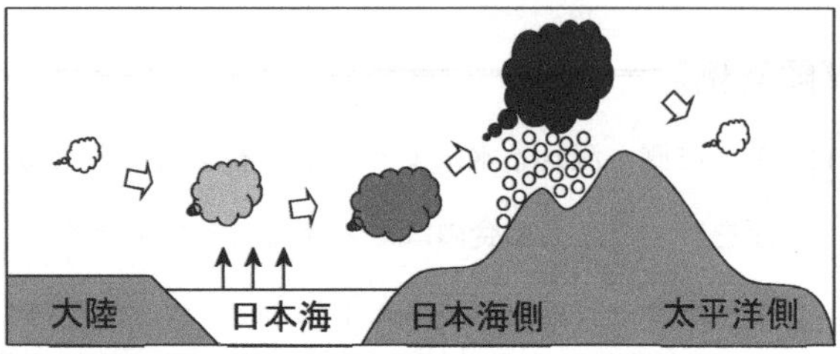

⑵　日本付近は，夏は南東の季節風が吹き，冬は北西の季節風が吹く。北西の季節風が，暖流である対馬海流上空で大量の水蒸気を含み，それが越後山脈や奥羽山脈を越えるときに，日本海側に大雪を降らせる。大雪を降らせた後の空気は，関東平野や仙台平野に乾いた風となって吹く。関東ではこの風を「からっ風」とよぶ。

3　資料4から，平野が広がること，その平野に数多くの河川が流れていることを読み取る。

2　1　ひろしさんの1回目の発言に「カナダは 1980 年からずっと一番」とあることから，B国がカナダである。ともみさんの1回目の発言から，1990 年以降に下がり続けているC国とD国がフランスとイギリスのどちらかとわかるので，残ったA国がアメリカになる。そうすると，2000 年の数値がアメリカの 125%より多い 132%のC国がフランスに決まり，イギリスがD国に決まる。

2　1970 年の 30～59 歳の農業で働く人口は，1560×0.594＝926.64 より，上から2けたのがい数にして 930 万人，2010 年は，450×0.406＝182.7 より，上から2けたのがい数にして 180 万人になる。同様にして，1970 年の 60 歳以上の農業で働く人口は，1560×0.205＝319.8 より 320 万人，2010 年は，450×0.514＝231.3 より 230 万人になる。

3　グラフの積み棒の高さが，年々低くなっていること，その中で 60 歳以上の割合が高くなっていくことを読み取る。2010 年では，60 歳以上の農業で働く人口は，全体の 50%を超えている。

3　1　聖武天皇の仏教によって国家を治めようとする考えを，鎮護国家という。

2　④縄文時代～弥生時代→⑥古墳時代→③奈良時代→①鎌倉時代→②江戸時代→⑤明治時代

3⑵　キリスト教の教えである「人はみな平等」であるという考え方は，江戸幕府の武士による統治にとって不都合なものであった。　⑶①　以前は「鉄砲隊による三段打ち」などと言われていたが，現在では鉄砲を集団で使ったとか，鉄砲隊を使ったといった記述にとどめることが多い。　②　織田信長は，自治都市であった堺を支配したことで，商人と刀鍛冶などの職人を支配下におさめた。　⑷　①は「参勤交代」から武家諸法度，②は「刀，やり，鉄砲などの武器をもつことをかたく禁止」とあることから刀狩，③はかつて慶安の触書とよばれた農民の心得である。刀狩令は，農民と武士をはっきりと区別する兵農分離をすすめ，農民を農業に専念させるための法令であった。武家諸法度は，1615 年に初めて出され，以後，将軍の代替わりごとに出された。3代将軍の徳川家光が武家諸法度に参勤交代を追加したことが知られている。

《解答例》

1　1．1．二酸化炭素　2．酸素　3．ちっ素　4．水蒸気

2．(1)ウ　(2)記号…ア　理由…ものを燃やすはたらきがある酸素が空気中より多いから。

3．動き…拍動　運んでいるもの…酸素／二酸化炭素／養分

4．(1)南から西の方へ動き，星の並び方は変わらない。　(2)①6400　②13

2　1．(1)45600　(2)36

2．(1)$11\frac{1}{4}$　(2)3，53

3　1．イ

2．4.3

3．図…

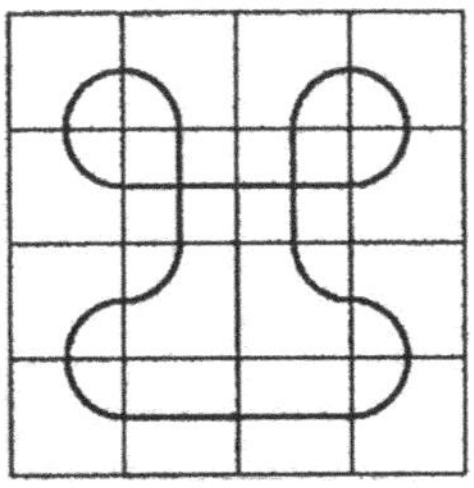

長さ…154.2

図…

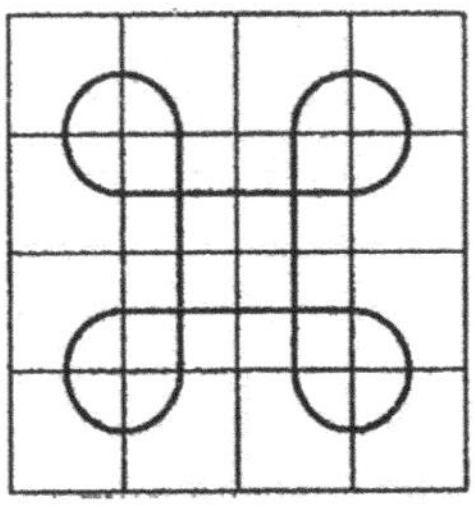

長さ…174.2

など

《解　説》

1　1　1．サイダーのあわや，人がふきこんだ空気中で増えている気体だから，二酸化炭素である。2．空気中にあって，人がふきこんだ空気中で減っていて，たくさん走った後に体が必要とする気体だから，酸素である。3．空気中に一番多くある気体だから，ちっ素である。4．二酸化炭素以外で，人がふきこんだ空気中で増えている気体だから，水蒸気である。　**2(1)**　ものが燃えるのに必要な気体は酸素である。したがって，気体2（酸素）だけの場合は激しく燃えるが，気体3（ちっ素）だけの場合はすぐに消える。なお，気体3だけの場合にすぐに消えるのは，ちっ素に火を消す性質があるわけではなく，酸素がないためだということに注意しよう。　**3**　血液は，体に必要な酸素や養分を運ぶだけでなく，二酸化炭素などの不要になったものも運ぶ。　**4(1)**　南の空を通る星は太陽と同じように，東の空→南の空→西の空の順に動いて見える。これは，地球が動いているために起こる見かけの動きであり，オリオン座を構成する星自体は動いていないので，星の並び方は変わらない。

4(2)①　直方体の容器の内側の縦と横の長さは12－2＝10(cm)，高さは6－1＝5(cm)なので，その容積は

$10\times10\times5=500$(㎤)である。つづみ型の容器には，1 L＝1000 ㎤より，1.4 L＝(1.4×1000) ㎤＝1400 ㎤の水が入っていて，さらに直方体の容器10ぱい分の水を入れたらいっぱいになったのだから，求める容積は，
$1400+500\times10=6400$(㎤)

② $6400\div500=12$ 余り400より，つづみ型の容器に直方体の容器で水を入れ始めて，$12+1=13$(はい目)で水があふれる。

3　1　パネルcには，半径が5㎝で中心角が90度のおうぎ形の曲線部分がかかれている。
よって，線の長さは，$5\times2\times3.14\times\frac{90}{360}=7.85$(㎝)

2　パネルaの線の長さは10㎝，パネルbの線の長さは $10\times2=20$(㎝)である。また，パネルcの線を4つまとめると直径が10㎝の円になるので，4枚で $10\times3.14=31.4$(㎝)となる。
アにはパネルaとcがそれぞれ4枚ずつ使われているので，線の1周分の長さは $10\times4+31.4=71.4$(㎝)である。
イにはパネルbが1枚，パネルcが6枚使われているので，線の1周分の長さは $20+7.85\times6=67.1$(㎝)である。
よって，求める差は，$71.4-67.1=4.3$(㎝)

3　問題の図ではパネルaとcがそれぞれ8枚ずつ使われている。パネルcは8枚で $8\div4=2$(個)の円の円周と同じ長さになるから，問題の図の線の1周分の長さは，$10\times8+31.4\times2=142.8$(㎝)である。したがって，142.8㎝よりも長い線ができればよい。

図Ⅰ

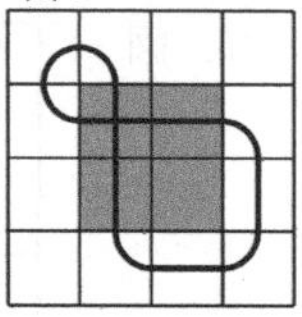

パネルbの線の長さが4枚のパネルのなかで最も長いから，パネルbを使い，線のないパネルdは使わないようにパネルを置く。パネルbは右図Ⅰの色付きの部分のどこかに置ける。また，パネルbの枚数が1枚では図Ⅰのようになってパネルdを使うことになるので，パネルbは2枚以上使用する。

図Ⅱ

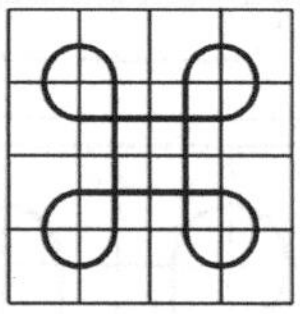

図Ⅲ

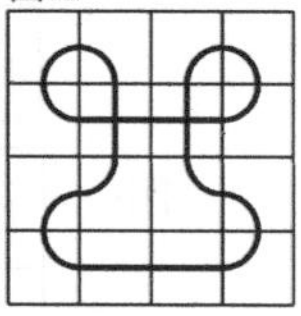

図Ⅱのようにパネルを置くと，パネルbが4枚，パネルcは12枚使われる。
パネルcは12枚で $12\div4=3$(個)の円の円周と同じ長さになるから，図Ⅱの線の1周分の長さは，$20\times4+31.4\times3=174.2$(㎝)である。
また，図Ⅲのようにパネルを置くと，パネルaとbは2枚ずつ，パネルcは12枚使われるので，線の1周分の長さは，$20\times2+10\times2+31.4\times3=154.2$(㎝)である。
なお，図Ⅲと同じようにパネルを使えば，向きが異なっていても正解となる。

《解答例》

（例文）

缶ジュースの容器の謎を解くことができたのは、消費者ではなく、製造者の立場で考えることができた生徒がいたからだと思います。製造者は、消費者に喜ばれる製品を目指すのはもちろんですが、当然材料費をおさえたいはずです。そこに目を付けたことが謎を解くかぎになったと思います。それに気づいたので、牛乳パックの謎を解くこともできたと思います。さらに、こちらは日常生活の中で、牛乳パックが変形して外側に膨らんでいることに気づいていた生徒が謎解きの功労者だと思います。

私は、日常的に缶ジュースや牛乳パックを手にしていますが、このような疑問をもったことがありませんでした。それに気づいて、少しはずかしい気持ちになりました。

この文章を読んで、学校で勉強していることは、こんなふうに社会で役立っているんだということに気づきました。疑問をもつこと、それを解決することはとてもおもしろいと思いました。これからは、もっと生活の中の身近な物に疑問をもちたいと思います。そして、学校で勉強した知識を生かして、その謎を解いていきたいと思いました。

《解答例》

1　1．政治の方針を日本中に確実に広げるため。　2．［A群／B群］　イ．［①／い］　ウ．［④／あ］

2　1．⑴④　⑵①210　②家庭用として使われる水の量が最も多く、また、一日の中でも朝や夜の使用量が多いことから、洗面や入浴の時に水を出しっぱなしにしないようにする。　⑶方法…③　理由…フラスコ内の空気の量を増やすと、その分あたためられた空気の体積変化が大きくなり、水を押す力が強くなるから。

2．⑴①600　②5　③$1\frac{1}{4}$　⑵71　3．⑴家庭ごみが増えた割合よりも人口が増えた割合の方が高いので、市民1人が出すごみの量は減っていることがわかる。　⑵②　⑶資源として使えるものを再利用したり、壊れたものを修理するなどして、ごみを出さないようにしていた。

《解　説》

1　**1**　1869年，中央集権の国家を目指して版籍奉還が行われ，藩主(大名)から天皇に領地や人民が返還された。しかし，版籍奉還の後も彼らがそのまま藩内の政治を担当したため，目立った効果が上がらなかった。これを改善しようと，1871年に明治政府は廃藩置県を実施した。これによって，政府から派遣された役人(県令や府知事)がそれぞれの県を治めることとなり，江戸幕府の支配のしくみが完全に解体された。

2イ　開国以来，生糸は日本の主要な輸出品だったが，輸出が急増し，生産が追い付かず生糸の品質が低下してしまった。そのため，生糸の品質を高めることや生産技術を向上させることを目的に，1872年，群馬県に官営模範工場の富岡製糸場がつくられた。

ウ　福沢諭吉が著した『学問のすゝめ』は，冒頭の言葉「天は人の上に人を造らず，人の下に人を造らず」が広く知られており，人間の自由・平等や学問の大切さが説かれている。

B群の「う」は文明開化のようす,「え」は夏目漱石の写真である。

2　**1⑴**　浄水場できれいな水にされたあと，排水池で各戸へ分配される。各家庭で使われた水は下水処理場でろ過されて，川に流される。

⑵①　1日に使う水の量30万㎥のうち，「家庭用」の水は $300000\times\frac{76.3}{100}=228900$(㎥)である。

1L＝1000mL＝1000㎤，1㎥＝1m×1m×1m＝100㎝×100㎝×100㎝＝1000000㎤だから，

1㎥＝$\frac{1000000}{1000}$L＝1000Lである。これより，228900㎥＝228900000L

人口が108万人だから，1人が使った水の量は，228900000÷1080000＝211.…より，約210Lである。

⑶　ものは温度が変化することで体積が変化し，ふつうあたためると体積が大きくなる。水も空気もあたためると体積が大きくなるが，空気の方が体積の変化が大きいため，空気の量が多い方が水の勢いが強くなる。

2⑴　10人分にするためには，資料3の分量を $\frac{10}{4}=\frac{5}{2}$(倍)にすればよい。

よって，①＝$240\times\frac{5}{2}=600$，②＝$2\times\frac{5}{2}=5$，③＝$\frac{1}{2}\times\frac{5}{2}=\frac{5}{4}=1\frac{1}{4}$

⑵　資料3の分量で割合を計算すればよい。牛ひき肉240gに対して合いびき肉が240＋100＝340(g)できるから，牛ひき肉の割合は，$\frac{240}{340}\times100=70.5$…より，約71％である。

3⑴　家庭ごみの総量は平成22年度と平成26年度を比べると，約0.1万t(約0.5％)増加したことがわかる。一方，仙台市の人口は平成22年度と平成26年度を比べると，約2.7万人(約2.6％)増加したことがわかる。人口の増加の割合に比べて，家庭ごみの増加の割合は緩やかなので，市民1人が出すごみの量は減少しているといえる。

⑶　こわれたものを修理することは，リデュースやリユースにあたる。

仙台青陵中等教育学校　2017 平成29年度　総合問題Ⅱ

《解答例》

1　1．8時15分　2．(1)電車…8時36分　高速バス…9時　(2)どちらか…電車　発車時刻…10時

2　1．(1)岩石…陸　水…海　(2)たかし　2．水よりあたたまりやすく、冷めやすい。〔別解〕水より冷めやすく、あたたまりやすい。　3．工夫…ビーカーにふたをする。　理由…湯気が上に移動しないようにするため。

4．風の向き…陸から海に向かって、風がふく。　理由…夜は日光が当たらないので、冷めにくい海の方が陸よりも温度が高くなるから。

3　1．(1)$\frac{1}{12}$　(2)2，3　(3)$\frac{3}{4}$　2．27

《解　説》

1　1　15と25の最小公倍数は75だから，電車とバスは75分＝1時間15分おきに同時に発車する。

よって，求める時刻は，7時＋1時間15分＝8時15分

2(1)　電車は160÷100＝1.6(時間)，つまり，1時間(60×0.6)分＝1時間36分かかる。バスは160÷80＝2(時間)かかる。よって，電車が着くのは8時36分，バスが着くのは9時である。

(2)　電車は15分おき，バスは25分おきに発車するので，(1)より，電車は8時36分から15分おき，バスは9時から25分おきに仙台駅にとう着する。8時36分に15分ずつ加えていき，11時40分に一番近い時刻を調べると11時36分が見つかる。9時に25分ずつ加えていき，11時40分に一番近い時刻を調べると11時30分が見つかる。よって，11時40分により近いのは電車であり，その電車は11時36分－1時間36分＝10時にA駅を発車する。

2　1(1)　陸は岩石のかたまり，海は水のかたまりである。　(2)　ここでは，岩石の表面と水の表面のあたたまり方を比べるので，表面から電球までのきょりや光を当てる角度，光を当てる時間，電球の種類，岩石や水の体積など，岩石であるか水であるかのちがい以外はすべて同じ条件にしなければならない。このように，条件を1つだけ変えて結果を比べる実験を対照《たいしょう》実験という。

2　表1より，電球をつけてからの時間が0分から6分のとき，岩石の温度は28.8－19.9＝8.9(℃)上がり，水の温度は24.3－20.0＝4.3(℃)上がった。同様に計算して上がった温度を求めると，どの時間においても岩石の上がった温度の方が大きくなることがわかる。したがって，岩石は水よりあたたまりやすいといえる。また，表2より，電球を消してからの時間が0分から6分のとき，岩石の温度は33.4－29.0＝4.4(℃)下がり，水の温度は26.3－26.2＝0.1(℃)下がった。同様に計算して下がった温度を求めると，どの時間においても岩石の下がった温度の方が大きくなることがわかる。したがって，岩石は水より冷めやすいといえる。

3　湯気が上に移動しないようにしたときに，右側からけむりが流れこまないことが確かめられれば，たかしさんの考えが正しいといえる。

4　よく晴れた日の夜は，水のかたまりである海の方が冷めにくいので，陸よりも温度が高くなる。このため，海で空気が上に移動する現象が起こり，そこへ陸から空気が流れこんでくる。したがって，陸から海に向かって，風がふく。なお，よく晴れた日の昼は，岩石のかたまりである陸の方があたたまりやすいので，海よりも温度が高くなり，陸で空気が上に移動する現象が起こり，そこへ海から空気が流れこんでくる。

3　1(1)　Aから５番目の印までは$\frac{3}{4}$m，Aから４番目の印までは$\frac{2}{3}$mだから，$\frac{3}{4}-\frac{2}{3}=\frac{9}{12}-\frac{8}{12}=\frac{1}{12}$(m)

(2)　右図のようにひもを12等分する印をつければよい。Aから$\frac{5}{12}$mの点は，右図の左から５番目の印だから，図１の２番目と３番目の印の間にある。

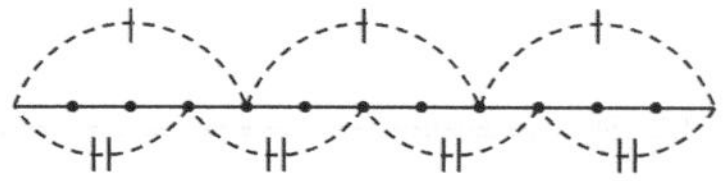

(3)　(2)の解説の図から，右図のように長さの比がわかる。右のように作図すると，三角形ＡＥＦと三角形ＡＤＦが合同だから，三角形ＡＥＦの面積を調べる。

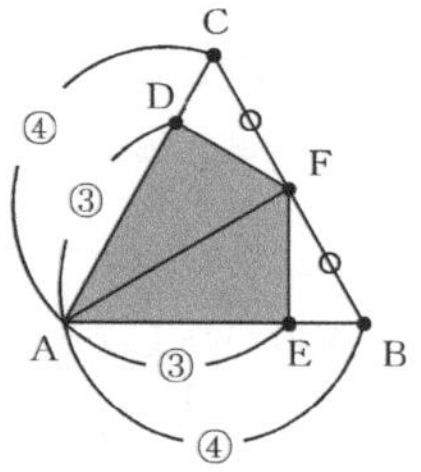

三角形ＡＢＦと三角形ＡＢＣは，底辺をそれぞれＢＦ，ＢＣとしたときの高さが等しいから，面積比はＢＦ：ＢＣ＝１：２となる。したがって，三角形ＡＢＣの面積を１とすると，三角形ＡＢＦの面積は，$1\times\frac{1}{2}=\frac{1}{2}$

同様に，三角形ＡＥＦと三角形ＡＢＦの面積比はＡＥ：ＡＢ＝３：４だから，三角形ＡＥＦの面積は，(三角形ＡＢＦの面積)$\times\frac{3}{4}=\frac{1}{2}\times\frac{3}{4}=\frac{3}{8}$

よって，四角形ＡＥＦＤの面積は$\frac{3}{8}\times2=\frac{3}{4}$だから，三角形ＡＢＣの面積の$\frac{3}{4}$倍である。

2　３等分する印と４等分する印のときは，３と４の最小公倍数が12だから，１(2)の解説のように12等分する印をつけた。同じように８と12と18の最小公倍数を調べる。３つ以上の数の最小公倍数を求めるときは，右のような筆算を利用する。３つの数のうち２つ以上を割れる数で次々に割っていき(割れない数はそのまま下におろす)，割った数と残った数をかけあわせれば，最小公倍数となる。したがって，８と12と18の最小公倍数は，２×２×３×２×１×３＝72

2) 8　12　18
2) 4　6　9
3) 2　3　9
　　2　1　3

ひもの長さを72㎝とし，左から等分してひもの右はしにも印がつけられるものと仮定する。また，８等分する印，12等分する印，18等分する印をそれぞれ⑧，⑫，⑱とする。

⑧は72÷８＝９(㎝)ごとに８個，⑫は72÷12＝６(㎝)ごとに12個，⑱は72÷18＝４(㎝)ごとに18個つけられる。

⑧と⑫は，９と６の最小公倍数が18だから，18㎝ごとに重なるので，72÷18＝４(個)重なる。

⑧と⑱は，９と４の最小公倍数が36だから，36㎝ごとに重なるので，72÷36＝２(個)重なる。

⑫と⑱は，６と４の最小公倍数が12だから，12㎝ごとに重なるので，72÷12＝６(個)重なる。

⑧と⑫と⑱の個数の合計から重なったぶんを引くと，８＋12＋18－４－２－６＝26(個)となるが，これだと⑧と⑫と⑱が重なる点を２重に引いたことになってしまう。⑧と⑫と⑱が重なる点は，９と６と４の最小公倍数が36だから，72÷36＝２(個)ある。したがって，印は全部で26＋２＝28(個)ある。このうち１個は本来ないはずの右はしの印なので，求める個数は，28－１＝27(個)

《解答例》

（例文）

筆者は、文章を書く時に注意すべきことは、読み手には文字になって表れた情報しか伝わらないということを常に意識することだといっている。

それは、文章を書く時も話をする時も、大切なことだと思う。しかし、文字になって表れた情報しか伝わらないからと、もっているたくさんの情報をつめこむと、逆効果になる。情報は足りなくても、多すぎても言いたいことが相手に伝わらない。大事なことは、要点をおさえて、必要なことを簡潔に伝えることだと思う。

私は、書いたり話したりして人に何かを伝える時、次の三つを大事にしている。一つ目は相手を意識して言葉を選ぶこと。二つ目はだらだらと長くしないこと。三つ目は目的をはっきりさせることだ。これらのことを意識するようにしてから、それまでより、スムーズに会話ができるようになった。また、学級新聞で私が担当する記事に対して、反きょうが大きくなった。今後も、伝えるべきことを明確にして、書き方や話し方を工夫したいと思う。

《解答例》

1 1．(1)

	三内丸山《さんないまるやま》遺跡(縄文《じょうもん》時代)	吉野ヶ里《よしのがり》遺跡(弥生《やよい》時代)
資料1	(A)	(C)
資料2	(ウ)	(ア)

(2)③，⑤　(3)木製のくわや石包丁を使い，米づくりがさかんになった。／貨へいや金属が伝えられるなど，大陸との交流がさかんになった。　(4)8

2．(1)2／①N　②S　③S　④N　⑤N　⑥S〔別解〕①S　②N　③N　④S　⑤S　⑥N

(2)A．ウ　B．イ，オ　C．ア，エ　(3)D．⑤　E．④　F．④

3．(1)13／理由…最初に10個の生地から，10枚のせんべいができる。次に型抜きで余った生地10個のうち，8個を使って2枚のせんべいができる。もともとの余った生地2個と新しくできた余った生地2個で1枚のせんべいができる。よって，10＋2＋1＝13で，13枚のせんべいができる。

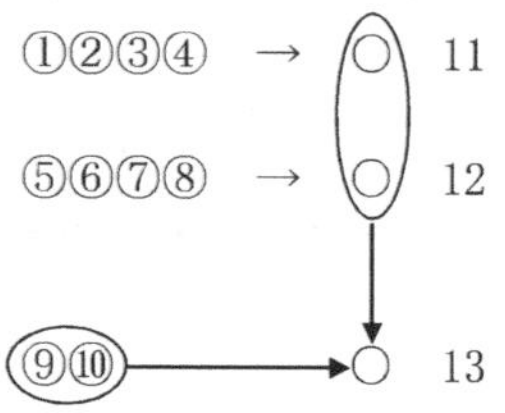

(2)①平行　②

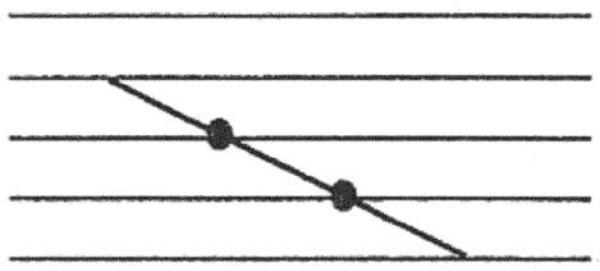

2 1．(1)当時の日本は鎖国をしていたので，西洋の学問はオランダをとおして入ってきたから。

(2)観光をかねてお寺や神社へのお参りの旅にでかけること。

2．(1)15　(2)1.4　(3)9

3．(1)効果…日中の室内温度が高くなることをおさえる効果。　理由…緑のカーテンのしげった葉が日光をさえぎるから。　(2)1％減る。　(3)下にたまりやすい冷たい空気を，送風機でかきまぜ部屋全体にいきわたらせるから

3 1．(1)108　(2)残った木の葉に多くの日光が当たるようになり，木の成長に必要な養分(であるでんぷん)がより作られるから。　(3)①日光にあてておく　②二酸化炭素を吸収して酸素を出すということ。

2．(1)番号…5　名前…中京工業地帯　(2)ア，エ　(3)1280

《解　説》

1 1(1)　A－ウ．青森県にある三内丸山遺跡《さんないまるやまいせき》は，縄文時代を代表する遺跡で，大規模な竪穴《たてあな》住居・掘立柱建物・墓地跡などがみられる。　C－ア．佐賀県にある吉野ヶ里《よしのがり》遺跡は，弥生時代を代表する遺跡で，物見やぐらがあり，濠《ほり》や柵《さく》で囲まれた環濠《かんごう》集落である。なお，資料1のBは大阪府にある大仙古墳(大山古墳)である。

(2)(3)　縄文時代は，狩り・漁・採集で食料を得て，縄文土器を使って保存・煮炊きをしていた。①・②・④・⑥は，弥生時代以降の遺跡から出土したものである。弥生時代になって大陸から稲作や青銅器・鉄器が伝わると，それに関係する道具が遺跡から出土するようになった。また，中国に使いを送っていた弥生時代以降の遺跡からは，中国から持ち込まれた貨幣も出土している。

(4)　並んでいる人は1分間に$3-2=1$(人)減るから，12分後には$20-1\times12=8$(人)並んでいる。

2(1)　いつも口が開いているようにするには④と⑤を同じ極にすればよい。また，②は④と⑤が引きつけられるように，④と⑤とは逆の極にすればよい。

(2)　回路に流れる電流の強さが強く，コイルの巻き数が多いほど，電磁石の強さは強くなる。2本の電池を直列につなぐと1本のときよりも回路に流れる電流が強く，2本の電池をへい列につなぐと1本のときと同じ大きさの電流が回路に流れるので，1位はウ，2位はイとオ，3位はアとエである。

(3)　2本の電池を直列につないだウの回路にはアの2倍の電流が流れ，2本の電池をへい列につないだエとオの回路にはアと同じ強さの電流が流れる。

3(1)　解答例以外に，以下のような理由でもよい。

型ぬきで余った生地は元の生地の$\frac{1}{4}$だから，せんべい1枚をつくるのに必要な生地は$1-\frac{1}{4}=\frac{3}{4}$(個)である。よって，生地10個からつくることができるせんべいは，$10\div\frac{3}{4}=\frac{40}{3}=13.3\cdots$より，13枚である。

(2)②　リボンを右図の太線のようにあわせると，三角形ADEは三角形ABCを2倍に拡大した図形であり，三角形AFGは三角形ABCを3倍に拡大した図形だから，AC：AE：AG＝1：2：3となる。

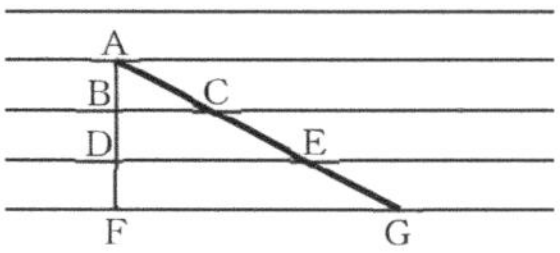

よって，AC：CE：EG＝1：(2－1)：(3－2)＝1：1：1となる。

2　1(1)　江戸時代，鎖国体制下の日本は，キリスト教の布教をする恐れのないオランダと，長崎の出島で貿易を行っていた。当初は，オランダ風説書(海外事情の報告書)を幕府に提出させて情報を独占していたが，8代将軍徳川吉宗がオランダ語の書物の輸入禁止をゆるめたため，オランダ語による西洋の学問や研究(蘭学)がさかんに行われるようになった。

(2)　資料1は東《とう》洲《しゅう》斎《さい》写楽《しゃらく》の『三代目大谷鬼次の奴江戸兵衛』，資料2は渓斎英泉《けいさいえいせん》(美人画・風景画で知られる浮世絵師)の『木曽街道六拾九次　奈良井宿』である。『木曽街道六拾九次』は，渓斎英泉と歌川広重が合作する形で完成させた。江戸時代後期には，街道・宿場町が整備されたことや，信仰を理由にすれば比較的出かけやすかったことから，「お伊勢参り」などの信仰の旅がさかんに行われるようになった。厳しい制限を課せられていた庶民にとって，旅は大きな娯楽となって広まっていき，各地の風景画が描かれたり，『東海道中膝栗毛』などの旅に関する本が発行されたりした。

2(1)　右図アにおいて，三角形EFCは1辺の長さが$2+2=4$(cm)の正三角形だから，EF＝4cmとなる。紙テープのつなぎ目をどこにしても紙テープの長さはかわらないから，つなぎ目は右図イの位置にあるものとする。紙テープの横の長さにあたる辺の一方を太線で表すと図イのようになるから，紙テープの長さは，$1+4+2\times5=15$(cm)

図ア

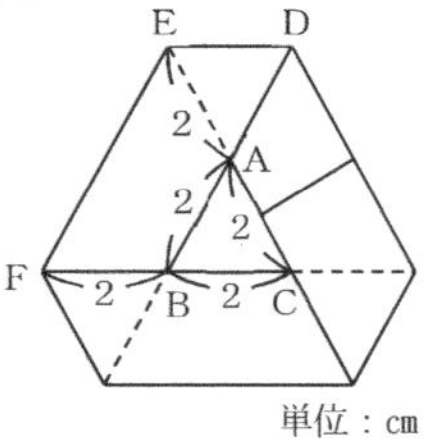

図イ

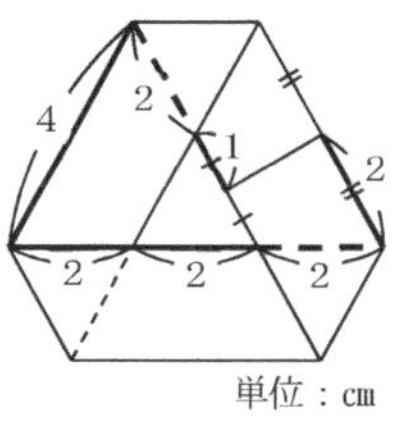

⑵　図２において右のように作図できる。紙テープの長さは太線の長さの合計に等しく，３＋４＋６＋２×４＝21(cm)

よって，求める割合は，21÷15＝1.4(倍)

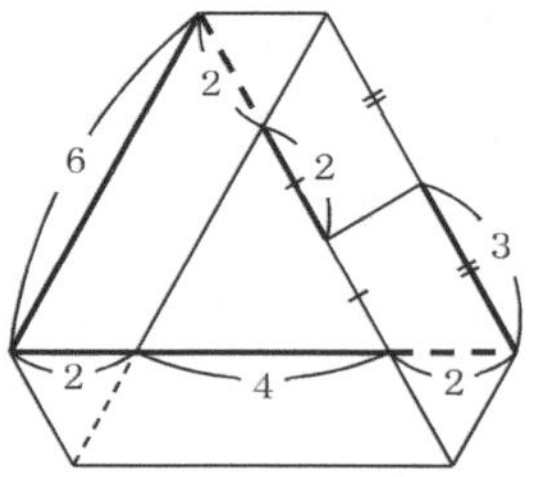

単位：cm

⑶　紙テープの長さが紙テープで囲まれた正三角形ができない最長の長さである状態から，紙テープで囲まれた正三角形の１辺の長さを長くすると，その長くなったぶんに比例して紙テープの長さも長くなる。図１と図２を比べると，正三角形の１辺の長さを４－２＝２(cm)長くすると紙テープは21－15＝６(cm)長くなるとわかる。したがって，図１から正三角形の１辺の長さを２cm短くすると，紙テープの長さは６cm短くなり，15－６＝９(cm)となる。

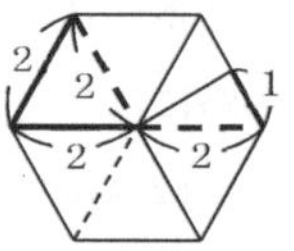

単位：cm

よって，求める値は９である。右のような図をかいて９cmであることを確認してもよい。

３⑴　日の出前や日の入り後と考えられる時間帯の温度にはほとんど差がないが，日中の温度には差があることから，緑のカーテンが日光をさえぎることで，室内温度が高くなることをおさえる効果があると考えられる。

⑵　一昨年の８月の電気の使用量を 100 とすると，昨年の８月の電気の使用量は 100×1.1＝110 となる。さらに今年の８月の電気の使用量は 110×0.9＝99 となるので，100－99＝１より，今年の８月の電気の使用量は一昨年の８月の電気の使用量と比べて１％減ったことになる。

⑶　冷たい空気は下に，あたたかい空気は上にたまる。送風機で冷たい空気をかきまぜることで，部屋全体の温度を効率よく下げることができる。

3　１⑴　間ばつ作業全体の量を 240 と 360 の最小公倍数の 720 とすると，１分あたりに作業する量は，葉山さんが 720÷240＝３，りくさんとゆいさん２人があわせて 720÷360＝２である。葉山さんは最初の 60 分で３×60＝180 の作業をするから，残り 720－180＝540 の作業をするのにかかる時間は，540÷(３＋２)＝108(分)である。よって，求める時間は 108 分である。

⑵　植物は葉に光が当たると，水と二酸化炭素を材料としてでんぷんと酸素をつくりだす。このはたらきを光合成という。

⑶　植物は一日中呼吸をして二酸化炭素を出しているが，光が十分に当たっているときには光合成の方が盛んに行われるため，出している二酸化炭素よりも吸収している二酸化炭素の方が多くなる。このため，光が十分に当たっているときは，二酸化炭素を吸収して酸素を出していると考えることができる。

２⑴　自動車の生産額において，愛知県が突出していることが資料１から読み取れる。中京工業地帯は，愛知県・三重県に広がり，自動車の生産で有名な愛知県豊田市を中心都市としている。

⑵　ア．解体しやすければ，部品ごとの分別・リサイクルがしやすくなる。　エ．燃料電池は，水素と酸素の化学反応によって電気エネルギーを取り出す装置である。この化学反応で排出されるのは水だけで，二酸化炭素などの温室効果ガスは排出されない。

⑶　６月と８月の走ったきょりの合計は 985×６－660－1250－970－1110＝1920(km)となる。

６月と８月の走ったきょりの比は１：２だから，８月の走ったきょりは，$1920\times\frac{2}{1+2}=1280$(km)

《解答例》

（例文）

カレンさんの考える「日本人らしい共同作業」とは、日本人特有の空気を読む文化とまじめで誠実な国民性の表れだと思う。誰かが声をかけなくても雪かきの作業が始まったり終わったりしたことは、空気を読む文化の表れで、黙々と雪かきの作業をしたのは、何事に対してもまじめで、きっちりとこなす日本人の国民性の表れだと思う。

私は以前、ＡＬＴの先生に「ＫＹ（空気が読めない人）のことを英語ではどう表現するか質問したことがある。日本独特の、「空気を読む」「あうんの呼吸」などの文化は、他国ではほとんど存在しないと言われた。また、戦後に日本が復興し、豊かになったのは、日本人が大変まじめで勤勉だったからだと本で読んだことがある。他国で生まれ育ったカレンさんにとっては、そうした「日本人らしい共同作業」がおどろきだったのだろう。

日本人が当たり前だと思ってしていることが、こうしてカレンさんのような外国の方に心が温かくなったと喜んでもらえると、とても嬉しくほこらしい。今後も良い意味での日本人らしさを大切にしていきたいと改めて思った。

《解答例》

1　1.

A群	長野県	奈良県	岐阜県	滋賀県
B群	④	②	③	①
C群	①	④	③	②
D群	③	①	②	④

2. (1)10　(2)1＋2＋4＋7＋14＝28　(3)理由…70÷5＝14　この月の水曜日は7の倍数になっている。7日も水曜日なので，その7日前が前月の最後の日となる。　答え…水

(4)①6048

②影きょうが最も大きかった品目…雑貨

理由…品物一つあたりの値段が高いため，消費税の税率が低いうちに買おうと考える人が多かったから。

影きょうが最も小さかった品目…食料品

理由…一つ一つの値段が高くないので，買う側にとってあまり影きょうがないから。／毎日買うようなものだから。／買いだめ・買い置きがしにくいものだから。などから1つ

3. (1)熱せられた部分から，上下の方向へと順に色が変化していく。

(2)変化の仕方…最初に水面付近の色が変わり，その後下に向かって変化していく。

理由…温められた水が上に動いて水面付近をあたため，その後上の方から順に温まっていくから。

2　1. (1)1.9　(2)ふりこの長さを，40 cmよりも短くすることで，ふりこの1往復する時間を約1秒に近づけた。

2. (1)コップのまわりの空気中の水蒸気が，コップの中の氷によって冷やされてしもになったから。　(2)右グラフ

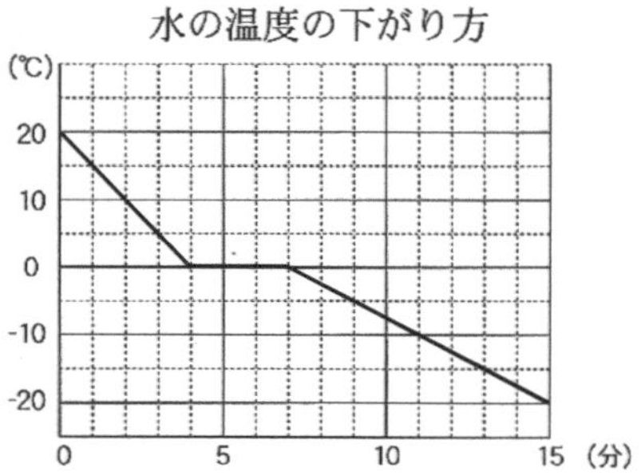

3. (1)高く上がれば上がるほどいきおいがよくなっていく様子

(2)イ　(3)17, 50

3　1. (1)南西　(2)東京や横浜などの大消費地に近いため。　(3)5.3

2. ウ　理由…太陽の光に照らされている部分が光って見えるから。

3. (1)①1　②2　③6／右図　(2)最大公約数

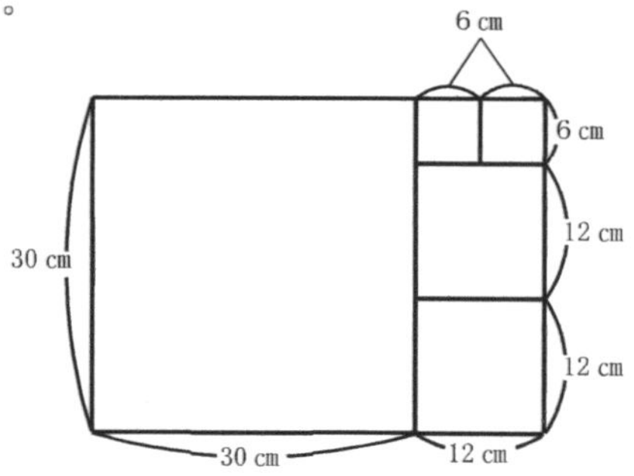

(3)求める手順…長方形の縦が629 cm，横が1961 cmとすると，はじめに，1961÷629＝3あまり74より，1辺が629 cmの正方形が3枚切り取られ，横が74 cmあまる。次に，629÷74＝8あまり37より，1辺が74 cmの正方形が8枚切り取られ，縦が37 cmあまる。最後に74÷37＝2で，1辺が37 cmの正方形がちょうど2枚できるので，1961と629の最大公約数は37となる。

答え…37

《解　説》

1　1　日本で海に面していない県は，長野県のほか，群馬県・栃木県・埼玉県・山梨県・岐阜県・滋賀県・奈良県の８つである。

○長野県…［Ｂ群］④1972 年に札幌で，1998 年に長野で，それぞれ冬季オリンピックが開かれた。

［Ｃ群］①長野県には，日本アルプス(北アルプス/飛驒山脈・中央アルプス/木曽山脈・南アルプス/赤石山脈)のすべてが連なっている。　［Ｄ群］③長野県のりんごの生産量は青森県に次いで多く，ももの生産量は山梨県・福島県に次いで多い。

○［Ｂ群］に②が入る県は奈良県である。710 年，唐の都長安にならった平城京が現在の奈良県に置かれた。

［Ｃ群］には④が入り，［Ｄ群］には①が入る。日本最大の半島とは紀伊半島のこと。「吉野」は奈良県の地名である。

○［Ｃ群］に③が入る県は岐阜県である。木曽三川(木曽川・長良川・揖斐川)に囲まれた岐阜県の下流域では，古くから河川の氾濫による洪水が多かった。そのため，これらの地域では，輪中と呼ばれる堤防で周囲をめぐらせた地域をつくり，中でも家屋などの重要な建物は土を盛るなどして周囲より高いところに建てられた。

［Ｂ群］には③が入り，［Ｄ群］には②が入る。「天下分け目」といわれた関ヶ原の戦い(1600 年)は，現在の岐阜県で起こった戦いである。また，「美濃」は岐阜県の旧国名である。

○［Ｄ群］に④が入る県は滋賀県である(信楽はかつての滋賀県の地名である)。

［Ｂ群］には①が入り，［Ｃ群］には②が入る。戦国時代，織田信長は，日本最大の湖である琵琶湖のほとりに安土城を建てた。

2(1)　素数は「１と，その数以外に約数をもたない整数」であり，１は素数にふくまれない。このことから，資料１のカレンダーの日付の中に素数は，２，３，５，７，11，13，17，19，23，29 の**10 個**ある。

(2)　カレンダーの日付にある 30 個の整数から，６と，(1)の解説にある 10 個の素数を除いた 19 個の数について，その数自身以外の約数の和を調べていく。

(3)　月曜日から金曜日までは５日間だから，連続する５つの整数で，和が 70 になる整数の組を考える。

連続するｎ個(ｎは奇数《きすう》)の整数の和は，真ん中の数のｎ倍になる。このことから，連続する５つの整数の真ん中の数，つまり日付の和を求めた週の水曜日の日付の数が 70÷５＝14(日)とわかる。

(4)①　消費税の税率は，平成 26 年４月１日に５％から８％に変わった。したがって，３月に消費税を加えた値だんが 5880 円だった品物の税抜価格は，$5880\div(1+\frac{5}{100})=5880\div1.05=5600$(円)とわかり，４月には $5600\times(1+\frac{8}{100})=5600\times1.08=$**6048(円)**となる。

②　品物一つあたりの値だんが異なるため，売上高では消費税の税率が変わったことによる影きょうの大きさはわからない。このため，前年同月と比べた割合に注目する。この割合の変化(増えた分と減った分)が大きいほど，消費税の税率が変わったことによる影きょうが大きかったと考えられる。

3(1)　金属は熱した部分から順に熱が伝わっていく。このような熱の伝わり方を伝導《でんどう》という(右図Ⅰ参照)。

(2)　水や空気の温まり方は，温められた部分が軽くなって上に移動し，全体が温まっていく。このような熱の伝わり方を対流《たいりゅう》という(右図Ⅱ参照)。

図Ⅰ

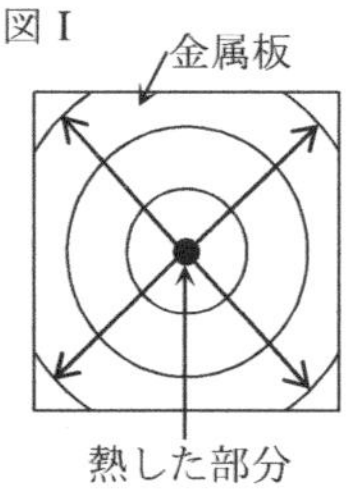

図Ⅱ

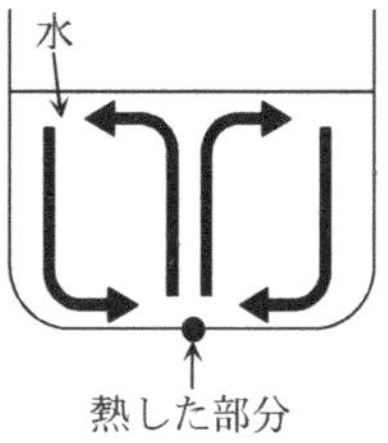

2　1⑴　7回の5往復した時間の平均は(9.6＋9.7＋9.3＋9.4＋9.4＋9.6＋9.5)÷7＝9.5(秒)であるので，1往復の平均は9.5÷5＝1.9(秒)である。

⑵　ふりこの1往復する時間は，おもりの重さやふれ幅には関係なく，ふりこの長さによって決まる。ふりこの長さを短くすると，ふりこの1往復する時間も短くなる。なお，ふりこの長さが25㎝のときの1往復する時間が1秒，ふりこの長さが100㎝のときの1往復する時間が2秒である。

2⑴　空気は水蒸気をふくむことができるが，その最大量は温度によって異なり，温度が低いときの方が小さくなる。したがって，コップのまわりの空気が冷やされると，ふくむことのできる水蒸気の最大量が小さくなり，水てき(しも)となって現れる。⑵こおり始めてからすべてこおるまでの間は温度が変化しない。

3⑴　――線部分を「空にのぼるにつれて」と「えらくいばる」に分けて考えると答えやすいだろう。問題文中の「詩の中の言葉を使わずに」を見落とさないようにしよう。「空にのぼるにつれて」は、「～につれて」が「～にしたがって。～とともに。」の意味なので、「高く上がれば上がるほど」「高く上がるにしたがって」「高く上がるとともに」などと説明すればよい。「えらくいばる」については、擬人法《ぎじんほう》(＝人間以外のものを人間のようにたとえて表現する技法)を用いているので、逆に「(人が)えらくいばる」様子をたこの動きらしく表現すればよい。詩の第2・3連の表現も、空高くのぼっているたこの様子を想像させるもので参考になる。「いばる」は、「強そうに、または、えらそうにふるまう」という意味なので、「いきおいがよくなっていく」「いきおいを増していく」「力強さを増していく」などと説明すればよい。「～するほど～なっていく様子」「～するとともに～していく様子」など、前半部分と後半部分がつながるようにすること。

⑵　イの「水を得た魚」とは、「自分に合った環境や、自分の得意な状況などになって、生き生きとしているさま、よく活躍している様子」などを表現することわざ。たこが空にのぼって生き生きとしている様子にあてはまる。アの「どんぐりの背くらべ」は、「どれもこれも似たり寄ったりで、飛びぬけた者がいないことのたとえ」、ウの「水と油」は、「たがいに気が合わず反発し合って仲が悪いこと」、エの「天高く馬こゆる」は、「天高く馬こゆる秋」で、「秋の快適な気候のこと」、オの「つるの一声」は、「多くの人の議論や意見をおさえつける、有力者の一言」という意味のことわざ。

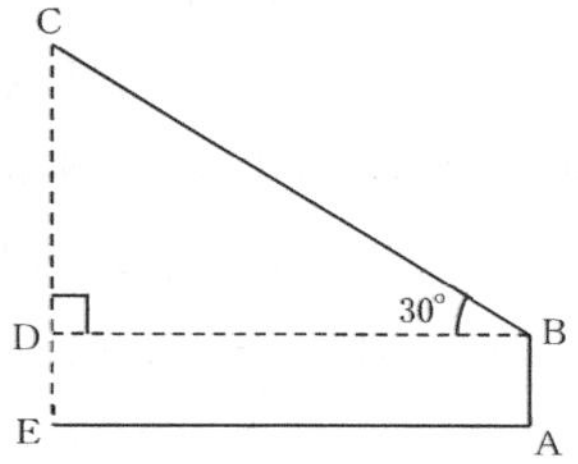

⑶　つばささんがたこをあげている図を右図のように模式図にして記号をおく。Bはつばささんの手の位置，Cはたこの位置にあたり，求める高さはCEの長さとなる。

三角形BCDは一辺がBCの正三角形を二等分した直角三角形だから，

CD＝BC×$\frac{1}{2}$＝16.25(m)

DE＝BA＝1.25mより，CE＝16.25＋1.25＝17.5(m)となるから，求める高さは**17m50㎝**である。

3 1(1) の方位記号があるときは，矢印の方向が北を指す。佐野サービスエリアと富士山の位置は右図の通りだから，佐野サービスエリアから見て，富士山は南西の方角にある。

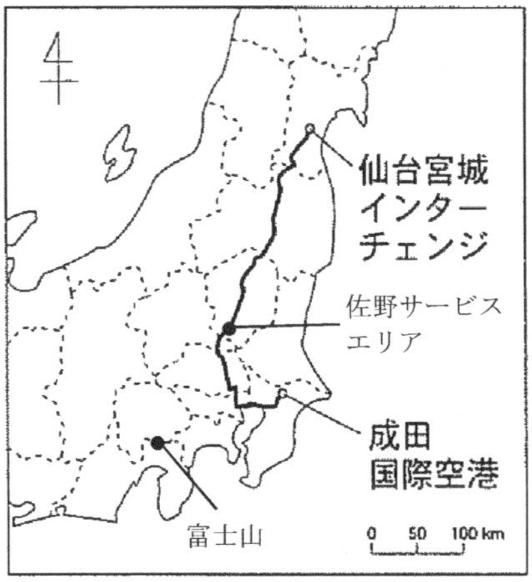

(2) 千葉県・茨城県・埼玉県など，東京という大消費地に近い関東地方の県では，近郊農業がさかんである。

(3) 最終日以外は1日に午後8時－午前8時30分－2時間30分＝9時間移動し，最終日は他の日より
午後8時－午後4時＝4時間少なく，9－4＝5(時間)移動した。したがって，9×7＋5＝68(時間)で360 km移動したので，求める速さは，360÷68＝5.29…より，**およそ時速5.3km**である。

2 月は自ら光を出しておらず，太陽の光が反射することで，光って見える。月，地球，太陽の位置関係が変わることで，月が満ち欠けして見える。なお，この日のあと，上弦《じょうげん》の月(南の空で右半分が光って見える月)，満月，下弦《かげん》の月(南の空で左半分が光って見える月)，新月の順に満ち欠けし，約30日後にこの日と同じ形の月が見える。

3 このように，2つの整数について，「小さい数で大きい数を割ってあまりを調べ，そのあまりの値で小さい数を割ってあまりを調べ，…という操作を，あまりが出なくなるまでくり返して最大公約数を見つける」方法を，ユークリッドの互除法《ごじょほう》という。

《解答例》

(例文)

筆者は「科学の花を咲かせること」について、そのみちすじは、子供が「大人になるということ」と同じみちすじだと考えていると思う。

科学は、「ふしぎだと思うこと」が大切だが、そこにとどまっているだけでは茎も丈夫にならないし、「花の咲く感動」も手に入れることができない。大人になるということもそれと同じで、夢を持ち続けるだけでは十分でない。「ゴールを目指して一歩一歩着実に前に進む手だてを自分で編み出していく息の長い努力」が必要なのだ。

特に、科学の花を咲かせるためには「地道な努力をして」「立派な科学の茎を育て上げることが必要」ということを、私自身が大人になるために必要なことに置きかえて考えてみた。私の夢は、じゅう医になることだ。しかし、ばく然と夢をえがいているだけで、地道な努力をしてはこなかった。苦手な理科や算数の勉強を投げ出さないでやっているだろうか、と反省した。これからは、地道で息の長い努力をして自分自身の茎を丈夫に育て上げたい。そして、大人になったときに大輪の花を咲かせて感動を手に入れられるように、この話を心の支えにしてがんばりたい。

■ ご使用にあたってのお願い・ご注意

（1）問題文等の非掲載

著作権上の都合により，問題文や図表などの一部を掲載できない場合があります。

誠に申し訳ございませんが，ご了承くださいますようお願いいたします。

（2）過去問における時事性

過去問題集は，学習指導要領の改訂や社会状況の変化，新たな発見などにより，現在とは異なる表記や解説になっている場合があります。過去問の特性上，出題当時のままで出版していますので，あらかじめご了承ください。

（3）配点

学校等から配点が公表されている場合は，記載しています。公表されていない場合は，記載していません。

独自の予想配点は，出題者の意図と異なる場合があり，お客様が学習するうえで誤った判断をしてしまう恐れがあるため記載していません。

（4）無断複製等の禁止

購入された個人のお客様が，ご家庭でご自身またはご家族の学習のためにコピーをすることは可能ですが，それ以外の目的でコピー，スキャン，転載（ブログ，ＳＮＳなどでの公開を含みます）などをすることは法律により禁止されています。学校や学習塾などで，児童生徒のためにコピーをして使用することも法律により禁止されています。

ご不明な点や，違法な疑いのある行為を確認された場合は，弊社までご連絡ください。

（5）けがに注意

この問題集は針を外して使用します。針を外すときは，けがをしないように注意してください。また，表紙カバーや問題用紙の端で手指を傷つけないように十分注意してください。

（6）正誤

制作には万全を期しておりますが，万が一誤りなどがございましたら，弊社までご連絡ください。

なお，誤りが判明した場合は，弊社ウェブサイトの「ご購入者様のページ」に掲載しておりますので，そちらもご確認ください。

■ お問い合わせ

解答例，解説，印刷，製本など，問題集発行におけるすべての責任は弊社にあります。

ご不明な点がございましたら，弊社ウェブサイトの「お問い合わせ」フォームよりご連絡ください。迅速に対応いたしますが，営業日の都合で回答に数日を要する場合があります。

ご入力いただいたメールアドレス宛に自動返信メールをお送りしています。自動返信メールが届かない場合は，「よくある質問」の「メールの問い合わせに対し返信がありません。」の項目をご確認ください。

また弊社営業日（平日）は，午前９時から午後５時まで，電話でのお問い合わせも受け付けています。

2025 春

株式会社教英出版
〒422-8054　静岡県静岡市駿河区南安倍３丁目 12-28
TEL　054-288-2131　　FAX　054-288-2133
URL　https://kyoei-syuppan.net/
MAIL siteform@kyoei-syuppan.net

神奈川県

①[県立]{相模原中等教育学校／平塚中等教育学校}
②[市立]南高等学校附属中学校
③[市立]横浜サイエンスフロンティア高等学校附属中学校
④[市立]川崎高等学校附属中学校
✿⑤聖光学院中学校
✿⑥浅野中学校
⑦洗足学園中学校
⑧法政大学第二中学校
⑨逗子開成中学校（1次）
⑩逗子開成中学校（2·3次）
⑪神奈川大学附属中学校（第1回）
⑫神奈川大学附属中学校（第2·3回）
⑬栄光学園中学校
⑭フェリス女学院中学校

新潟県

①[県立]{村上中等教育学校／柏崎翔洋中等教育学校／燕中等教育学校／津南中等教育学校／直江津中等教育学校／佐渡中等教育学校}
②[市立]高志中等教育学校
③新潟第一中学校
④新潟明訓中学校

石川県

①[県立]金沢錦丘中学校
②星稜中学校

福井県

①[県立]高志中学校

山梨県

①山梨英和中学校
②山梨学院中学校
③駿台甲府中学校

長野県

①[県立]{屋代高等学校附属中学校／諏訪清陵高等学校附属中学校}
②[市立]長野中学校

岐阜県

①岐阜東中学校
②鶯谷中学校
③岐阜聖徳学園大学附属中学校

静岡県

①[国立]静岡大学教育学部附属中学校（静岡·島田·浜松）
②{[県立]清水南高等学校中等部／[県立]浜松西高等学校中等部／[市立]沼津高等学校中等部}
③不二聖心女子学院中学校
④日本大学三島中学校
⑤加藤学園暁秀中学校
⑥星陵中学校
⑦東海大学付属静岡翔洋高等学校中等部
⑧静岡サレジオ中学校
⑨静岡英和女学院中学校
⑩静岡雙葉中学校
⑪静岡聖光学院中学校
⑫静岡学園中学校
⑬静岡大成中学校
⑭城南静岡中学校
⑮静岡北中学校
⑯{常葉大学附属常葉中学校／常葉大学附属橘中学校／常葉大学附属菊川中学校}
⑰藤枝明誠中学校
⑱浜松開誠館中学校
⑲静岡県西遠女子学園中学校
⑳浜松日体中学校
㉑浜松学芸中学校

愛知県

①[国立]愛知教育大学附属名古屋中学校
②愛知淑徳中学校
③{名古屋経済大学市邨中学校／名古屋経済大学高蔵中学校}
④金城学院中学校
⑤椙山女学園中学校
⑥東海中学校
⑦南山中学校男子部
⑧南山中学校女子部
⑨聖霊中学校
⑩滝中学校
⑪名古屋中学校
⑫大成中学校
⑬愛知中学校
⑭星城中学校
⑮名古屋葵大学中学校（名古屋女子大学中学校）
⑯愛知工業大学名電中学校
⑰海陽中等教育学校（特別給費生）
⑱海陽中等教育学校（I·II）
⑲中部大学春日丘中学校
新刊⑳名古屋国際中学校

三重県

①[国立]三重大学教育学部附属中学校
②暁中学校
③海星中学校
④四日市メリノール学院中学校
⑤高田中学校
⑥セントヨゼフ女子学園中学校
⑦三重中学校
⑧皇學館中学校
⑨鈴鹿中等教育学校
⑩津田学園中学校

滋賀県

①[国立]滋賀大学教育学部附属中学校
②[県立]{河瀬中学校／守山中学校／水口東中学校}

京都府

①[国立]京都教育大学附属桃山中学校
②[府立]洛北高等学校附属中学校
③[府立]園部高等学校附属中学校
④[府立]福知山高等学校附属中学校
⑤[府立]南陽高等学校附属中学校
⑥[市立]西京高等学校附属中学校
⑦同志社中学校
⑧洛星中学校
⑨洛南高等学校附属中学校
⑩立命館中学校
⑪同志社国際中学校
⑫同志社女子中学校（前期日程）
⑬同志社女子中学校（後期日程）

大阪府

①[国立]大阪教育大学附属天王寺中学校
②[国立]大阪教育大学附属平野中学校
③[国立]大阪教育大学附属池田中学校

④[府立]富田林中学校
⑤[府立]咲くやこの花中学校
⑥[府立]水都国際中学校
⑦清風中学校
⑧高槻中学校（A日程）
⑨高槻中学校（B日程）
⑩明星中学校
⑪大阪女学院中学校
⑫大谷中学校
⑬四天王寺中学校
⑭帝塚山学院中学校
⑮大阪国際中学校
⑯大阪桐蔭中学校
⑰開明中学校
⑱関西大学第一中学校
⑲近畿大学附属中学校
⑳金蘭千里中学校
㉑金光八尾中学校
㉒清風南海中学校
㉓帝塚山学院泉ヶ丘中学校
㉔同志社香里中学校
㉕初芝立命館中学校
㉖関西大学中等部
㉗大阪星光学院中学校

兵庫県

①[国立]神戸大学附属中等教育学校
②[県立]兵庫県立大学附属中学校
③雲雀丘学園中学校
④関西学院中学部
⑤神戸女学院中学部
⑥甲陽学院中学校
⑦甲南中学校
⑧甲南女子中学校
⑨灘中学校
⑩親和中学校
⑪神戸海星女子学院中学校
⑫滝川中学校
⑬啓明学院中学校
⑭三田学園中学校
⑮淳心学院中学校
⑯仁川学院中学校
⑰六甲学院中学校
⑱須磨学園中学校(第1回入試)
⑲須磨学園中学校(第2回入試)
⑳須磨学園中学校(第3回入試)
㉑白陵中学校
㉒夙川中学校

奈良県

①[国立]奈良女子大学附属中等教育学校
②[国立]奈良教育大学附属中学校
③[県立] 国際中学校
　　　　青翔中学校
④[市立]一条高等学校附属中学校
⑤帝塚山中学校
⑥東大寺学園中学校
⑦奈良学園中学校
⑧西大和学園中学校

和歌山県

①[県立] 古佐田丘中学校
　　　　向陽中学校
　　　　桐蔭中学校
　　　　日高高等学校附属中学校
　　　　田辺中学校
②智辯学園和歌山中学校
③近畿大学附属和歌山中学校
④開智中学校

岡山県

①[県立]岡山操山中学校
②[県立]倉敷天城中学校
③[県立]岡山大安寺中等教育学校
④[県立]津山中学校
⑤岡山中学校
⑥清心中学校
⑦岡山白陵中学校
⑧金光学園中学校
⑨就実中学校
⑩岡山理科大学附属中学校
⑪山陽学園中学校

広島県

①[国立]広島大学附属中学校
②[国立]広島大学附属福山中学校
③[県立]広島中学校
④[県立]三次中学校
⑤[県立]広島叡智学園中学校
⑥[市立]広島中等教育学校
⑦[市立]福山中学校
⑧広島学院中学校
⑨広島女学院中学校
⑩修道中学校
⑪崇徳中学校
⑫比治山女子中学校
⑬福山暁の星女子中学校
⑭安田女子中学校
⑮広島なぎさ中学校
⑯広島城北中学校
⑰近畿大学附属広島中学校福山校
⑱盈進中学校
⑲如水館中学校
⑳ノートルダム清心中学校
㉑銀河学院中学校
㉒近畿大学附属広島中学校東広島校
㉓AICJ中学校
㉔広島国際学院中学校
㉕広島修道大学ひろしま協創中学校

山口県

①[県立] 下関中等教育学校
　　　　高森みどり中学校
②野田学園中学校

徳島県

①[県立] 富岡東中学校
　　　　川島中学校
　　　　城ノ内中等教育学校
②徳島文理中学校

香川県

①大手前丸亀中学校
②香川誠陵中学校

愛媛県

①[県立] 今治東中等教育学校
　　　　松山西中等教育学校
②愛光中学校
③済美平成中等教育学校
④新田青雲中等教育学校

高知県

①[県立] 安芸中学校
　　　　高知国際中学校
　　　　中村中学校

福岡県

① [国立] 福岡教育大学附属中学校（福岡・小倉・久留米）

② [県立] 育徳館中学校／門司学園中学校／宗像中学校／嘉穂高等学校附属中学校／輝翔館中等教育学校

③西南学院中学校
④上智福岡中学校
⑤福岡女学院中学校
⑥福岡雙葉中学校
⑦照曜館中学校
⑧筑紫女学園中学校
⑨敬愛中学校
⑩久留米大学附設中学校
⑪飯塚日新館中学校
⑫明治学園中学校
⑬小倉日新館中学校
⑭久留米信愛中学校
⑮中村学園女子中学校
⑯福岡大学附属大濠中学校
⑰筑陽学園中学校
⑱九州国際大学付属中学校
⑲博多女子中学校
⑳東福岡自彊館中学校
㉑八女学院中学校

佐賀県

① [県立] 香楠中学校／致遠館中学校／唐津東中学校／武雄青陵中学校

②弘学館中学校
③東明館中学校
④佐賀清和中学校
⑤成穎中学校
⑥早稲田佐賀中学校

長崎県

① [県立] 長崎東中学校／佐世保北中学校／諫早高等学校附属中学校

②青雲中学校
③長崎南山中学校
④長崎日本大学中学校
⑤海星中学校

熊本県

① [県立] 玉名高等学校附属中学校／宇土中学校／八代中学校

②真和中学校
③九州学院中学校
④ルーテル学院中学校
⑤熊本信愛女学院中学校
⑥熊本マリスト学園中学校
⑦熊本学園大学付属中学校

大分県

① [県立] 大分豊府中学校
②岩田中学校

宮崎県

① [県立] 五ヶ瀬中等教育学校
② [県立] 宮崎西高等学校附属中学校／都城泉ヶ丘高等学校附属中学校
③宮崎日本大学中学校
④日向学院中学校
⑤宮崎第一中学校

鹿児島県

① [県立] 楠隼中学校
② [市立] 鹿児島玉龍中学校
③鹿児島修学館中学校
④ラ・サール中学校
⑤志學館中等部

沖縄県

① [県立] 与勝緑が丘中学校／開邦中学校／球陽中学校／名護高等学校附属桜中学校

もっと過去問シリーズ

北海道

北嶺中学校
7年分（算数・理科・社会）

静岡県

静岡大学教育学部附属中学校
（静岡・島田・浜松）
10年分（算数）

愛知県

愛知淑徳中学校
7年分（算数・理科・社会）
東海中学校
7年分（算数・理科・社会）
南山中学校男子部
7年分（算数・理科・社会）
南山中学校女子部
7年分（算数・理科・社会）
滝中学校
7年分（算数・理科・社会）
名古屋中学校
7年分（算数・理科・社会）

岡山県

岡山白陵中学校
7年分（算数・理科）

広島県

広島大学附属中学校
7年分（算数・理科・社会）
広島大学附属福山中学校
7年分（算数・理科・社会）
広島学院中学校
7年分（算数・理科・社会）
広島女学院中学校
7年分（算数・理科・社会）
修道中学校
7年分（算数・理科・社会）
ノートルダム清心中学校
7年分（算数・理科・社会）

愛媛県

愛光中学校
7年分（算数・理科・社会）

福岡県

福岡教育大学附属中学校
（福岡・小倉・久留米）
7年分（算数・理科・社会）
西南学院中学校
7年分（算数・理科・社会）
久留米大学附設中学校
7年分（算数・理科・社会）
福岡大学附属大濠中学校
7年分（算数・理科・社会）

佐賀県

早稲田佐賀中学校
7年分（算数・理科・社会）

長崎県

青雲中学校
7年分（算数・理科・社会）

鹿児島県

ラ・サール中学校
7年分（算数・理科・社会）

※もっと過去問シリーズは国語の収録はありません。

教英出版
〒422-8054
静岡県静岡市駿河区南安倍3丁目12-28
TEL 054-288-2131
FAX 054-288-2133
詳しくは教英出版で検索
教英出版　検索
URL https://kyoei-syuppan.net/

受検番号	

令和６年度
仙台市立中等教育学校入学者選抜《せんばつ》適性検査（総合問題Ⅰ）

検　査　用　紙

注　意

1　指示があるまで，この「検査用紙」を開いてはいけません。

2　総合問題Ⅰの「検査用紙」には，表紙に続き，１ページから６ページまで「検査問題」があります。「解答用紙」は１枚です。

3　「始め」の指示で,「検査用紙」と「解答用紙」に受検番号を書きなさい。その後,「放送による問題」の放送が流れます。検査時間は45分です。

4　解答は，すべて「解答用紙」に記入しなさい。「検査用紙」の空いているところは，自由に使ってかまいません。

※教英出版注
音声は，解答集の書籍ＩＤ番号を教英出版ウェブサイトで入力して聴くことができます。

1　放送による問題

放送を聞いて**1**～**3**の問題に答えなさい。英語はそれぞれ**2回**放送されます。

放送中に検査用紙にメモをとってもかまいません。答えはすべて解答用紙に記入しなさい。

1　家族で日本に住んでいるエミリーさんと同じクラスのけんたさんは，**図１**のカレンダーを見ながら会話をしています。２人の会話を聞いて，エミリーさんの週末の予定になるように**表**の**（1）**～**（4）**の空らんに合う絵を，**あ**～**お**の中から１つずつ選び，記号で答えなさい。

図１　**カレンダー**

7月

日	月	火	水	木	金	土
						1
2	3	4	5	6	7	8 若葉まつり
9 若葉まつり	10	11	12	13	14	15
16	17	18	19	20	21	22
23	24	25	26	27	28	29
30	31					

表　**エミリーさんの予定表**

7月8日（土）	
午前	（1）
午後	（2）
7月9日（日）	
午前	（3）
午後	（4）

あ

い

う

え

お

2　エミリーさんとけんたさんは，若葉まつりのダンスショーに参加している友達のつとむさんを探《さが》しています。エミリーさんにつとむさんから事前に届《とど》いたメールと，エミリーさんとけんたさんの会話を聞いて，**図2**の中から，つとむさんを探し，**あ〜か**の中から１つ選び，記号で答えなさい。

最初につとむさんから届いたメール，続いて，エミリーさんとけんたさんの会話を放送します。

図２　若葉まつりのダンスショー

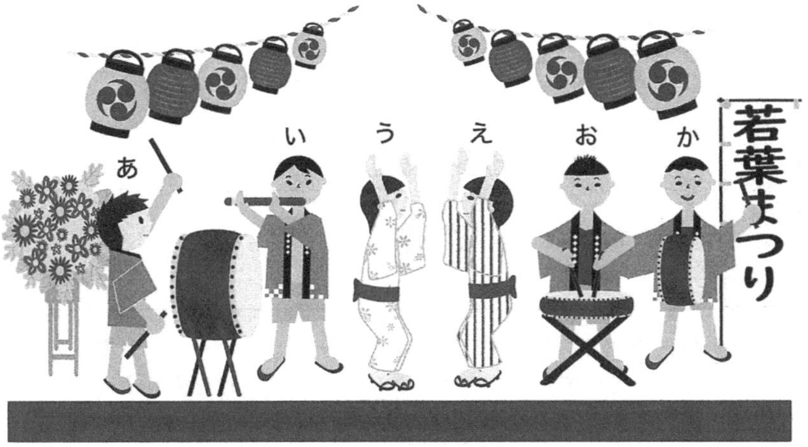

3　エミリーさんと担任の先生は若葉まつりの**図3**のチラシと**図4**の100名の学生に聞いたアンケート結果のグラフを見ながら会話をしています。２人の会話を聞いて，**図4**のグラフの**A**の部分に当てはまるイベントを，下の**あ〜お**の中から１つ選び，記号で答えなさい。

図３　チラシ

図４　グラフ

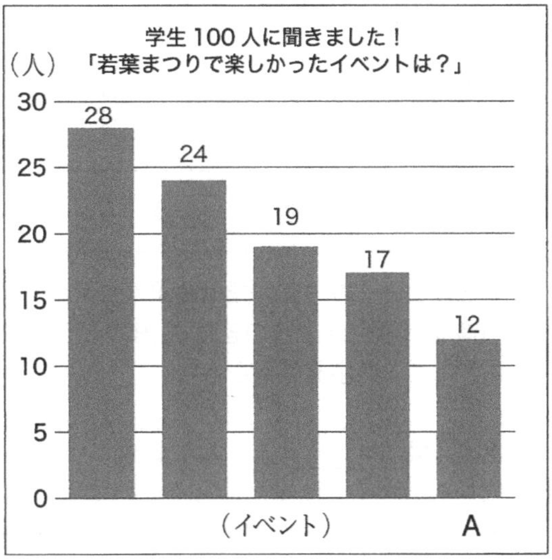

あ　けん玉体験	**い**　カルタ体験	**う**　屋台
え　ダンスショー	**お**　ブラスバンド演奏	

2　たろうさんは職場体験学習でスーパーマーケットの仕事をすることになりました。次の**1**, **2**の問題に答えなさい。

店　　長	これからフルーツコーナーに商品を並《なら》べる仕事をするよ。
たろうさん	並べる商品の数はどのように決めているのですか。
店　　長	毎日どのくらいの商品が売れているのかを，お店で管理して決めているよ。
たろうさん	**ア**情報通信技術を利用しているのですね。
店　　長	よく勉強しているね。他にも情報通信技術を利用しているものがあるよ。
たろうさん	向こうで動いているロボットですか。
店　　長	そうだよ。あれは**イ**案内ロボットだよ。ディスプレイに商品名を入力すると，商品がある場所まで案内してくれたり，品切れの場合はその場で教えてくれたりするよ。
たろうさん	すごく便利なロボットですね。

1　下線部**ア**「情報通信技術」とあります。お店のフルーツコーナーでは，**表1**のように商品を商品データに記録していて，**表2**のように商品の売り上げを売り上げデータへ記録しています。あとの**（1）**, **（2）**の問題に答えなさい。

表1　**商品データ**

商品番号	商品名	値段《ねだん》（円）
1100	いちご	390
1200	りんご	300
1300	も　も	150
1400	みかん	40

表2　**9時から10時までの売り上げデータ**

売れた時間	商品番号	個数
9：03	1100	2
9：10	1400	15
9：27	1300	2
9：27	1200	3
9：45	1300	3
9：58	（　a　）	（　b　）

（1）　**表2**の「9：03」から「9：45」までに売れた商品で売上金額が１番多い商品を，次の**あ**～**え**から１つ選び，記号で答えなさい。

あ　いちご　　**い**　りんご　　**う**　もも　　**え**　みかん

（2）　**表2**のデータの中で，売上金額の合計が２番目に多い商品と，売上金額が１番少ない商品との合計金額の差は30円でした。このことから，（　a　）と（　b　）にあてはまる数字を答えなさい。

2　下線部**イ**「案内ロボット」とあります。

図1は店内の様子を簡単《かんたん》に示したものです。**図1**の☆にいる案内ロボットは店内を回りながら，お客さんが探《さが》したい商品の場所まで案内しています。あとの**（1）**～**（3）**の問題に答えなさい。

図1　**店内の地図**

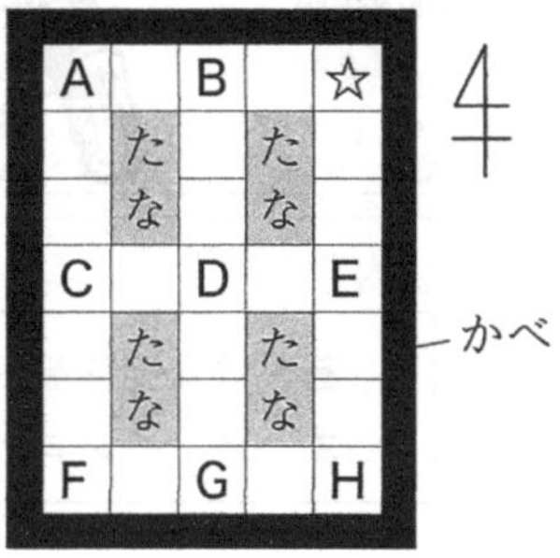

令和６　総合Ⅰ

令和６年度仙台市立中等教育学校入学者選抜適性検査

総合問題Ⅰ「放送による問題」台本

※教英出版注
音声は，解答集の書籍ＩＤ番号を教英出版ウェブサイトで入力して聴くことができます。

監督上の注意

1　第１問の放送による問題については，英語「放送による問題」の検査実施要項によって実施する。

2　総合問題Ⅰ開始後の約**３０秒間**は，受検番号の記入および問題用紙のページ数の確認に使わせる。

（◆電子音　ポン　ポン　ポン　ポン）

これから第１問の放送による問題を行います。放送を聞いて **１～３**の問題に答えなさい。英語はそれぞれ**２回**放送されます。
放送中に検査用紙にメモをとってもかまいません。答えはすべて解答用紙に記入しなさい。

（この間約３秒）

問題１　家族で日本に住んでいるエミリーさんと同じクラスのけんたさんは，**図１**のカレンダーを見ながら会話をしています。２人の会話を聞いて，エミリーさんの週末の予定になるように**表**の（**1**）～（**4**）の空らんに合う絵を，**あ**，**い**，**う**，**え**，**お**の中から１つずつ選び，記号で答えなさい。

【２人の会話】

けんた：　We have Wakaba Festival on July 8th and 9th.
We can see traditional Japanese dance at the festival.
Do you want to see the dance?

エミリー：　Yes. Sounds nice. Oh no・・・on Saturdays, I always practice the piano with my mother in the morning.

けんた：　Oh, the dance show starts at 2:30 p.m. on Saturday and Sunday.

エミリー：　Sorry,　I can't.　I go to a tennis school in the afternoon on Saturdays.

けんた：　How about Sunday?

エミリー：　On Sundays, I always clean my room in the morning.
In the afternoon, I sometimes go shopping with my family.
Oh we can go shopping on July 16th.

けんた：　That's good.　Let's go to the festival together on Sunday afternoon.

エミリー：　Yes, let's.

（この間約８秒）

繰り返します。

【２人の会話】

けんた：　We have Wakaba Festival on July 8th and 9th.
We can see traditional Japanese dance at the festival.
Do you want to see the dance?

エミリー：　Yes. Sounds nice. Oh no・・・on Saturdays, I always practice the piano with my mother in the morning.

けんた：　Oh, the dance show starts at 2:30 p.m. on Saturday and Sunday.

エミリー：　Sorry,　I can't.　I go to a tennis school in the afternoon on Saturdays.

けんた：　How about Sunday?

エミリー：　On Sundays, I always clean my room in the morning.
In the afternoon, I sometimes go shopping with my family.
Oh we can go shopping on July 16th.

けんた：　That's good.　Let's go to the festival together on Sunday afternoon.

エミリー：　Yes, let's.

（この間約８秒　：　p.２に進む）

受検 番号	

令和６年度
仙台市立中等教育学校入学者選抜《せんばつ》適性検査（総合問題Ⅱ）

検　査　用　紙

注　意

1　指示があるまで，この「検査用紙」を開いてはいけません。

2　総合問題Ⅱの「検査用紙」には，表紙に続き，１ページから６ページまで「検査問題」があります。「解答用紙」は１枚です。

3　「始め」の指示で，「検査用紙」と「解答用紙」に受検番号を書きなさい。その後，「検査問題」に取り組みなさい。検査時間は40分です。

4　解答は，すべて「解答用紙」に記入しなさい。「検査用紙」の空いているところは，自由に使ってかまいません。

1　りかさんとさとしさんは野外活動で宿泊施設《しゅくはくしせつ》の自然の家に行きました。始めに自然の家周辺のボーリング試料を使って地層《ちそう》の学習を行います。
次の**1**～**3**の問題に答えなさい。

りかさん	ボーリング試料を見ると，自然の家の地下10mまでは，砂岩《さがん》の層が続いています。
さとしさん	さっき通ってきた駅の周辺は，もう少し深い位置に砂岩の層があります。駅の地下10mまでは，れき岩の層が続いています。
先生	それぞれの場所で出てきたぎょう灰岩は，どれも同じ時期にできたものです。そこから考えると，自然の家の下にある砂岩の層と駅周辺の下にある砂岩の層は，ちがう時代に作られたものだということが分かりますね。
りかさん	駅の砂岩の方が古い層ですね。あと，四つのボーリング試料を比べると，北から南に向かって層がかたむいていることが分かります。

1　自然の家と駅は**図1**の**A**～**D**のそれぞれどこですか。会話と**図1**，**図2**をもとに，記号で答えなさい。

図1　**自然の家周辺の地図**

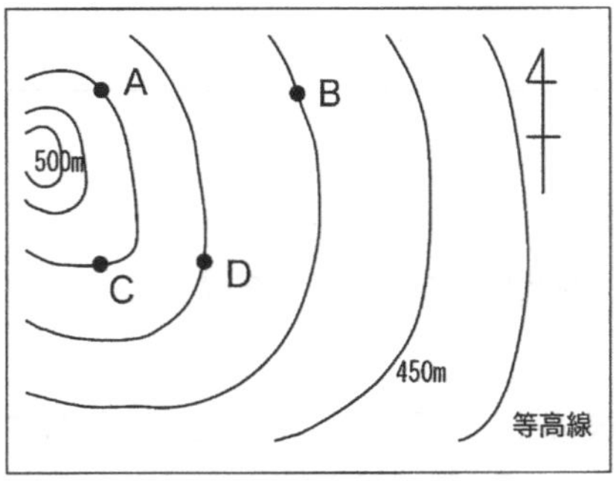

図2　**図1 A～D地点における地下の様子を表したもの**

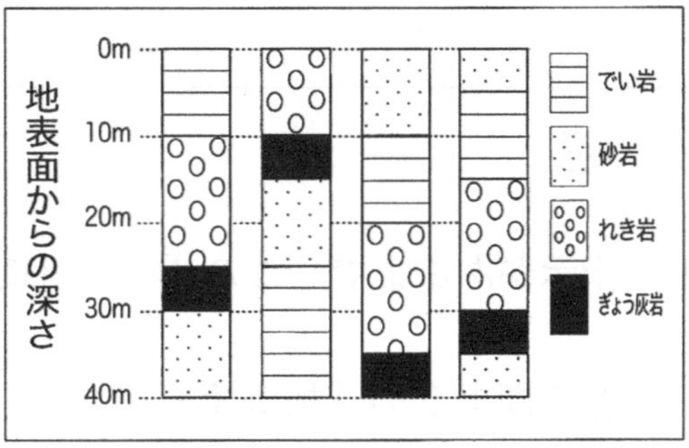

2　さとしさんと先生が自然の家の中にある花びんを見て会話をしています。あとの**（1）**，**（2）**の問題に答えなさい。

さとしさん	植物を入れている花びんの水の量が減っていました。減った水は，植物が吸《す》い上げ，**ア**その水は，葉からだけ出ていくんですよね。
先生	植物には，気孔《きこう》という穴《あな》があって，そこから水が出ていくんだよ。**イ**水が出ていく穴は葉だけでなく，くきにもあるんです。
さとしさん	え，そうなんですか。本当かどうか実験をして確かめてみたいです。
先生	では，次はそのことを調べてみましょう。

（1）　下線部**ア**「その水は，葉からだけ出て行く」とあります。**実験1**を行ったとき，さとしさんの考えが正しかった場合どのような結果になると考えられるか，答えなさい。

実験１

① 右のように植物を試験管の中に入れる。
② 蒸発《じょうはつ》を防ぐために水面を食用油でおおう。
③ 始めの水面の位置に印をつける。
④ 葉全体にワセリンをぬり，水が出ていく穴をふさぐ。
⑤ 日光があたるベンチに１時間置く。
⑥ 水面の位置の様子を確かめる。

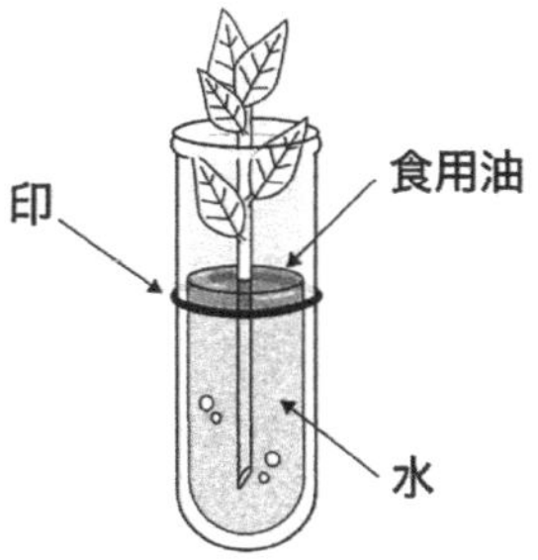

（2） 下線部**イ**「水が出ていく穴は葉だけでなく，くきにもある」とあります。それを確かめるために条件を変えて**実験２**を行いました。減った水の量をそれぞれａ～ｄとするとａとｂ，ｃ，ｄにはどのような関係があるか，ａをｂ，ｃ，ｄを使った式で答えなさい。ただし，植物ごとのちがいは考えないものとします。

実験２

① 水を入れた試験管の中に植物を入れ，水面を食用油でおおう。これを４組用意し，下の表のようにそれぞれワセリンのぬり方を変える。
② 日光があたるベンチに１時間置く。
③ ａ～ｄの量をそれぞれ調べる。

ワセリンのぬり方	ワセリンをぬらない	ワセリンを葉の表と裏にぬる	ワセリンを葉の表にだけぬる	ワセリンを葉の裏にだけぬる
減った水の量	ａ	ｂ	ｃ	ｄ

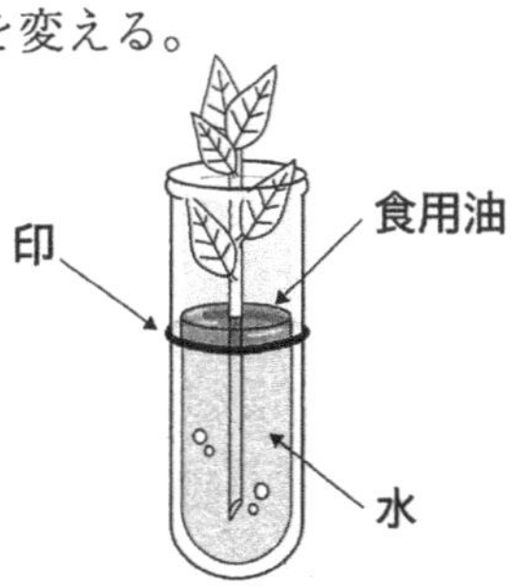

3 自然の家で，野菜のなえを植える活動を行いました。先生，さとしさん，りかさんの３人が10分交代で畑に植える作業をした時，次のようになりました。あとの**(1)**，**(2)**の問題に答えなさい。
ただし，３人が１分間に植える本数はそれぞれ一定であるものとします。

・先生→さとしさん→りかさん→先生の順に植えると，90本植え終わりました。
・さとしさん→りかさん→先生→さとしさんの順に植えると，70本植え終わりました。
・りかさん→先生→さとしさん→りかさんの順に植えると，80本植え終わりました。
※りかさんが一人で90本植える時，45分かかりました。

(1) 先生，さとしさん，りかさんが１分間で植えるなえの本数の比を求め，答えなさい。ただし，答えはできるだけ小さい整数の比で答えることとします。

(2) 152本のなえを３人が順番に10分ずつ交代しながら植えるとき，最も早く植え終えるにはどの順番で植えるとよいか，また何分で植え終わるか答えなさい。

2　じろうさんはお母さんと洗たくをしています。
次の**1**～**3**の問題に答えなさい。

お母さん	洗たく機は，洗たく物を回転させて洗っているのよ。
じろうさん	モーターを利用して回転させているんだね。
お母さん	モーターには電磁石《でんじしゃく》が使われているのよ。
じろうさん	そうなんだね。洗たくが終わったらぼくがハンガーに干《ほ》すよ。
お母さん	ハンガーがかたむかないように干してね。終わったら少し休みましょう。

1　下線部「モーターには電磁石が使われている」とあります。じろうさんは，電磁石について調べる次のような実験をしました。じろうさんは，かん電池，スイッチ，コイルを直列につなぎ,電流を流して電磁石を作ると，方位磁針《ほういじしん》は**図1**のようになりました。その後じろうさんが，コイルの巻《ま》き数を変化させたところ，方位磁針は**図2**のようになりました。**図2**となった理由をコイルの巻き数の変化をもとに答えなさい。

図1

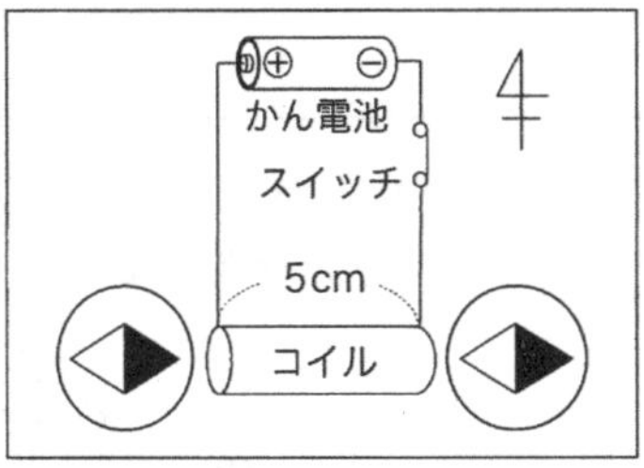

図2

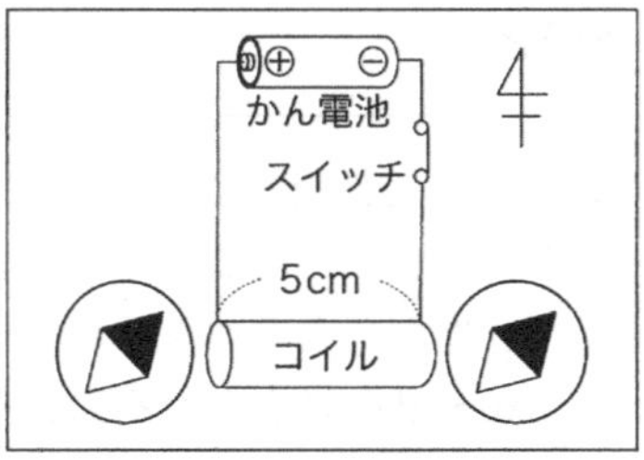

2　じろうさんは，**図3**のようなハンガーに洗たく物を干しました。**図4**は何も干していないハンガーを横から見た様子を簡単《かんたん》に表したものです。中心を０として，同じ間かくで１～８まで左右に番号をつけています。**図5**のように左側の６の位置にぬれたシャツを干し，右側の８の位置に重さが300ｇのぬれたタオルを干すと，ハンガーは水平になりました。しばらくすると洗たく物がかわき，ハンガーがかたむいていたので，**図6**のようにシャツを左側の５の位置に移動させると，ハンガーは水平になりました。このときのかわいたタオルの重さは200ｇでした。シャツがかわいたときに何ｇの水が蒸発《じょうはつ》したか答えなさい。

図3　**ハンガー**

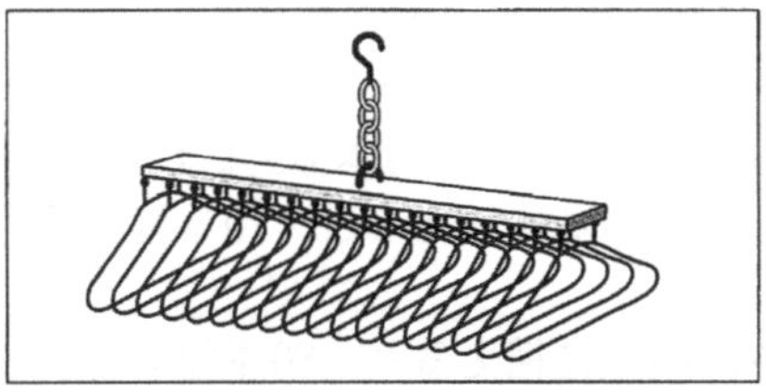

図4　**何も干していないハンガーを横から見た様子を簡単に表したもの**

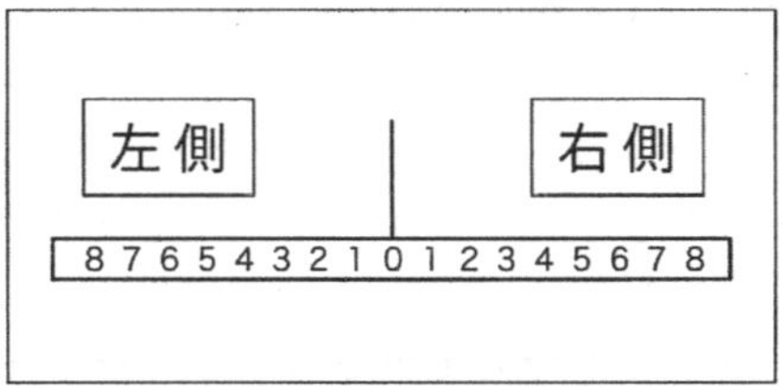

図5　**300ｇのぬれたタオルとぬれたシャツを干した様子**

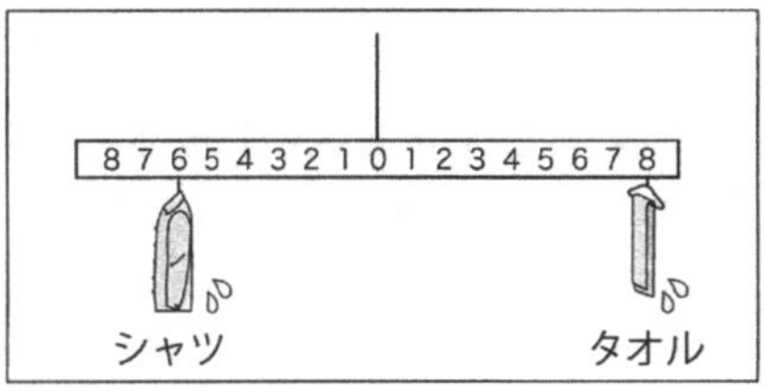

図6　**200ｇのかわいたタオルとかわいたシャツを干した様子**

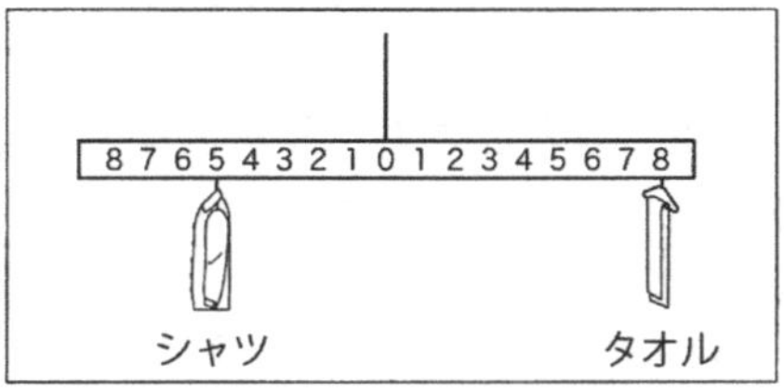

ちなみに、科学技術を使って地球を「改造」してしまおうという考え方を**ジオエンジニアリング**という。宇宙空間にアルミ箔をまくのもそのひとつ。それ以外にも、工場の煙突《えんとつ》の排気《はいき》ガスから二酸化炭素を効率的に取り出し、それを地中深くに埋《う》めてしまおう、という考え方もある。これを炭素回収・貯留（carbon capture and storage, CCSと略す）という。もしもCCSが実現すれば、地球温暖化を気にせずにガンガン化石燃料を燃やすことが可能になる（化石燃料の〈注〉枯渇《こかつ》は、また別の大事な問題だけど）。さらにいえば、大気中から二酸化炭素を効率的に吸収《きゅうしゅう》できるようになれば、人間活動で排出《はいしゅつ》する以上の二酸化炭素を吸収することまで可能かもしれない。これが実現したら、大気中の二酸化炭素濃度《のうど》を人間がコントロールできるようになる。ただし、地中に二酸化炭素を埋めることについての不安はつきまとう。もしも、地震《じしん》などの影響《えいきょう》で二酸化炭素が漏《も》れ出したらどうなる？回収しきれない大量の二酸化炭素が一気に排出され、地球や人類は壊滅《かいめつ》的な打撃《だげき》を受けるかもしれない。あるいは、地中に何かを埋めるという行為《こうい》自体が、地盤《じばん》を不安定化させ地震を誘発《ゆうはつ》するかもしれない。このようなわけで、期待の持てる考え方ではあるけれど、ジオエンジニアリングの実施には慎重にならなければならない。

（ちくまプリマー新書「2050年の地球を予測する　科学でわかる環境の未来」伊勢武史 より）

〈注〉荒唐無稽…根拠《こんきょ》がなく、現実味が感じられないこと。

〈注〉枯渇………物がかれて、つきてなくなること。

〈注意〉 ＊ と □ の欄には記入してはいけません。　＊

※60点満点

検査問題の番号				解答を記入する欄《らん》		
2	2	(3)	ア			
			イ			
			ウ			4点
			エ			

＊

3	1	(1)			4点
		(2)			3点
	2				4点
	3		時間　　　分		4点
	4	変化			3点
		効果			3点

＊

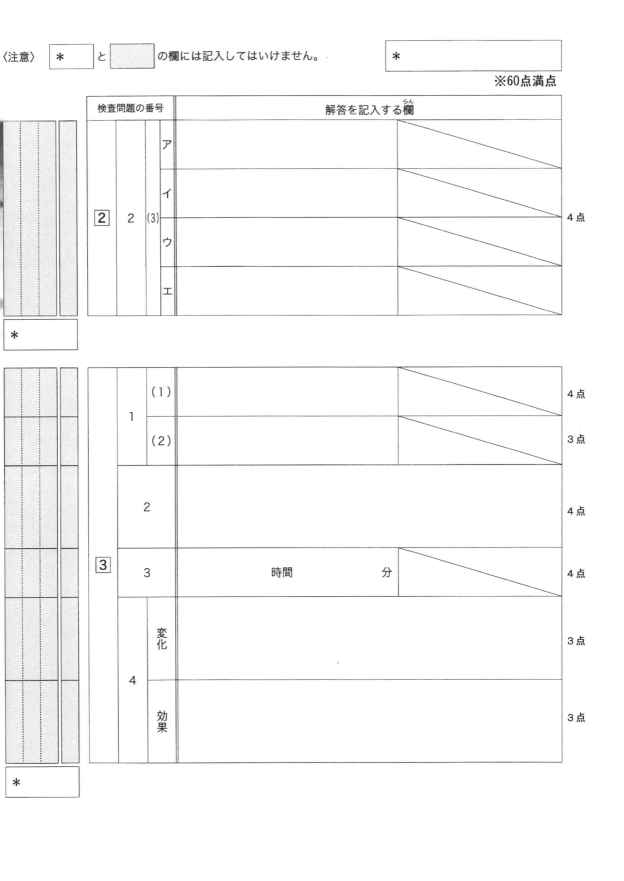

〈注意〉 * と の欄には記入してはいけません。

*

※60点満点

検査問題の番号				解答を記入する欄《らん》		
3	1			時　　　　　　分		3点
3	2	(1)		L		3点
3	2	(2)		%		4点
3	3	(1)		(A区画)　(B区画)　(通路) ：　：		3点
3	3	(2)	縦(南北)	本		4点
3	3	(2)	横(東西)	本		4点

*

作文　解答用紙

〔注意〕　①　題名、氏名は書かずに、一行目から書き始めること。

②　原稿《げんこう》用紙の正しい使い方にしたがい、文字やかなづかいも正確に書くこと。

※

の欄《らん》に記入してはいけません。

受検番号

※

※30点満点

400字

500字

総合問題Ⅱ　解答用紙

受検番号	

検査問題の番号				解答を記入する欄《らん》		
1	1		自然の家			4
			駅			4
	2	(1)				3
		(2)		a =		4
	3	(1)		(先生)　(さとしさん)　(りかさん) :　:		3
		(2)	順番	→　→		3
			時間	分		4

＊

検査問題の番号			解答を記入する欄		
2	1				4
	2		g		4
	3	(1)	と		3
		(2)	倍		3

＊

総合問題Ⅰ　解答用紙

受検番号	

検査問題の番号			解答を記入する欄《らん》		
1	1	(1)			2
		(2)			2
		(3)			2
		(4)			2
	2				4
	3				5

＊

検査問題の番号				解答を記入する欄《らん》		
2	1	(1)				4
		(2)	(a)			5
			(b)			
	2	(1)				4
		(2)	位置			5
			方位			

＊

検査問題

◎次の文章は、伊勢《いせ》武史《たけし》さんの「2050年の地球を予測する」の一節です。この文章で筆者は、「ジオエンジニアリングの実施《じっし》には慎重《しんちょう》にならなければならない」と述べていますが、なぜ筆者は「慎重にならなければならない」と考えるのか。また、「ジオエンジニアリング」という考え方に対して、賛成または反対の立場に立ったうえで、その理由をあげながらあなたの考えを書きなさい。ただし、四百字以上五百字以内で、三段落《だんらく》構成で書くこととします。

温暖化対策《おんだんかたいさく》について、とても乱暴《らんぼう》な話をしてみよう。地球温暖化を止める簡単《かんたん》な方法は、実は存在《そんざい》する。ロケットを飛ばして、地球を取り巻《ま》く宇宙《うちゅう》空間にアルミ箔《はく》を大量にまき散らしたらどうなるか。アルミ箔は太陽光線を反射《はんしゃ》するので、地球に届《とど》く日光が減る。アルミ箔の量によって、どのくらい日光を減らすか調整することも可能だ。この手法を使えば、気温を好きなだけ下げることができる。

しかし、読者のみなさんももうお気づきと思う。これは〈注〉荒唐無稽《こうとうむけい》な話であり、安易な考えで実際にこれを実行することはないはず。アルミ箔をまくことは簡単だけど、それを回収《かいしゅう》することはできるのか。想定以上に気温が下がったときにどうするのか。狙《ねら》ったように気温が下がったとしても、予期していない変化が発生し、温暖化よりももっと深刻《しんこく》な問題が発生しないだろうか。このような懸念《けねん》がたくさん出てくるから、おもしろい発想でもそれを実施するのはためらわれるのである。ただ、このような考え方を学ぶのは有意義だと

令和六年度　仙台市立中等教育学校入学者選抜《せんばつ》適性検査（作文）

検査用紙

受検番号	

注意

一　指示があるまで、この「検査用紙」を開いてはいけません。

二　作文の「検査用紙」には、表紙に続き、「検査問題」があります。「解答用紙」は一枚です。

三　「始め」の指示で、「検査用紙」と「解答用紙」に受検番号を書きなさい。その後、「検査問題」に取り組みなさい。検査時間は四十分です。

3　洗たく物を干し終えたじろうさんはお母さんと飲み物を飲みながら，休むことにしました。あとの **(1)**，**(2)** の問題に答えなさい。

じろうさん　お母さんは，コーヒーに砂糖《さとう》を入れるの。
お母さん　私《わたし》は，入れるよ。昔は温かいコーヒーには[注]角砂糖をよく使ったわ。今は，**ア**スティックシュガーを使うことが多いわね。
じろうさん　冷たいコーヒーにはシロップを使うことが多いね。シロップには，砂糖と比べて，よりあま味を感じる種類の糖分《とうぶん》が入っているらしいよ。
お母さん　そうね。そしてシロップには**イ**糖分がたくさん入っているから入れすぎには注意が必要よ。

［注］角砂糖とは，砂糖を立方体状に固めた物

(1)　下線部**ア**「スティックシュガーを使うことが多い」とあります。じろうさんは，その理由を「角砂糖よりスティックシュガーの方が速くとけるから」と予想して，それを確かめるための実験を考えました。実験として，ふさわしいと考えられるものを次の**あ〜か**から**2つ**選び，記号で答えなさい。

　ただし，実験で使用する角砂糖とスティックシュガーの成分は同一のものとします。

あ　20℃の水500 mLに3 gの角砂糖を2個加え，放置する。
い　20℃の水250 mLに3 gのスティックシュガーを2本加え，スプーンで混ぜる。
う　70℃の水250 mLに3 gの角砂糖を1個加え，放置する。
え　20℃の水250 mLに3 gのスティックシュガーを1本加え，スプーンで混ぜる。
お　70℃の水250 mLに3 gのスティックシュガーを1本加え，放置する。
か　70℃の水250 mLに3 gの角砂糖を1個加え，スプーンで混ぜる。

(2)　下線部**イ**「糖分がたくさん入っている」とあります。お母さんは温かいコーヒーに1本3 gのスティックシュガーを，じろうさんは冷たいコーヒーに1個11 gのシロップを入れて飲みました。なお，**図7**は，じろうさんが使ったシロップ1個あたりの成分量の割合《わりあい》を示したグラフです。

　じろうさんが使ったシロップ1個には，お母さんが使ったスティックシュガー1本の何倍の量の糖分が入っているか答えなさい。

　ただし，お母さんが使ったスティックシュガーには，糖分である砂糖以外の成分は入っていないものとし，答えは小数第二位を四捨五入《ししゃごにゅう》して，小数第一位まで表すこととします。

図7　**じろうさんが使ったシロップ1個あたりの成分量の割合**

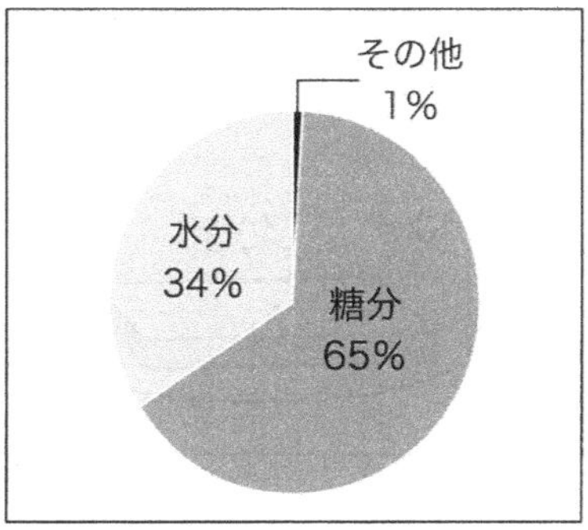

3　すすむさんとお父さんは来週行くキャンプについて話をしています。
次の**1**～**3**の問題に答えなさい。

すすむさん　来週のキャンプ楽しみだね。
お 父 さ ん　**ア**午後１時丁度にキャンプ場に着きたいな。
すすむさん　うん。そのキャンプ場では何ができるの。
お 父 さ ん　このキャンプ場では**イ**ドラムかんのふろに入る体験ができるんだ。
　　　　　　そのドラムかんに人が入ってもあふれない量の水を入れるよ。
すすむさん　大変そうだけどがんばってみるよ。
お 父 さ ん　たのんだよ。それと**ウ**キャンプ場にテントを張るよ。

1　下線部**ア**「午後１時丁度にキャンプ場に着きたい」とあります。家からキャンプ場までは車と徒歩で移動します。キャンプ場までは52kmの道のりがあり，最後の２kmは徒歩です。車は時速40km，徒歩は時速４kmで移動すると考えると，午後１時丁度に着くには家を何時何分に出発するとよいか答えなさい。

2　下線部**イ**「ドラムかんのふろ」とあります。あとの**（1）**，**（2）**の問題に答えなさい。

（1）　お父さんが，かたまでふろに入ったとき，あふれないように水を入れます。**図1**のようにドラムかんは直径60cmで高さが90cmの円柱です。また，ふろの底に設置しているやけど防止の板は，縦《たて》40cm，横40cm，高さ２cmの直方体です。お父さんのかたまでの体積が70Ｌとすると，水は最大何Ｌ入れることができるか答えなさい。
　ただし，水面は円柱の高さをこえないものとし，円周率は3.14とします。

（2）　**（1）**で求めた水の体積とやけど防止の板の体積の合計は，ドラムかんの容積の何％になるか答えなさい。答えは小数第二位を四捨五入《ししゃごにゅう》して，小数第一位まで表すこととします。

図1　**ドラムかんのふろ**

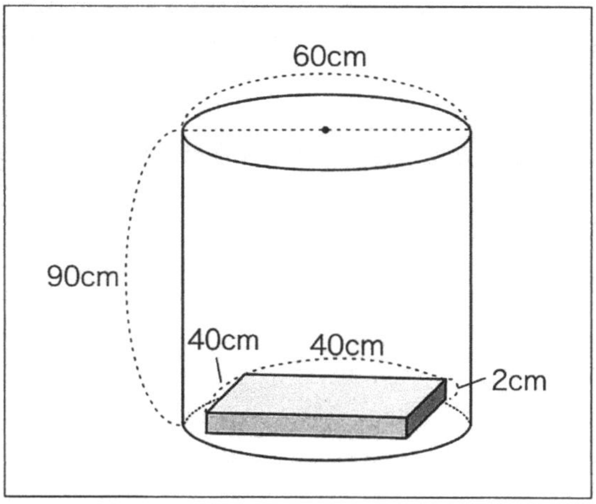

3　下線部**ウ**「キャンプ場にテントを張る」とあります。キャンプ場は**図２**のようにＡ区画（縦２ｍ，横３ｍ），Ｂ区画（縦４ｍ，横５ｍ），通路（はば１ｍ）で区切られています。あとの **(1)**，**(2)** の問題に答えなさい。

図２　**キャンプ場の区画と区画の区切り方**

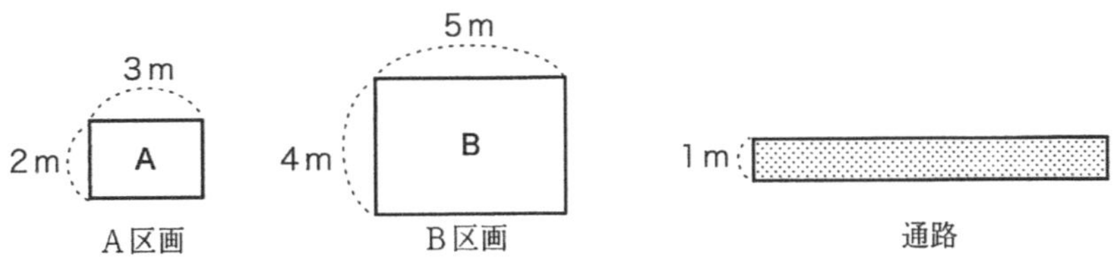

区画の区切り方

（Ⅰ）南北方向はＡ区画，通路，Ｂ区画，通路，Ａ区画，…の順をくり返して区切る。

（Ⅱ）東西方向はＡ区画，Ｂ区画をそれぞれ横につなげていき，縦の区切りがそろったところを通路で区切る。

(1)　一辺が15ｍの正方形の区画を**図２**の区切り方で切ると**図３**のようになります。このとき，**図３**全体のＡ区画の面積，Ｂ区画の面積，通路の面積の比を求め，答えなさい。

ただし，答えはできるだけ小さい整数の比で答えることとします。

(2)　キャンプ場は**図４**のように一辺が255ｍの正方形です。この区画を**図２**の区切り方で区切ったとき，縦（南北）と横（東西）の通路はそれぞれ何本か答えなさい。

図３　**一辺が15mの正方形の区画**

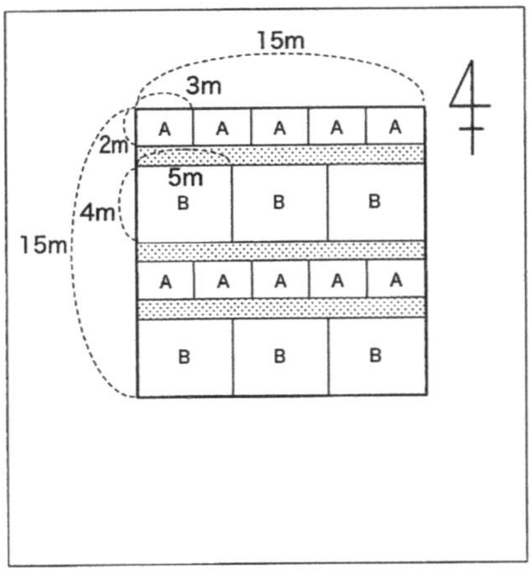

図４　**一辺が255mの正方形の区画**

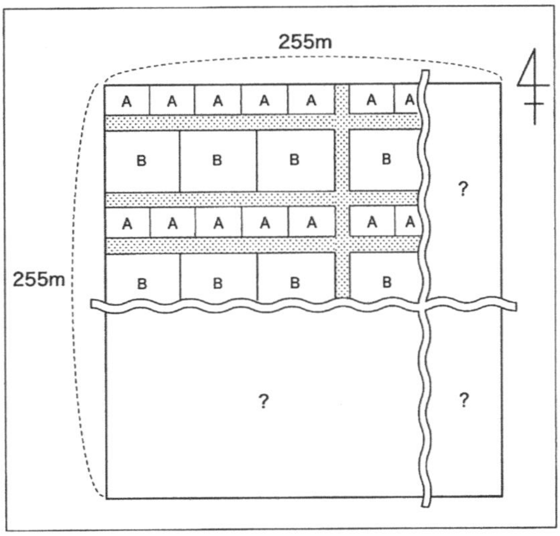

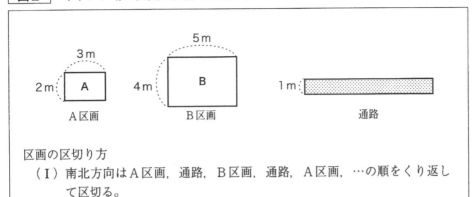

次に問題２に移ります。

問題２　エミリーさんとけんたさんは，若葉まつりのダンスショーに参加している友達のつとむさんを探《さが》しています。エミリーさんにつとむさんから事前に届《とど》いたメールと，エミリーさんとけんたさんの会話を聞いて，**図２**の中から，つとむさんを探し，**あ**，**い**，**う**，**え**，**お**，**か**の中から１つ選び，記号で答えなさい。
　最初につとむさんから届いたメール，続いて，エミリーさんとけんたさんの会話を放送します。

それでは，最初にメール文を読みます。

【メールのメッセージ】

Hi, Emily.
Do you like traditional Japanese dance?
We have a dance show at the Wakaba Festival on July 8th and 9th.
My friends can dance well.　And I am good at playing the drum.
At the dance show, I play the drum.
Please come to the Wakaba Festival.
Tsutomu

（この間約３秒）

次に２人の会話です。

【２人の会話】

エミリー：Look at the stage!　I want to see Tsutomu.
　　　　　Where is he?　He is by the flowers?
け ん た：Well…, no. The second from the right.
エミリー：I see.　Wow !　He can play the drum well.　He is cool!
け ん た：Yes. This show is fantastic!

（この間約８秒）

繰り返します。
それでは，最初にメール文を読みます。

【メールのメッセージ】

Hi, Emily.
Do you like traditional Japanese dance?
We have a dance show at the Wakaba Festival on July 8th and 9th.
My friends can dance well.　And I am good at playing the drum.
At the dance show, I play the drum.
Please come to the Wakaba Festival.
Tsutomu

（この間約３秒）

次に２人の会話です。

【２人の会話】

エミリー：Look at the stage!　I want to see Tsutomu.
　　　　　Where is he?　He is by the flowers?
け ん た：Well…, no. The second from the right.
エミリー：I see.　Wow !　He can play the drum well.　He is cool!
け ん た：Yes. This show is fantastic!

（この間約８秒　：　p.3に進む）

次に問題３に移ります。

問題３　エミリーさんと担任の先生は若葉まつりの**図３**のチラシと**図４**の100名の学生に聞いたアンケート結果のグラフを見ながら会話をしています。２人の会話を聞いて，**図４**のグラフの**A**の部分に当てはまるイベントを，下の**あ，い，う，え，お**の中から１つ選び，記号で答えなさい。

【２人の会話】

先　　生　We can see popular events in Wakaba Festival.
　　　　　Did you go to the Wakaba Festival?
エミリー：Yes. I enjoyed the Wakaba Festival with Kenta.
先　　生　Oh, nice.
　　　　　Look. 28 students enjoyed the special Japanese food shops “yatai”.
　　　　　What did you eat ?
エミリー：We ate yakisoba.　It was delicious.
先　　生　Good. How was the Japanese culture event ?
エミリー：In this event, we enjoyed playing kendama and karuta.
　　　　　Oh, 36 students enjoyed the Japanese culture event.
先　　生　Sounds fun. I want to play karuta with you.
　　　　　Oh, look. 24 students enjoyed watching Japanese traditional dance show.
エミリー：It was great.
　　　　　At the special stage, we enjoyed the dance show and brass band music.
先　　生　Oh, you had a wonderful time.

（この間約８秒）

繰り返します。

【２人の会話】

先　　生　We can see popular events in Wakaba Festival.
　　　　　Did you go to the Wakaba Festival?
エミリー：Yes. I enjoyed the Wakaba Festival with Kenta.
先　　生　Oh, nice.
　　　　　Look. 28 students enjoyed the special Japanese food shops “yatai”.
　　　　　What did you eat ?
エミリー：We ate yakisoba.　It was delicious.
先　　生　Good. How was the Japanese culture event ?
エミリー：In this event, we enjoyed playing kendama and karuta.
　　　　　Oh, 36 students enjoyed the Japanese culture event.
先　　生　Sounds fun. I want to play karuta with you.
　　　　　Oh, look. 24 students enjoyed watching Japanese traditional dance show.
エミリー：It was great.
　　　　　At the special stage, we enjoyed the dance show and brass band music.
先　　生　Oh, you had a wonderful time.

（この間約８秒）

これで放送による問題を終わります。次の問題に移ってください。

(1) 案内ロボットが，**条件１**にしたがって99回動いたとき，ロボットのいる位置を**図１**の**A〜H**から１つ選び，記号で答えなさい。ただし，スタート位置の☆では，ロボットは南を向いており，**条件１**の①と②で１回分の実行とします。

条件１

① かべまでまっすぐ進む
② 右を向く

(2) たろうさんは，**図１**の通路に**条件２**のプログラムを覚えさせた２台のロボットを置き，同時にスタートすることを考えました。１台目は☆にいます。２台のロボットがすべての通路をたなやかべにぶつからずに通過するためには，２台目はどの位置に，どの方位に向けて配置すればよいでしょうか。配置する位置を**A〜H**から１つ選び，またロボットが向いている方位とあわせて答えなさい。

ただし，**条件２**のプログラムをすべて実行し，通路でロボット同士はすれちがうことはできません。

条件２

【プログラムの条件】
ア　３マス進む　　イ　２マス進む　　ウ　右を向く　　エ　左を向く
【２台のロボットのプログラム】
ア→ウ→イ→イ→ウ→ア→ウ→イ→ウ→ア→エ→イ→エ→ア→エ→イ

(3) たろうさんは，**図２**のように，案内ロボットがお客さんを商品のある場所まで案内する流れを考えました。**図２**の**ア〜エ**に入るロボットの動きを**条件３**から，それぞれ１つ選び，①〜⑥の番号で答えなさい。ただし，番号は１度しか使えません。

図２ **お客さんを案内するまでの流れ図**

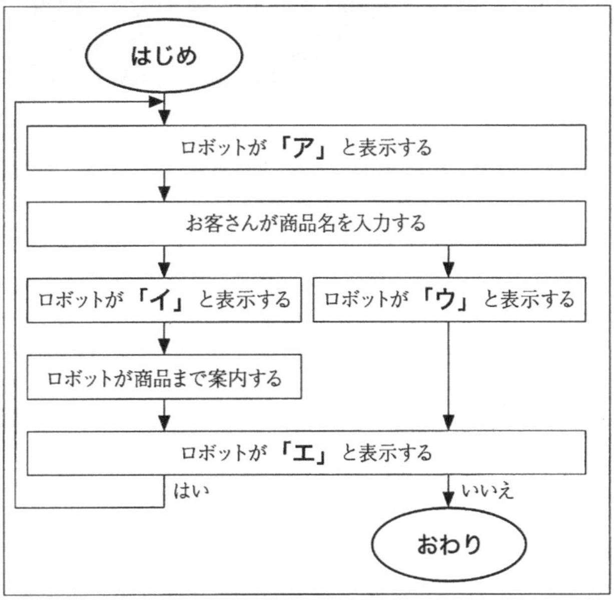

条件３

①売り切れです
②商品の個数を入力してください
③案内します
④レジに進みますか
⑤商品名を入力してください
⑥別の商品を探《さが》しますか

3　よしとさんとかえでさんは社会科の授業で研究発表を行いました。
次の**1**～**4**の問題に答えなさい。

<よしとさんの発表>
私《わたし》は災害をテーマに調査し，その中で**ア**自然災害と日本の地形との関わりに注目しました。調べると日本は国土にしめる平野部の割合《わりあい》が少なく，その平野部に人口が集中していることで，被害《ひがい》が大きくなるという関係が分かりました。日本の災害の歴史をふり返ると，**イ**奈良時代にも多くの災害があったことが分かります。自然災害はいつ発生するか分かりません。私たちは自然災害から命を守るために，一人ひとりが正しい知識と防災意識を持って，常に**ウ**災害に備えることが大切です。

1　下線部**ア**「自然災害と日本の地形との関わり」とあります。**図1**，**写真1**をもとに，あとの**（1）**，**（2）**の問題に答えなさい。

（1）　**図1**は，ある川の流れを表したものです。川の流れの特ちょうから，平地の部分が広がる場所を**あ～か**からすべて選び，記号で答えなさい。ただし，川は西から東に流れています。

図1　**川の流れの様子**

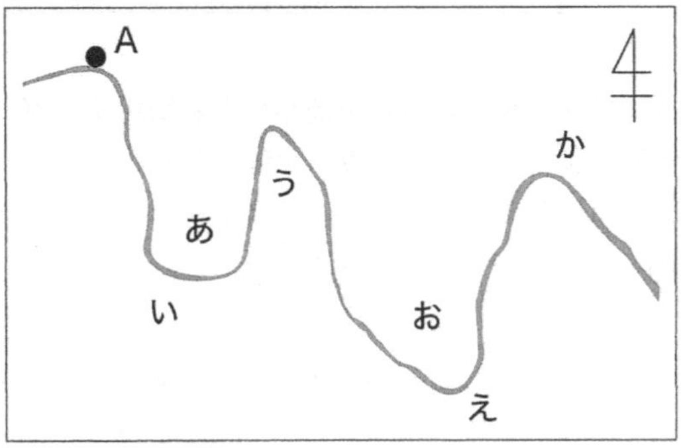

写真1　**A地点の様子**

（2）　**写真1**は，**図1**の**A地点**での様子です。川による災害を防ぐために左岸のみ護岸工事をしています。なぜ左岸のみ工事をしたのか，その理由として正しいものを**あ～か**から１つ選び，記号で答えなさい。

あ　左岸は，右岸よりも川の流れが速く，土や石をたい積させるため。
い　左岸は，右岸よりも川の流れがおそく，土や石をたい積させるため。
う　左岸は，右岸よりも川の流れが速く，岸がけずられやすいため。
え　左岸は，右岸よりも川の流れがおそく，岸がけずられやすいため。
お　左岸は，右岸よりも水深が浅く，水があふれやすいため。
か　左岸は，右岸よりも水深が深く，水があふれやすいため。

2　下線部**イ**「奈良時代」とあります。奈良時代には聖武天皇《しょうむてんのう》が東大寺に大仏をつくる詔《みことのり》を出しました。**資料1**は奈良時代の主なできごと，**資料2**は聖武天皇が出した詔の一部を示したものです。
資料1，**資料2**をもとに，当時の社会情勢をふまえて聖武天皇が大仏をつくる詔を出した理由を説明しなさい。

資料１　**奈良時代の主なできごと**

年	できごと
７１０	都が平城京に移る
７２０	九州で反乱《はんらん》が起きる
７２４	聖武天皇が天皇の位につく
７３４	大きな地しんが起こる
７３７	都で病気が流行する
７４０	貴族《きぞく》の反乱が起きる
７４１	国分寺を建てる詔を出す
７４３	大仏をつくる詔を出す
７４７	奈良で大仏づくりが始まる
７５２	大仏の開眼式《かいげんしき》が行われる

資料２　**奈良時代に聖武天皇が出した詔の一部**

本日、天平《てんぴょう》十五年十月十五日をもって、ひろく人びとを救済《きゅうさい》しようと思い、大仏の金銅《こんどう》像一体をおつくりすることを決めた。国中の銅をつくして像をつくり、大きな山をけずって仏殿《ぶつでん》を構え、広く世の中に伝えて、ともに仏恩《ぶつおん》を受け、ともに救われたいと思う。

　天下の富をもつ者は私であり、天下の勢いをもつ者も私である。

写真２　**貯水そうにつながるじゃ口**

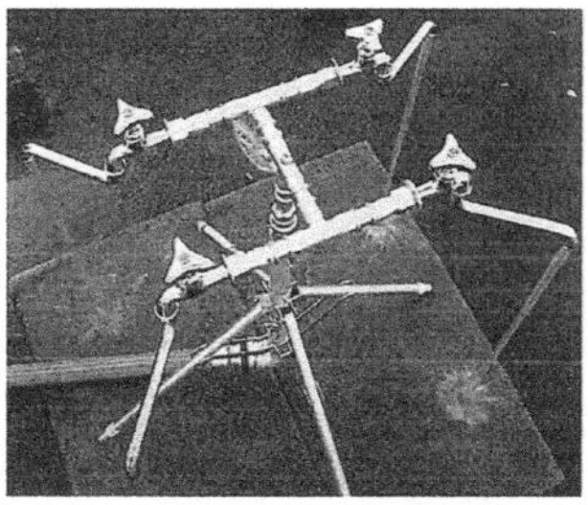

（出典　仙台市水道局ＨＰ）

3　下線部**ウ**「災害に備えること」とあります。学校や公園などに非常用飲料水貯水そうがあり，１万人が３日間必要とする水が貯水されています。**写真２**のように四つのじゃ口からそれぞれ毎分20Ｌの水を放出すると，何時間何分で貯水そうの水がなくなるか，答えなさい。

　ただし，一人あたり１日３Ｌの水を必要とすることとします。

<かえでさんの発表>

　私は持続可能な社会をテーマに調査しました。まず注目したのが環境《かんきょう》問題です。様々な課題がある中で，これまで**エ**環境に配りょした取り組みが行われていることが分かりました。資源《しげん》が少ない日本だからこそ，再生可能エネルギーの利用にも積極的に取り組んでいます。私たち自身も意識を高く持ち，環境を守るために行動を起こすことがとても大切です。

4　下線部**エ**「環境に配りょした取り組み」とあります。下の**図２**，**図３**は，国内で過去に発電に使用したエネルギーの割合と，将来に使用するエネルギーの割合を予想したものです。2030年までにはその割合はどのように変化するか。また，変化は環境を守るためにどのような効果があると考えられるか，それぞれ答えなさい。

図２　**2019年の使用エネルギーの割合**

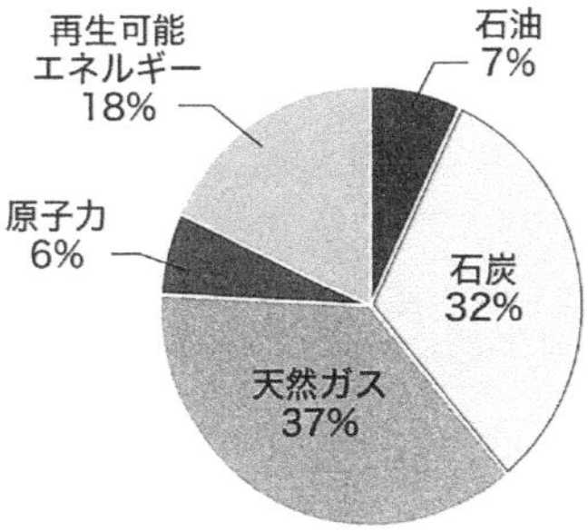

図３　**2030年の使用エネルギーの割合予想**

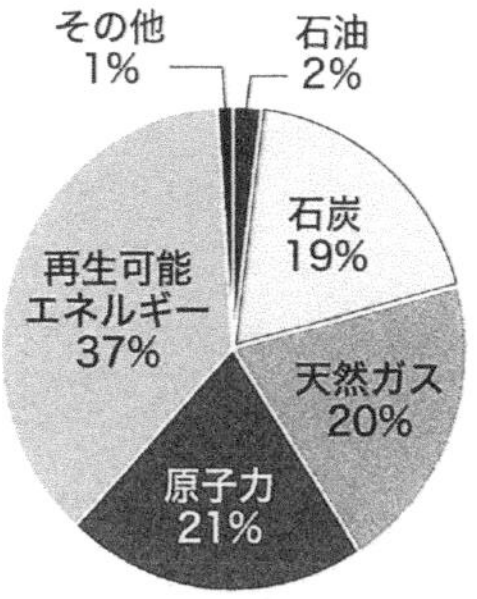

（出典　資源･エネルギー庁ＨＰを元に作成）

受検番号	

令和５年度
仙台市立中等教育学校入学者選抜《せんばつ》適性検査（総合問題Ⅰ）

検　　査　　用　　紙

注　意

1　指示があるまで，この「検査用紙」を開いてはいけません。

2　総合問題Ⅰの「検査用紙」には，表紙に続き，１ページから６ページまで「検査問題」があります。「解答用紙」は１枚です。

3　「始め」の指示で，「検査用紙」と「解答用紙」に受検番号を書きなさい。その後，「放送による問題」の放送が流れます。検査時間は 45 分です。

4　解答は，すべて「解答用紙」に記入しなさい。「検査用紙」の空いているところは，自由に使ってかまいません。

教英出版注
音声は，解答集の書籍ＩＤ番号を教英出版ウェブサイトで入力して聴くことができます。

1　放送による問題

放送を聞いて**1〜3**の問題に答えなさい。英語はそれぞれ**2回**放送されます。

放送中に問題用紙にメモをとってもかまいません。答えはすべて解答用紙に記入しなさい。

1　日本に短期留学中のケビンさん（●）は，自主研修で水族館へ向かっていましたが，道に迷ってしまいました。

ケビンさんは水族館で待ち合わせているクラスメイトのさくらさんに電話で道順を聞いています。

２人の会話を聞いて，ケビンさんが今いる場所を**あ〜お**の中から１つ選び，記号で答えなさい。

また，さくらさんが教えてくれた道順のとおり，解答用紙の正しい出発点の黒丸（●）と，水族館の星印（★）を線で結びなさい。

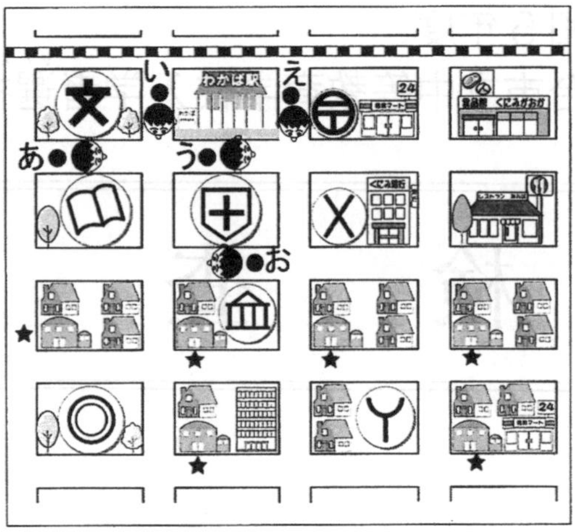

2　水族館に着いたさくらさんとケビンさんは次の館内案内のパンフレットを見ながら，どのように見て回るかを話しています。２人の会話を聞いて，立ち寄ることにした場所の順番として最も当てはまるものを**あ〜か**の中から１つ選び，記号で答えなさい。

◆ 館内図

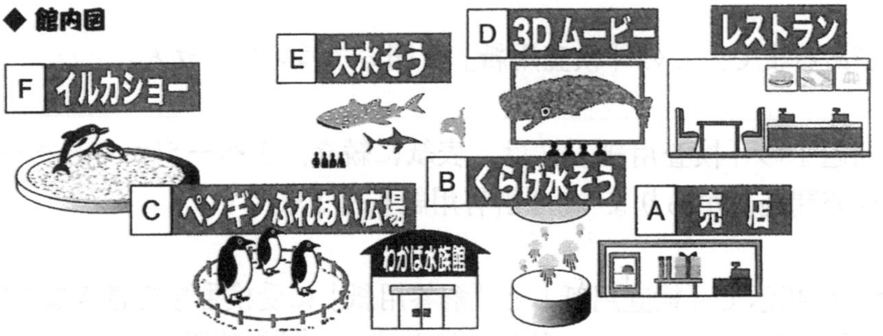

◆ イベントショー　タイムスケジュール　○：実演　×：休止

時間（p.m.）	C ペンギンショー	D ３Dムービー	F イルカショー
1:30 〜 1:55	×	○	○
2:00 〜 2:25	○	×	○
2:30 〜 2:55	×	○	○
3:00 〜 3:25	○	×	×
3:30 〜 3:55	×	○	×
4:00 〜 4:25	○	×	×

【立ち寄る順番】

あ　A → D → C → F　　**い**　A → F → C → D

う　C → D → F → E　　**え**　C → D → A → F

お　F → C → D → A　　**か**　F → D → C → B

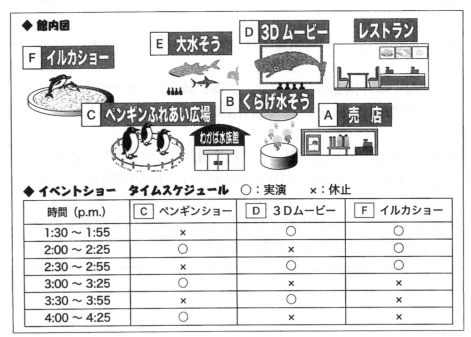

3　英語の授業で，さくらさんは研修から学んだことについてまとめた資料をもとに発表をしています。さくらさんが発表に使っている資料として，最も当てはまるものを**あ～え**の中から１つ選び，記号で答えなさい。

あ

い

う

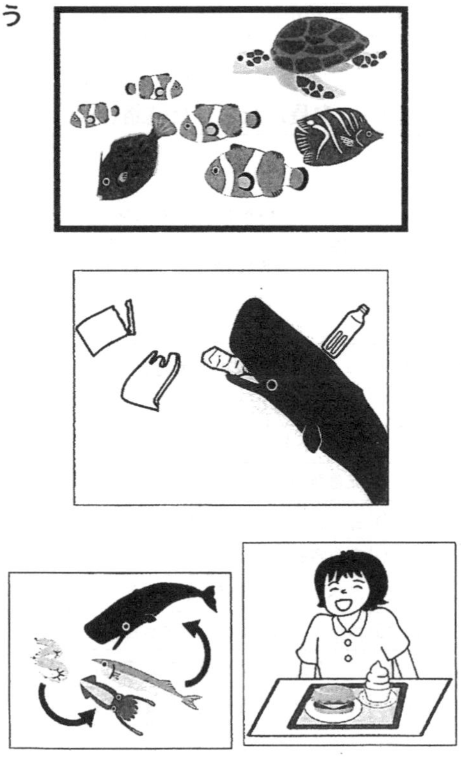

え

2　みのるさんとさなえさんは，石巻市《いしのまきし》にあるサン・ファン館に校外学習に行きました。次の**1～6**の問題に答えなさい。

みのるさん	江戸《えと》時代のはじめ，伊達政宗《だてまさむね》が治めた仙台藩《せんだいはん》の **ア**武士だった支倉常《はせくらつね》長《なが》たちがサン・ファン・バウティスタ号で太平洋をわたったんだね。
さなえさん	石巻を出航した常長たちは，**イ**貿易を目的に，**ウ**約２か月もかけて太平洋をわたって，アメリカのメンドシノ岬《みさき》に着いたみたい。その後，メキシコのアカプルコを通って，大西洋をわたってスペインやローマまで行ったんだ。
みのるさん	常長たちは出発から７年後の1620年に仙台に帰ってきたけど，**エ**目的は達成できなかったみたいだよ。

1　下線部**ア**「武士」とあります。この時代には，武士や百姓《ひゃくしょう》，町人といった身分のちがいが明確になっていました。そのことと関係する政策《せいさく》を**表１**の**あ～お**から１つ選び，あわせて，その政策と関係の深い人物を**か～こ**から１つ選び，記号で答えなさい。

表１

政策		人物	
あ　大仏を造る	**い**　刀狩《かたながり》	**か**　足利《あしかが》　義満《よしみつ》	**き**　織田《おだ》　信長《のぶなが》
う　楽市《らくいち》・楽座《らくざ》	**え**　参勤交代《さんきんこうたい》	**く**　豊臣《とよとみ》　秀吉《ひでよし》	**け**　徳川《とくがわ》　家光《いえみつ》
お　御成敗式目《ごせいばいしきもく》		**こ**　源《みなもと》　頼朝《よりとも》	

2　下線部**イ**「貿易」とあります。日本のお金「円」と海外のお金を比べたとき，その価値《かち》は毎日変わります。**表２**は日本のある会社が，アメリカから製品を輸入した日の日本の「円」とアメリカのお金「ドル」の関係を示したものです。

この会社が，同じ価格のアメリカの製品を同じ量だけ日本に輸入したとするとき，最も安く輸入できたのはどの日になりますか。**あ～え**から１つ選び，記号で答えなさい。

表２　日本の円とアメリカのドルの関係

	輸入した日	円とドルの関係
あ	１月25日	１ドル＝114円
い	３月22日	１ドル＝120円
う	５月10日	100円＝0.77ドル
え	10月21日	100円＝0.67ドル

（出典　七十七銀行ＨＰ）

図１　常長がたどった航路（行き）

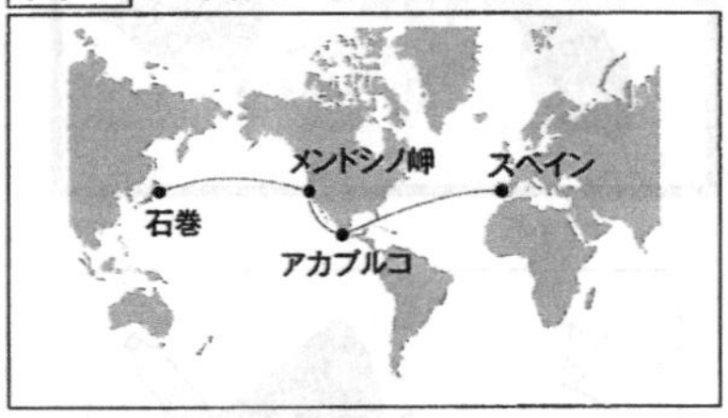

3　下線部**ウ**「約２か月もかけて太平洋をわたって」とあります。みのるさんが石巻からメンドシノ岬までの道のりを調べると，7800kmであることがわかりました。船が常に同じ速さで進んだとすると，サン・ファン・バウティスタ号は時速約何kmで進んだことになりますか。ただし，約２か月は60日とし，答えは小数第二位を四捨五入《ししゃごにゅう》して，小数第一位まで表すこととします。

4　下線部**エ**「目的は達成できなかった」とあります。支倉常長たちが外国との貿易を達成できなかった理由として考えられることを，**表３**をもとに答えなさい。

表３　当時の主なできごと

年	主なできごと
1612	キリスト教を禁止
1613	支倉常長，ヨーロッパへ出発
1616	ヨーロッパ船の来航を長崎《ながさき》と平戸《ひらど》のみとする
1620	支倉常長が帰国
1624	スペイン船の来航を禁止する
1635	日本人の海外渡航《とこう》，帰国を禁止する
1639	ポルトガル船の来航を禁止する
1641	オランダ商館を長崎の出島に移す

令和５年度仙台市立中等教育学校入学者選抜適性検査

総合問題Ⅰ「放送による問題」台本

教英出版注
音声は，解答集の書籍ＩＤ番号を教英出版ウェブサイトで入力して聴くことができます。

監督上の注意

1　第１問の放送による問題については，英語「放送による問題」の検査実施要項によって実施する。

2　総合問題Ⅰ開始後の約**３０秒間**は，受検番号の記入および問題用紙のページ数の確認に使わせる。

（◆電子音　ポン　ポン　ポン　ポン）

これから第１問の放送による問題を行います。放送を聞いて１～３の問題に答えなさい。英語はそれぞれ２回放送されます。
放送中に問題用紙にメモをとってもかまいません。答えはすべて解答用紙に記入しなさい。

（この間約３秒）

問題１　日本に短期留学中のケビンさんは，自主研修で水族館へ向かっていましたが，道に迷ってしまいました。
ケビンさんは水族館で待ち合わせているクラスメイトのさくらさんに電話で道順を聞いています。
２人の会話を聞いて，ケビンさんが今いる場所を**あ**，**い**，**う**，**え**，**お**の中から１つ選び記号で答えなさい。
また，さくらさんが教えてくれた道順のとおり，解答用紙の正しい出発点の黒丸（●）と，水族館の星印（★）を線で結びなさい。それでは，始めます。

（この間約３秒）

【２人の会話】

Kevin:　Sakura!! Where is the aquarium?
Sakura:　Are you OK, Kevin? What can you see now?
Kevin:　I can see a station on my left.
Sakura:　I see. Can you see an elementary school on your right?
Kevin:　No, I can see a hospital on my right.
Sakura:　OK. Go straight and turn right at the second corner. And go straight two blocks and turn left. You can see the aquarium on your left.
Kevin:　Thank you.
Sakura:　You're welcome.

（この間約８秒）

繰り返します。

（この間約３秒）

【２人の会話】

Kevin:　Sakura!! Where is the aquarium?
Sakura:　Are you OK, Kevin? What can you see now?
Kevin:　I can see a station on my left.
Sakura:　I see. Can you see an elementary school on your right?
Kevin:　No, I can see a hospital on my right.
Sakura:　OK. Go straight and turn right at the second corner. And go straight two blocks and turn left. You can see the aquarium on your left.
Kevin:　Thank you.
Sakura:　You're welcome.

（この間約８秒：p.２に進む）

受検番号	

令和５年度
仙台市立中等教育学校入学者選抜《せんばつ》適性検査（総合問題Ⅱ）

検　査　用　紙

注　意

1　指示があるまで，この「検査用紙」を開いてはいけません。

2　総合問題Ⅱの「検査用紙」には，表紙に続き，１ページから６ページまで「検査問題」があります。「解答用紙」は１枚です。

3　「始め」の指示で，「検査用紙」と「解答用紙」に受検番号を書きなさい。その後，「検査問題」に取り組みなさい。検査時間は40分です。

4　解答は，すべて「解答用紙」に記入しなさい。「検査用紙」の空いているところは，自由に使ってかまいません。

1　えりかさんとさとしさんは，校外学習で科学館まで行きます。
次の**1〜3**の問題に答えなさい。

1　校外学習当日（10月２日）のえりかさんとお父さんとの会話文を読んで，あとの**問題**に答えなさい。

えりかさん	昨日まで，雨が降《ふ》っていて今日の校外学習の天気が心配だったけど，晴れてよかったよ。
お父さん	台風が上陸して，雨が続いていたからね。**ア**雲画像を見ると台風は日本を通り過ぎたようだから安心だね。気をつけていってらっしゃい。

問題

下線部**ア**「雲画像を見ると」とあります。**図１**は，10月２日の雲画像です。これをもとに，**図２**にある**9月28日〜10月１日までの雲画像**を，正しい順番にならびかえ，解答用紙に**あ〜え**の記号で答えなさい。

図１　**10月２日の雲画像**

図２　**9月28日〜10月１日の雲画像**

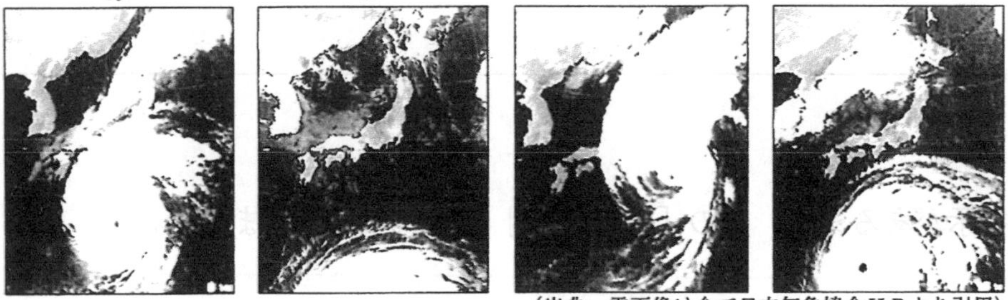

（出典　雲画像は全て日本気象協会ＨＰより引用）

2　さとしさんは，科学館に向かって歩いていると，日時計を見つけました。先生とさとしさんの会話文を読んで，あとの**（1）**，**（2）**の問題に答えなさい。

先　　生	日時計は，太陽の光でできるかげの位置から時刻《じこく》を知るものです。太陽は空を１日で１周するように見えるから，**イ**かげは１時間で15度動きます。
さとしさん	なるほど。そうすると**ウ**現在の時刻は，10時ごろですね。
先　　生	正解です。集合時間におくれるから，急いで科学館に向かいましょう。

（1）　下線部**イ**「かげは１時間で15度動きます」とあります。１度動くのに何分かかるか答えなさい。

（2）　下線部**ウ**「現在の時刻は，10時ごろ」とあります。10時のかげの位置を**図３**の**あ〜お**から１つ選び，記号で答えなさい。また，その後のかげは**A**，**B**どちらの方向に動いていくのか，記号で答えなさい。

図３　**日時計**

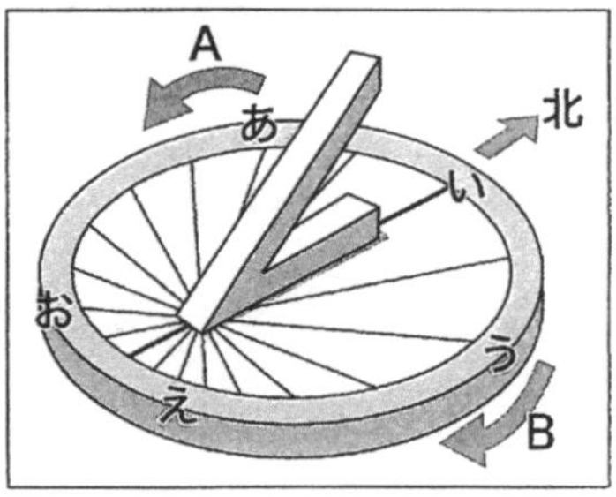

3　科学館では「ヒンヤリグッズの不思議」という，水をふくませるだけで首もとが冷たく感じるスカーフを使った実験教室が行われていました。科学館の先生とえりかさんの会話文を読んで，あとの **(1)**，**(2)** の問題に答えなさい。

先　　生	このスカーフの中には水を吸収《きゅうしゅう》する物質が入っています。水をふくませて首に巻《ま》くと冷たく感じますよ。
えりかさん	私も使ったことがあります。冷たい感じが長続きしますよね。でもなぜ冷たい感じが長続きするのでしょうね。
先　　生	暑い夏を過ごす工夫の一つとして，「打ち水」について学んだと思います。このスカーフも「打ち水」と同じはたらきを利用しています。どのようなはたらきなのでしょうか。実験を通して考えてみましょう。

実験

手順1　水をふくませないスカーフの温度とそのときの重さを10分おきにはかり，記録する。

手順2　スカーフに水をふくませ，そのときのスカーフの温度と重さをはかり，記録する。その後10分おきにスカーフの温度と重さをはかり，記録する。なお，スカーフに水をふくませるのは実験開始のときのみとする。

※手順1，2は室温が25℃で一定の部屋で行うものとする。

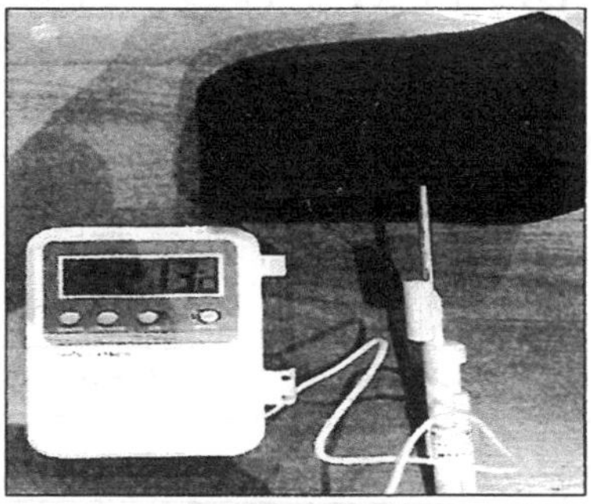

スカーフの温度をはかるときの様子

手順1の結果

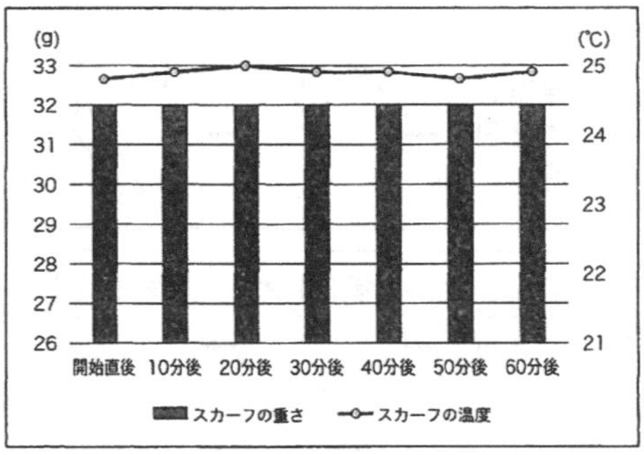

手順2の結果

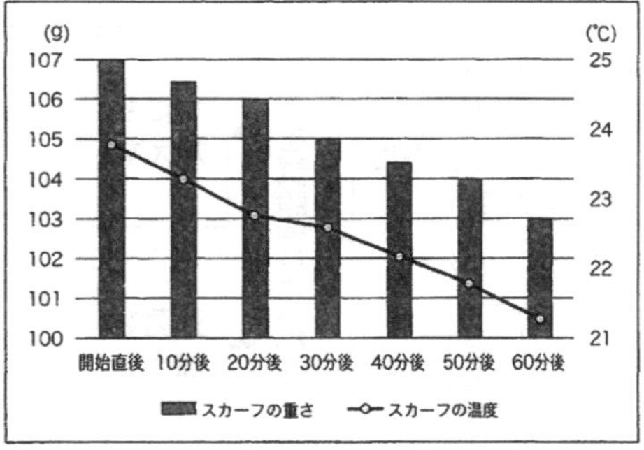

(1)　**手順2**の結果からスカーフの重さはだんだん軽くなっていることがわかります。スカーフが軽くなる理由を説明した次の文章の **(あ)** ～ **(う)** にあてはまる語句を答えなさい。

> スカーフにふくまれていた（ **あ** ）が（ **い** ）して（ **う** ）になったから。

(2)　夏の暑い日などに「打ち水」をすることで周囲がすずしくなることがあります。

地面に「打ち水」をしたとき，まいた水の様子と地面の温度はどのように変化すると考えられますか。実験の結果をもとに答えなさい。

図4　打ち水

2　まさおさんは，みその製造工場を見学し，大豆と米を使ったみその作り方を授業で発表しました。

次の**1**～**3**の問題に答えなさい。

資料　**まさおさんの発表**

【スライド①】 みその原料は大豆と米と麹菌《こうじきん》と塩です。まず，大豆を水にひたしてやわらかくしてからゆでます。

【スライド②】 ゆでた大豆が冷めたらすりつぶして，米と麹菌を混ぜたものと塩を加えます。

【スライド③】 熟成《じゅくせい》させている間に，麹菌がゆっくりと大豆の成分を変化させ，うま味や消化・吸収《きゅうしゅう》のよい成分に変え，米のでんぷんを分解してあま味成分に変えていきます。

【スライド④】 半年から１年熟成させるとみそになります。

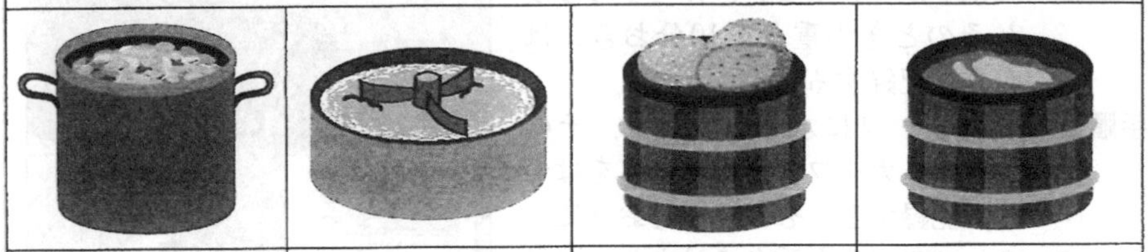

スライド①	スライド②	スライド③	スライド④

１　下線部「でんぷんを分解してあま味成分に変えて」とあります。まさおさんは，**図１**のように，ある**【材料】**を使って麹菌が「でんぷんを分解することを確かめる実験」を考えました。あとの（**１**），（**２**）の問題に答えなさい。

図１　**麹菌がでんぷんを分解することを確かめる実験**

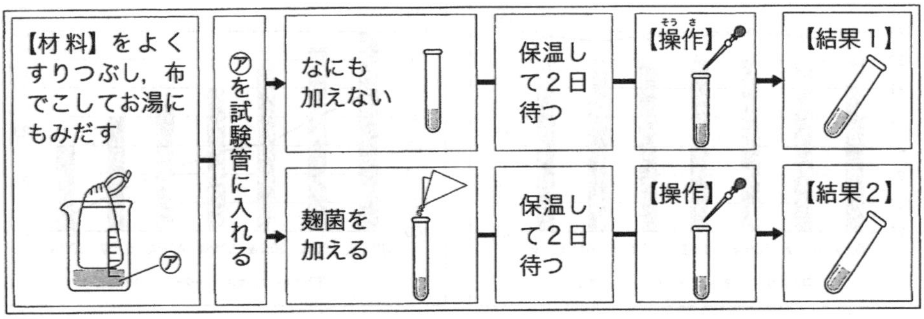

（**１**）　この実験で，どのような**【材料】**を使うのが適切ですか。次の**あ～お**から最もふさわしいものを１つ選び，記号で答えなさい。

あ　オレンジ	**い**　とり肉	**う**　しいたけ	**え**　うどん	**お**　バター

（**２**）　でんぷんを検出するため，**【操作】**では試験管に何を加えるか答えなさい。
また，**【結果１】**と**【結果２】**は，それぞれどのようになるか答えなさい。

動を持続させ、結果として一定の方向に導く心理的過程のことだといえるでしょう。

ちょっと難《むずか》しく感じたかもしれませんね。それではみなさんに身近な勉強を例にやる気を説明してみましょう。「やる気」とは、「勉強する」という行動を引き起こして、「勉強する」という行動を持続させ、結果として、成績が向上するような過程であると考えられます。少しはわかりやすくなったのではないでしょうか。

つまり、ある行動を引き起こして、それを持続させる源《みなもと》（力）が「やる気」なのです。一般的《いっぱんてき》には「やる気スイッチ」などというように、行動を引き起こすことに重点がおかれがちですが、持続させる力という点もあることに注意しましょう。

ただし、「やる気」は、勉強や運動に対してだけ使うものではありません。お母さんの手伝いをすることだったり、部屋を整理整頓《せいとん》することだったり、ゲームをすることだったりと、すべての行動を引き起こす源のことをいいます。

ところで、みなさんは、フランスで活躍《かつやく》した教育哲学者《てつがくしゃ》のルソーをご存じですか？　フランス革命《かくめい》にも多大な影響《えいきょう》を及《およ》ぼしたルソーですが、『社会契約論《けいやくろん》』、『人間不平等起源論《きげんろん》』など、数多くの著作《ちょさく》が残されています。ただの理論《りろん》にとどまらない多感さを反映《はんえい》した『エミール』などは、現代でも多くの人に読まれています。

そのルソーの言葉に「生きることは呼吸《こきゅう》することではない。行動することである」というものがあります。私はその言葉が大好きなのですが、行動を引き起こす源と考えられている「やる気」は、生きるための源と考えてもよいのかもしれませんね。

（ちくまプリマー新書『勉強する気はなぜ起こらないのか』外山美樹 より）

〈注〉ルンバ…電動ロボット掃除機の一つ。

注意〉 ＊ と の欄には記入してはいけません。

＊

※60点満点

検査問題の番号			解答を記入する欄《らん》	配点
2	5	(1)		4点
		(2)	人	4点
	6			4点

＊

検査問題の番号			解答を記入する欄《らん》	配点
3	1			3点
	2		cm²	4点
	3	(1)		3点
		(2)	度	3点
		(3)	cm	3点
	4			4点

＊

意〉 ＊ と の欄には記入してはいけません。

＊

※60点満点

検査問題の番号			解答を記入する欄《らん》		
2	2	(1)	度		3点
		(2)			4点
	3		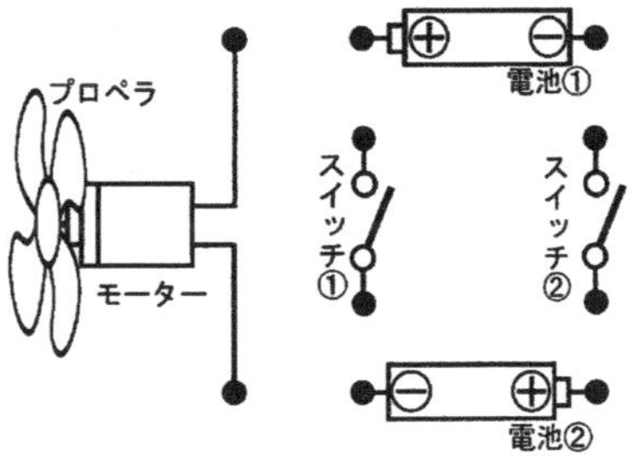		5点

＊

検査問題の番号			解答を記入する欄		
3	1	本数	本		2点
		言葉や式			3点
	2		mL		4点
	3		個		5点
	4	(1)	回		4点
		(2)	 マス目は全て1辺の長さが4cmの正方形		4点

＊

作文　解答用紙

〔注意〕
① 題名、氏名は書かずに、一行目から書き始めること。
② 原稿《げんこう》用紙の正しい使い方にしたがい、文字やかなづかいも正確に書くこと。

※

の欄《らん》に記入してはいけません。

受検番号

※

※30点満点

００字

作文　解答用紙

（注意）１　題名、氏名は書かないで、一行目から本文を書くこと。

（2）原稿用紙の正しい使い方にしたがい、文字やかなづかいも正確に書くこと。

※ の欄には記入しないでください。

受検番号

※

※30点満点

400字

500字

総合問題Ⅱ　解答用紙

受検番号	

検査問題の番号				解答を記入する欄《らん》	
1	1			➡　➡　➡	3点
1	2	(1)		分	4点
1	2	(2)	位置		2点
1	2	(2)	方向		2点
1	3	(1)	あ		3
1	3	(1)	い		
1	3	(1)	う		
1	3	(2)			4点

＊

2	1	(1)			2点
2	1	(2)	操作	を加える。	3点
2	1	(2)	結果1		3
2	1	(2)	結果2		

＊

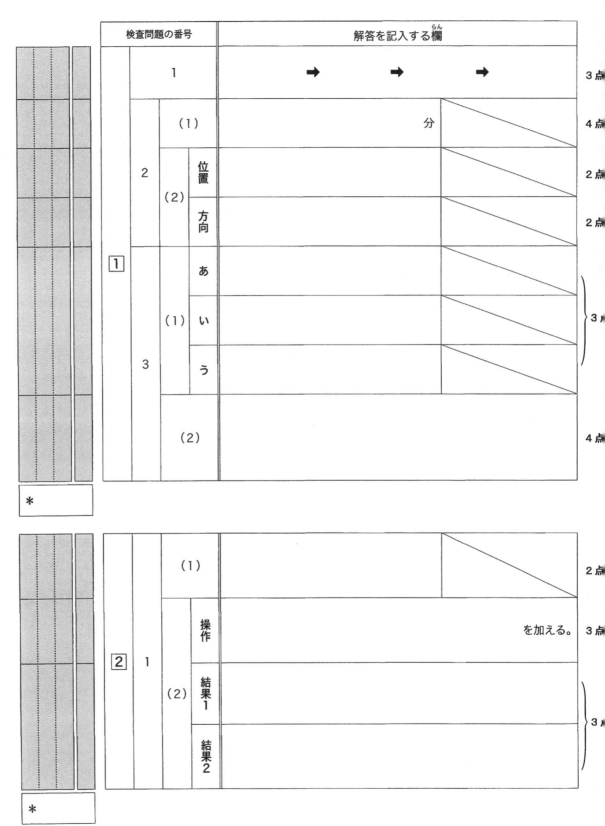

総合問題Ⅰ　解答用紙

受検番号	

検査問題の番号			解答を記入する欄《らん》		
1	1	場所			2点
		道順			2点
	2				4点
	3				4点

＊

検査問題の番号			解答を記入する欄		
2	1	政策			2点
		人物			2点
	2				4点
	3		時速　　　　km		4点
	4				4点

＊

問題

◎次の文章は、外山美樹《とやまみき》さんの「勉強する気はなぜ起こらないのか」の一節です。この文章で筆者は、人間にとっての「やる気」とは、どのようなことだと述べていますか。また、筆者の考えを参考に、あなたが「やる気」を持って何かに取り組むとき大事にしていることについて、体験を交えながら書きなさい。ただし、四百字以上五百字以内で、三段落《だんらく》構成で書くこととします。

一心不乱《いっしんふらん》に勉強している人を見ると、「あの人はやる気のある人だなぁ」と思うことはありますが、ブウンブウンと音を立てて一心不乱に掃除《そうじ》している（注）ルンバを見ても、「あのルンバはやる気があるなぁ」とは感じないでしょう。

不思議な気がしますが、なぜこのように人とルンバに対して異《こと》なった感情が芽生えるのでしょうか。

それは動くための力のありかが違《ちが》うことを知っているからです。

ルンバが動くことができるのは、ルンバの内部からの力ではなく、外部からの力、すなわち、電力によって動力を得ているからです。

ルンバに限らず機械が動くためには、外部から電力やガソリンなどの物理的な力が供給《きょうきゅう》される必要があります。その力を得た後に、スイッチをいれると動き出します。それに比べて、人間は外部による力で動くことはあまりありません。むしろ、人間（やある種の動物）は、内部からのやる気によって自ら行動を起こします。

そのように考えると、「やる気」とは、人間の内部に存在《そんざい》している力のことだということ

令和五年度　仙台市立中等教育学校入学者選抜《せんばつ》適性検査（作文）

検査用紙

注　意

一　指示があるまで、この「検査用紙」を開いてはいけません。

二　作文の「検査用紙」には、表紙に続き、「検査問題」があります。「解答用紙」は一枚です。

三　「始め」の指示で、「検査用紙」と「解答用紙」に受検番号を書きなさい。その後、「検査問題」に取り組みなさい。検査時間は四十分です。

受検番号	

2　まさおさんは，みその材料である大豆の育ち方について調べました。すると，植物の種類によって葉の並《なら》び方が異《こと》なり，**図2**や**図3**のように植物によって規則にしたがって葉をつけることがわかりました。あとの**（1）**，**（2）**の問題に答えなさい。

図2　**大豆の葉の並び方**

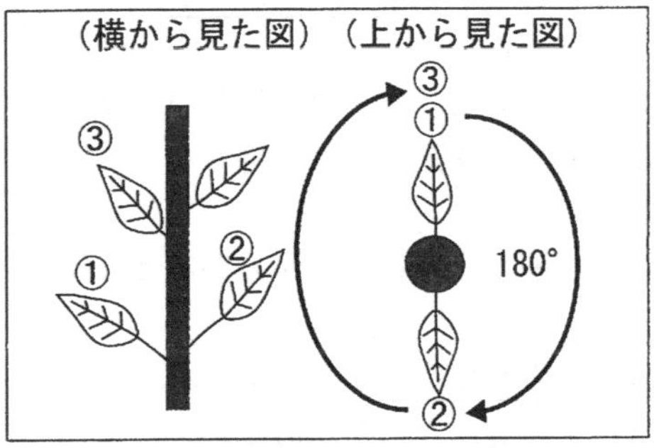

図3　**ある植物の葉の並び方**

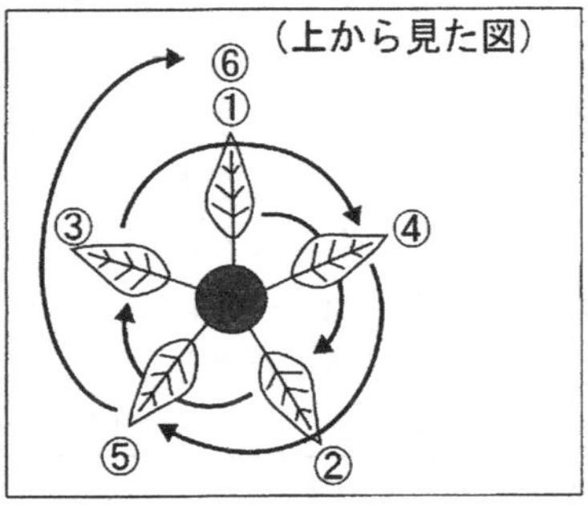

※大豆の葉は簡単《かんたん》に示しています。

（1）　ある植物は上から見ると**図3**のような葉の並び方をしています。植物の**葉①**から**葉②**の角度は何度になるか答えなさい。ただし，葉の間の角度は全て同じとします。

（2）　植物の葉を下から順番に観察すると，植物は規則的に葉を付けることで，葉が重ならないようなつくりになっていることがわかりました。このようなつくりは植物の成長と養分について考えると，どのような利点があると考えられるか答えなさい。

3　まさおさんは，家でみそづくりをしました。ゆでた大豆をよく冷ますため，モーターでプロペラを回して風を送る装置《そうち》を考えました。次の条件に合うように，解答用紙の図の中の●を線でつないで回路を完成させなさい。

条件

- プロペラは，**図4**の**スイッチ①**だけを入れたときよりも，**スイッチ②**だけを入れたときの方が速く回ります。
- **スイッチ①**と**スイッチ②**の両方を切るとプロペラは回転しません。
- **スイッチ①**を入れるときは**スイッチ②**を切り，**スイッチ②**を入れるときは**スイッチ①**を切ることとします。
- 線どうしは重ならないようにつなぎます。

図4　**まさおさんが考えた装置**

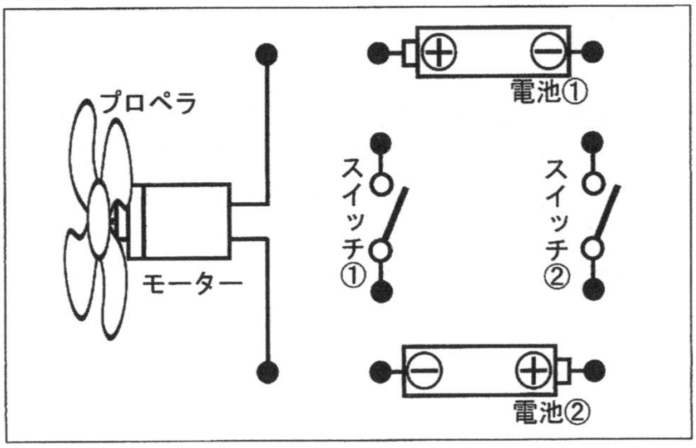

3　ひろとさんとかなえさんが給食について話をしています。
次の**1**～**4**の問題に答えなさい。

かなえさん　給食センターは毎日**ア**大量の食材を調理しているのね。
ひろとさん　今日のメニューはコッペパン，焼きそば，**イ**コンソメスープ，オレンジ，牛乳《ぎゅうにゅう》だよ。どれもおいしそうだな。
かなえさん　楽しみだね。ところで，給食当番のときに，スープが足りなくなって困《こま》ったことがあったよ。全員に同じ量を配ったり，足りなくなったりしないように配るのは難《むずか》しいよね。
ひろとさん　そうだね。一人にどれくらいの量を配ればいいのかが分かると，配るのが簡単《かんたん》だよね。
かなえさん　**ウ**オレンジはすべて同じ大きさに切られているから簡単だね。
ひろとさん　そういえば，パンの袋《ふくろ》がかさばって苦労したことがあるよ。
かなえさん　わたしは**エ**パンの袋は折りたたんで三角形にしているよ。こうするとごみもかさばらないよ。

1　下線部**ア**「大量の食材」とあります。この給食センターでは，一日に9063食分の給食を作ります。**資料1**をもとに，この給食センターで9063食分の焼きそばを作るときに，にんじんは何本必要か答え，その理由を言葉や式で説明しなさい。
　ただし，答えは整数で表すこととします。また，にんじんはすべて同じ重さとします。

資料1　焼きそば1人分の材料

めん………1玉
ぶた肉……100g
にんじん …30g（1/4本）
ソース……大さじ2

2　下線部**イ**「コンソメスープ」とあります。**図1**の食かんには 長方形ＡＢＣＤの位置までスープが入っています。スープをおたまですくうと1ぱい分は155mLでした。おたまで15はいスープをすくったところ，水面が長方形ＥＦＧＨまで下がりました。このとき，初めに入っていたスープの容積は何mLか答えなさい。ただし，おたまは毎回同じ量のスープをすくうものとします。

図1　食かん

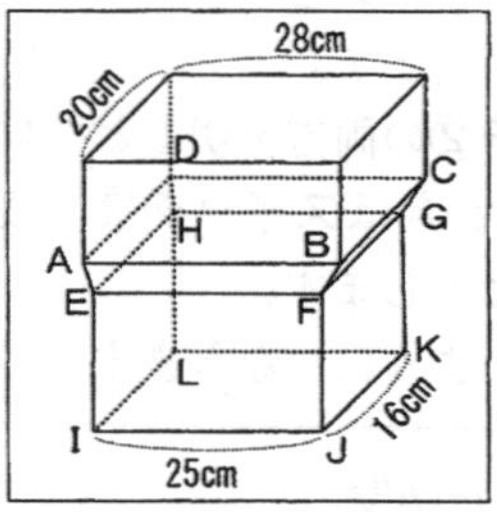

図2　食かんを正面から見た図

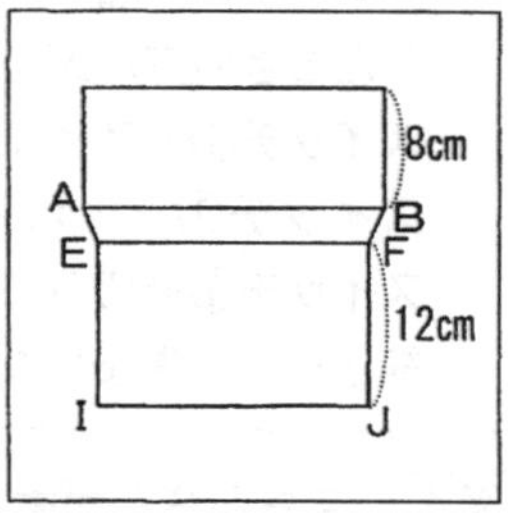

3　下線部**ウ**「オレンジはすべて同じ大きさに切られている」とあります。給食のオレンジはＬサイズとＭサイズの２種類を使っています。一人分のオレンジはＬサイズを５等分，または，Ｍサイズを４等分に切り分けた量になります。9063人分のオレンジに切り分けると，Ｌサイズのオレンジの個数は全体の77％になりました。このとき，ＬサイズとＭサイズのオレンジは合わせて何個必要か答えなさい。

4 下線部エ「パンの袋は折りたたんで三角形にしているよ」とあります。あとの（**1**），（**2**）の問題に答えなさい。

資料2 **パンの袋を折りこむ手順**

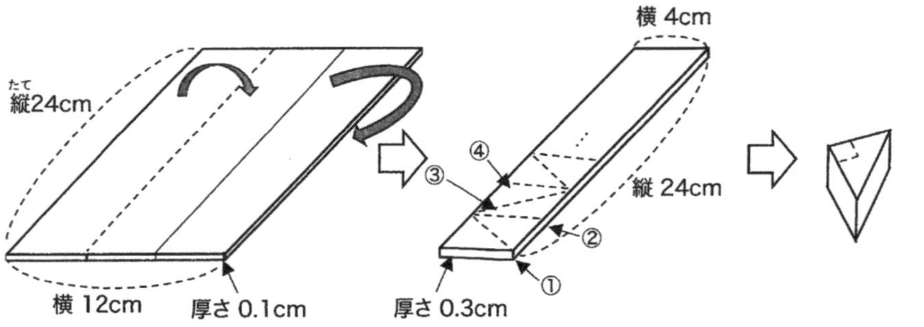

手順1

パンの袋を縦に3等分に折る

手順2

点線①～④のように，谷折りに直角二等辺三角形ができるように最後までくり返し折りこんでいく。

【パンの袋を折るときのルール】

- **パンの袋は四角柱と考える。**
- **パンの袋は角柱の厚さに関わらず折ることができる。**
- **点線は谷折り，実線は山折りに折る。**
- **四角柱を折ると，折り目が対称の軸《じく》となってぴったり図形が重なり，角柱ができるものとする。**

（**1**） **資料2**の**手順2**ではパンの袋を何回折ったか答えなさい。

（**2**） かなえさんは，パンの袋を切って，教室にけい示するかざりを作ることにしました。**手順2**において，点線①～③まで折ったあと，**図3**のように，点線③の折り目にそってはさみで切りました。

切り取ったものを開き，できるかざりの形を，解答用紙にかきなさい。ただし，折り目はかかなくてよいものとします。

図3

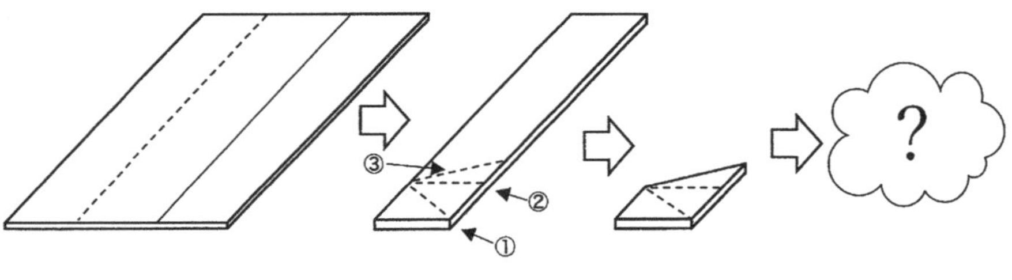

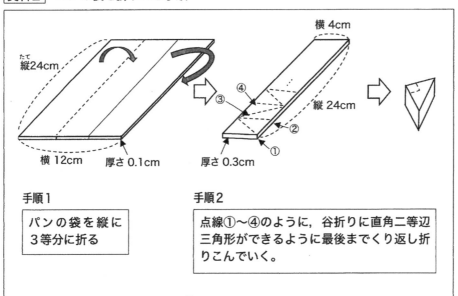

次に問題２に移ります。

（この間約３秒）

問題２　水族館に着いたさくらさんとケビンさんは次の館内案内のパンフレットを見ながら，どのように見て回るかを話しています。２人の会話を聞いて，立ち寄ることにした場所の順番として最も当てはまるものを**あ**，**い**，**う**，**え**，**お**，**か**の中から１つ選び，記号で答えなさい。それでは，始めます。

（この間約３秒）

【２人の会話】

Kevin: Sakura, you want to see the dolphin show, right?

Sakura: That's right. That show is famous at this aquarium. The dolphins can jump high. We can see the dolphins by the pool. What do you want to see, Kevin?

Kevin: I like whales. So the 3D movie sounds interesting. And at Area C, we can touch penguins. I want to go there, too. But do we have time?

Sakura: Let's check the show times. Let's see. OK. We can see both. Let's go to the penguin show and the movie.

Kevin: Great! Wait! What time is it now?

Sakura: It's 2:15.

Kevin: Look! The dolphin show starts at 2:30. Let's go there first.

Sakura: Yes, let's. Well, we have 15 minutes. Can I buy mineral water at this shop now?

Kevin: Nice idea. That's important. It's very hot outside today.

（この間約８秒）

繰り返します。

（この間約３秒）

【２人の会話】

Kevin: Sakura, you want to see the dolphin show, right?

Sakura: That's right. That show is famous at this aquarium. The dolphins can jump high. We can see the dolphins by the pool. What do you want to see, Kevin?

Kevin: I like whales. So the 3D movie sounds interesting. And at Area C, we can touch penguins. I want to go there, too. But do we have time?

Sakura: Let's check the show times. Let's see. OK. We can see both. Let's go to the penguin show and the movie.

Kevin: Great! Wait! What time is it now?

Sakura: It's 2:15.

Kevin: Look! The dolphin show starts at 2:30. Let's go there first.

Sakura: Yes, let's. Well, we have 15 minutes. Can I buy mineral water at this shop now?

Kevin: Nice idea. That's important. It's very hot outside today.

（この間約８秒：p. 3に進む）

次に問題３に移ります。

（この間約３秒）

問題３　英語の授業で，さくらさんは研修から学んだことについてまとめた資料をもとに発表をしています。さくらさんが発表に使っている資料として，最も当てはまるものをあ，い，う，えの中から１つ選び，記号で答えなさい。それでは，始めます。

（この間約３秒）

【さくらさんの発表】
I went to an aquarium on my field trip.
I saw so many colorful fish and sea turtles.
I ate a shark hamburger and jellyfish ice cream for dessert at the aquarium restaurant.
They were delicious.
I saw a movie about whales. Whales live in clean seas. They usually eat a lot of fish and squid. And fish and squid eat small shrimp.
But whales sometimes eat plastic bags, too. That is sad.
I enjoyed studying about sea animals and nature on my field trip.
Thank you for listening.

（この間約８秒）

繰り返します。

（この間約３秒）

【さくらさんの発表】
I went to an aquarium on my field trip.
I saw so many colorful fish and sea turtles.
I ate a shark hamburger and jellyfish ice cream for dessert at the aquarium restaurant.
They were delicious.
I saw a movie about whales. Whales live in clean seas. They usually eat a lot of fish and squid. And fish and squid eat small shrimp.
But whales sometimes eat plastic bags, too. That is sad.
I enjoyed studying about sea animals and nature on my field trip.
Thank you for listening.

（この間約８秒）

これで放送による問題を終わります。次の問題に移ってください。

（◆電子音　ポン）

5　仙台市はメキシコのアカプルコ市と「国際姉妹都市」となっており，交流事業を行っています。みのるさんとさなえさんが，アカプルコ市のことを調べていくと，さまざまなことが分かってきました。あとの（1），（2）の問題に答えなさい。

（1）　みのるさんはアカプルコ市の気候を調べ，**図2**の雨温図をつくりました。この雨温図からわかる，アカプルコ市の気温と降水量《こうすいりょう》の特徴《とくちょう》をそれぞれ答えなさい。

（2）　さなえさんには大学生の兄がいて，アカプルコ市から留学中の友達がいるそうです。

さなえさんは兄の大学の留学生の割合を調べ，**図3**のようにまとめました。アカプルコ市がある中南米地域《ちいき》からの留学生は何人か答えなさい。

図2　**アカプルコ市の雨温図**

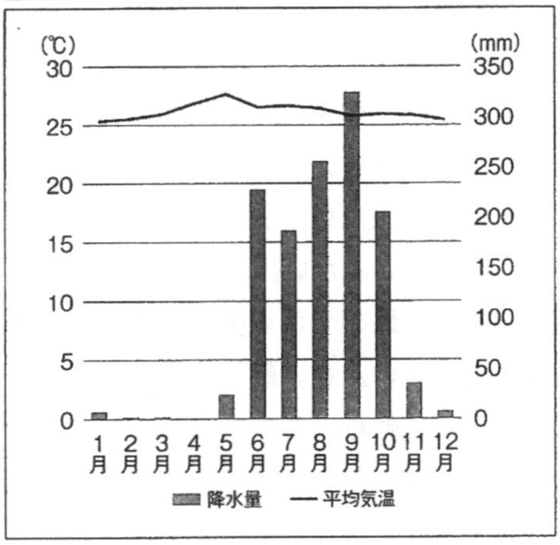

（出典　気象庁ＨＰを元に作成）

図3　**さなえさんの兄が通う大学の留学生の割合**

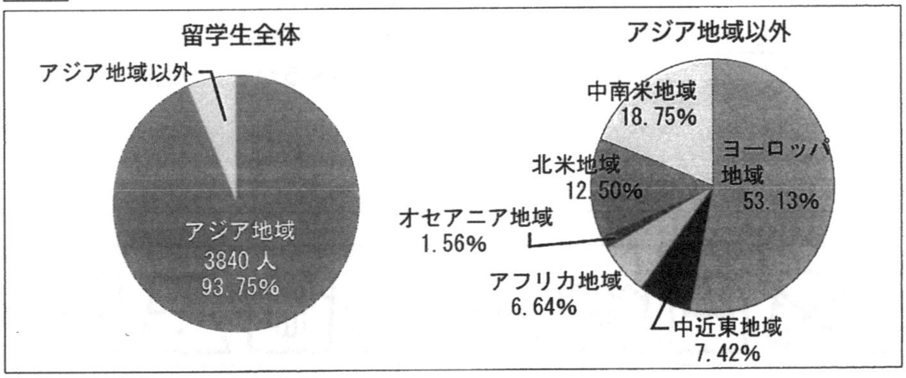

6　サン・ファン・バウティスタ号は当時の石巻で造られました。建造には大きな太い木材をふくめて，大量の木材が必要でした。そのため，森林が豊富な岩手県南部の内陸部や気仙沼《けせんぬま》地域から材料を切り出したという記録が残っています。

岩手県南部や気仙沼地域の木材を使って船を石巻で建造することができた理由を，**図4**を参考に，「**輸送**」という点から答えなさい。

図4　**当時の地図**

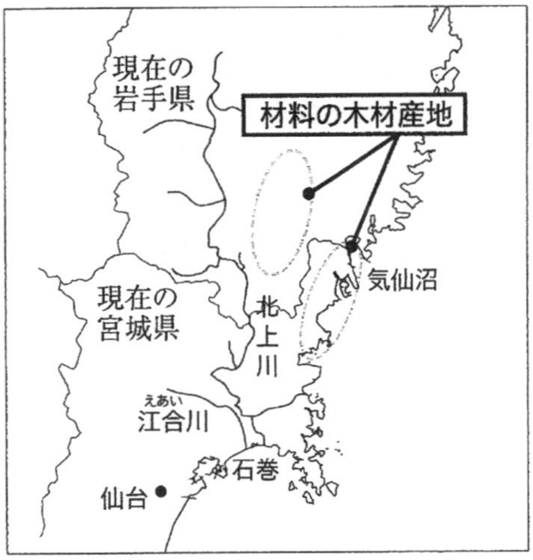

（出典　北上川学習交流館「あいぽーと」ＨＰを元に作成）

3 ほなみさんとお母さんが話をしています。
次の**1～4**の問題に答えなさい。

ほなみさん	給食で使うランチョンマットを作ってみたいんだ。
お 母 さ ん	それはいい考えね。それならあなたが小さなころに着た洋服を取ってあるから，それを使ったら？
ほなみさん	着なくなった洋服ってたくさんあるね。どの洋服が良いかな。
お 母 さ ん	ランチョンマットは毎日使うから，洗《せん》たく機で洗えて，アイロンもかけられた方がいいね。**ア**これはどう？
ほなみさん	素敵《すてき》だけど縦《たて》横40㎝の正方形を切り取るにはちょっと生地が足りないみたい。
お 母 さ ん	生地を小さく切って**イ**つなぎあわせて模様《もよう》を作ったら？
ほなみさん	良いかも。最後に**ウ**名前もししゅうしたいな。
お 母 さ ん	素敵ね。この中には**エ**ペットボトルから作られた洋服もあるの。使い終わったものをもう一度資源《しげん》にもどして製品を作ることをリサイクルといって，日本のペットボトルのリサイクル率は８割をこえるのよ。

1 下線部**ア**「これはどう？」とあります。お母さんは綿素材の洋服を用意してくれました。お母さんが選んだ綿素材の洋服の洗《せん》たく表示を**図１**の**あ～う**から１つ選び，記号で答えなさい。

図１ お母さんが選んだ綿素材の洋服の洗たく表示

あ	い	う
	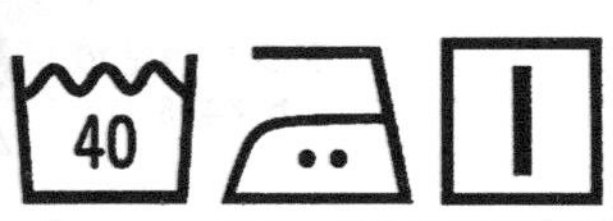	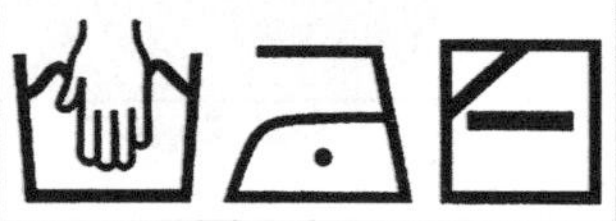

2 下線部**イ**「つなぎあわせて模様を作ったら？」とあります。ほなみさんは**問題１**で選んだ布を使って**図２**のようなパッチワーク模様を作ろうと思います。

１マスの一辺が10㎝の正方形のとき，**図２**の色のついた部分の面積は何㎠になるか答えなさい。

ただし，円周率は3.14とします。

図２ ほなみさんのパッチワーク

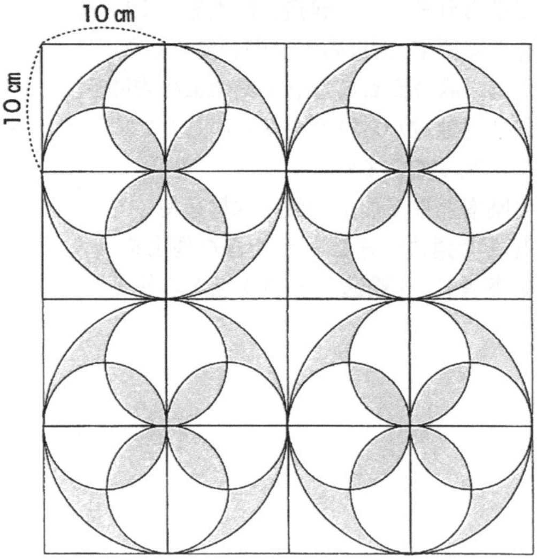

3　下線部**ウ**「名前もししゅうしたい」とあります。ほなみさんは，できあがったランチョンマットに**図3**のように，カタカナで名前をぬい取りました。それぞれの文字は一息でぬい取っています。あとの（**1**）～（**3**）の問題に答えなさい。

図3　**ししゅうした名前**

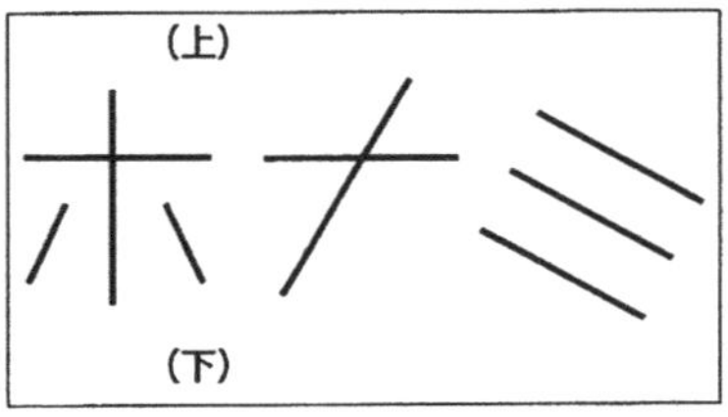

（**1**）　**図4**は「**ホ**」の字を裏《うら》から見た様子です。
ほなみさんはどのような順番でぬい取りましたか。正しいものを**図5**の**あ～え**から１つ選び，記号で答えなさい。

図4　**裏から見た「ホ」**

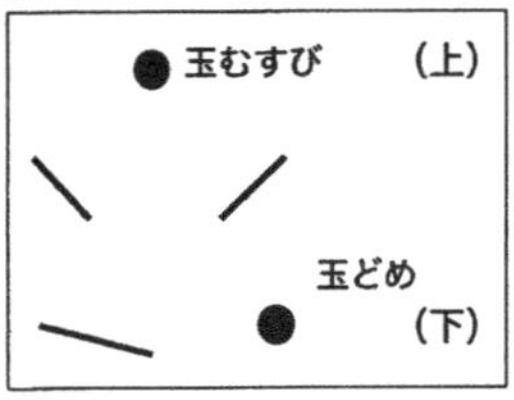

図5　**「ホ」のぬい取りの順序**

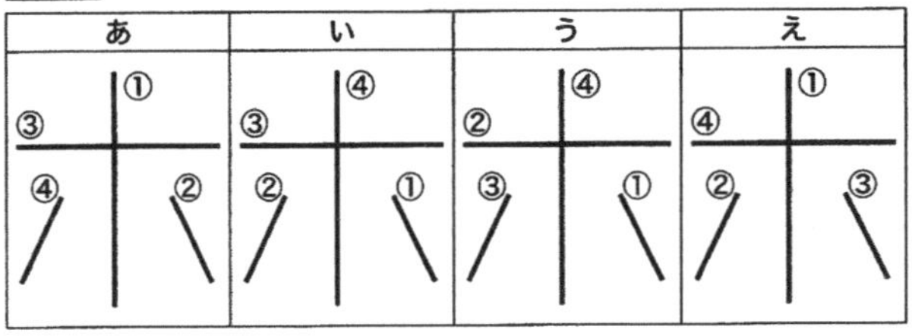

（**2**）　「**ナ**」の字の上半分の頂点《ちょうてん》を線で結んだところ，**図6**の三角形**ABC**ができました。
このとき，角**あ**の大きさは何度になるか答えなさい。

図6　**「ナ」を結んだ三角形**

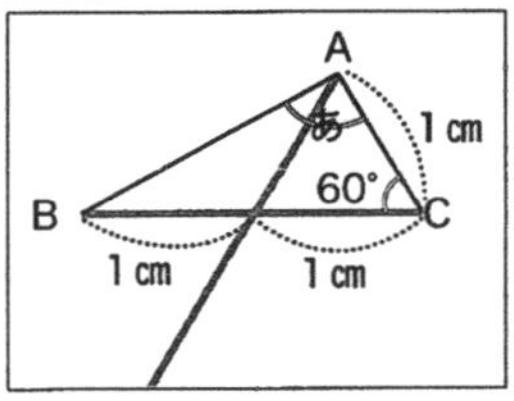

（**3**）　「**ミ**」を**図7**の①～③の順に直線でぬい取りました。
３本の線の長さは全て同じで，線と線の間の長さも全て同じです。図の**あ**と**い**の長さの比が１：３で，使った糸の長さが5.5㎝だったとき，線１本の長さは何㎝になるか答えなさい。
ただし，布の厚みや糸の太さは考えないこととし，玉むすびや玉どめに必要な糸の長さはふくめないこととします。

図7　**「ミ」のぬい取り順序**

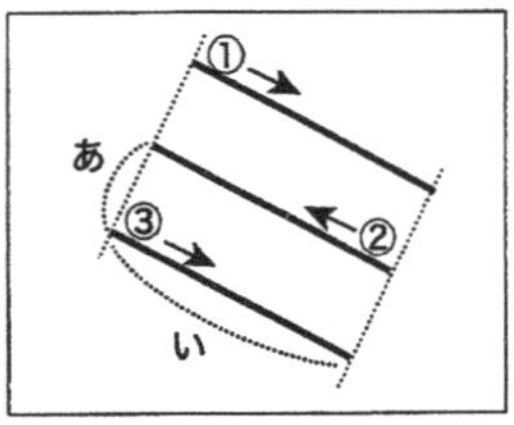

4　下線部**エ**「ペットボトルから作られた洋服」とあります。
仙台市はペットボトルのリサイクルとして，**資料**のような取り組みをおこなっています。
ペットボトルから洋服をリサイクルする以外に，ペットボトルをペットボトルとしてリサイクルする，仙台市の取り組みにはどのような利点があるか答えなさい。

資料　**仙台市の広告**

（出典　仙台市ＨＰ）

受検番号	

令和４年度
仙台市立中等教育学校入学者選抜《せんばつ》適性検査（総合問題Ｉ）

検　査　用　紙

注　意

1　指示があるまで，この「検査用紙」を開いてはいけません。

2　総合問題Ｉの「検査用紙」には，表紙に続き，１ページから６ページまで「検査問題」があります。「解答用紙」は１枚です。

3　「始め」の指示で,「検査用紙」と「解答用紙」に受検番号を書きなさい。その後,「放送による問題」の放送が流れます。検査時間は45分です。

4　解答は，すべて「解答用紙」に記入しなさい。「検査用紙」の空いているところは，自由に使ってかまいません。

1　放送による問題

放送を聞いて**1～3**の問題に答えなさい。英語はそれぞれ２回放送されます。放送中に問題用紙にメモをとってもかまいません。答えはすべて解答用紙に記入しなさい。

1　たろうさんは，来月ニュージーランドへの海外研修に参加する予定です。 ホームステイ先から届いたビデオレターを見て，おみやげを用意することにしました。たろうさんが用意したおみやげを，下の**あ～か**の絵から２つ選び，記号で答えなさい。

なお，チャイムの後に実際におみやげをわたしたときの会話が流れます。その会話も聞いて，答えなさい。

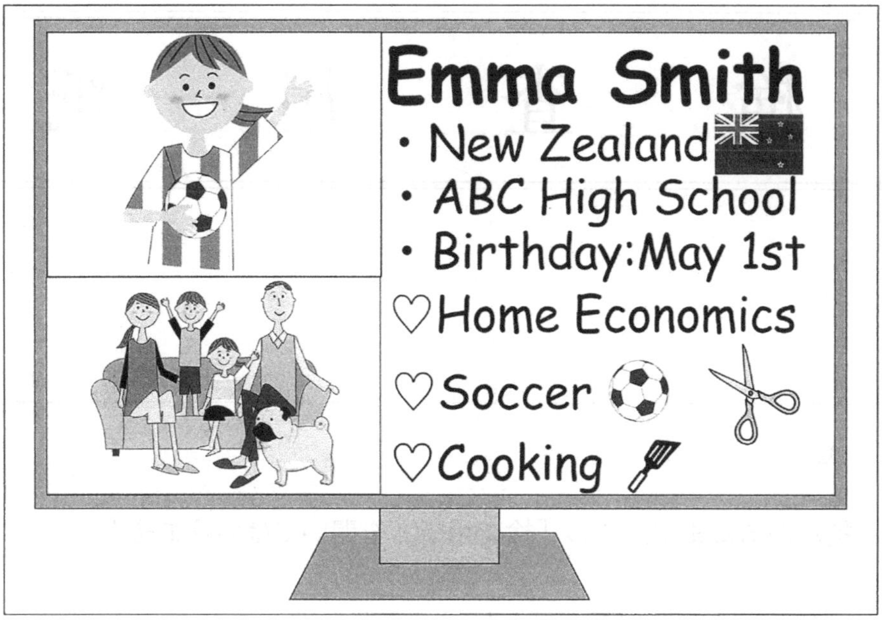

【おみやげ】

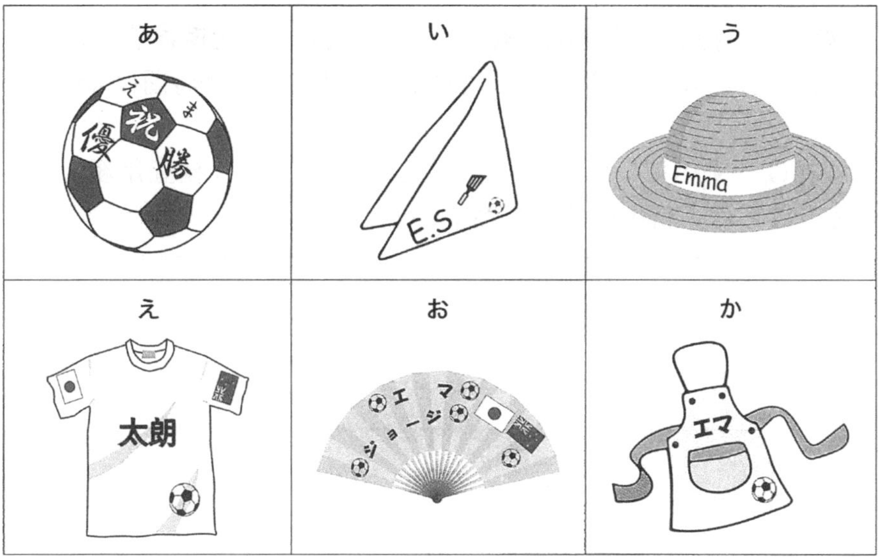

2　たろうさんはニュージーランドの学校で授業を見学することになりました。たろうさんが見学した２つの授業の会話を聞いて，その教室として最もふさわしいものを，下の校舎図の**あ〜き**から１つずつ選び，記号で答えなさい。

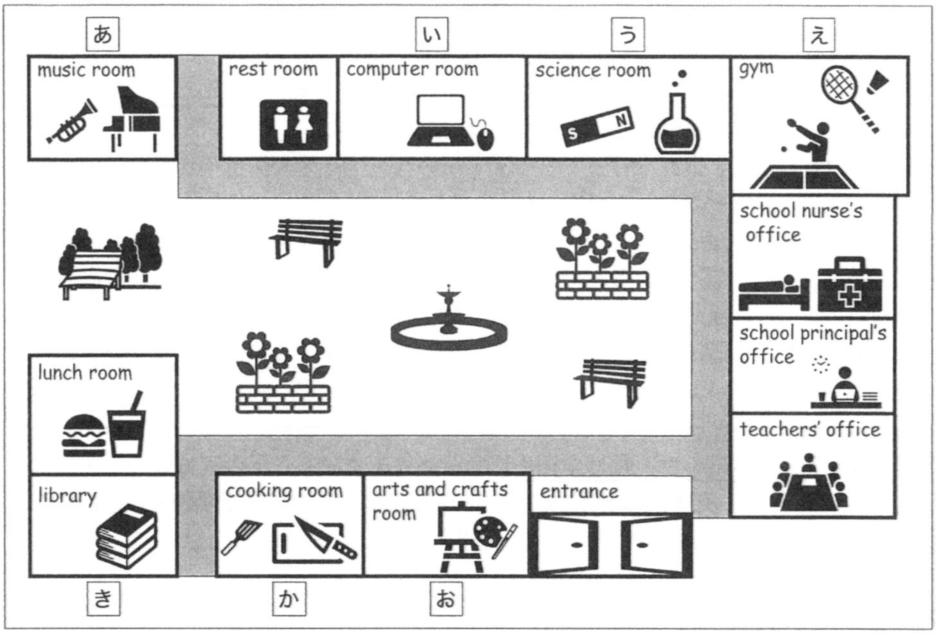

3　ニュージーランド研修から半年後，今度はエマが日本にやってきました。エマはレストランで昼食をテイクアウトし，たろうさんと食べようとしています。エマと店員の会話を聞き，エマが注文した商品の合計金額を，下の**あ〜え**から１つ選び，記号で答えなさい。

あ 750円　　**い** 880円　　**う** 1150円　　**え** 1280円

2　なみえさんたちは社会科の授業の中で，野菜のパプリカについて調べています。次の**1～5**の問題に答えなさい。

なみえさん	パプリカについて，どんなことがわかったかな。
たけしさん	ピーマンの仲間で，赤色や黄色のカラフルな野菜だよ。**ア**宮城県の生産量は全国1位で，3年前には**イ**国際宇宙《うちゅう》ステーションにいる宇宙飛行士の食料にもなったことがあるんだ。
あつしさん	宇宙にも行ってるの？すごいね。ぼくは大衡村《おおひらむら》の自動車工場に勤《つと》めるおじさんから，おもしろい話を聞いたよ。大衡村って知ってる？
たけしさん	知ってるよ。大衡村には大きな工業団地があって，工場や会社が集まっているんだよね。でも仙台のずっと北にあって，自動車を組み立てるのに不便だと思うんだ。
あつしさん	ところが，おじさんの話だと**ウ**自動車工場にとって便利な土地らしいよ。それに，**エ**自動車工場なのにパプリカも育てているんだって。

1　下線部**ア**「宮城県の生産量は全国1位」とあります。ある年の宮城県の生産量は茨城《いばらき》県より187t多く，茨城県は静岡県の4倍の生産量でした。長野県の生産量が378tで静岡県の1.2倍であるとき，宮城県の生産量は何tになるか答えなさい。

2　下線部**イ**「国際宇宙ステーション」とあります。地球を半径6400kmの球と考え，国際宇宙ステーションが，地球の表面から一定の高さで，一周42704kmの円周上を回っているとするとき，地球の表面から宇宙ステーションまでの高さは何kmになるか答えなさい。ただし，円周率は3.14とし，答えは整数で表すこととします。

3　下線部**ウ**「自動車工場にとって便利な土地」とあります。**資料**，**図1**，**図2**から読み取れることをもとに，便利な土地であることの理由を答えなさい。

資料　**大衡村の自動車工場に勤める，あつしさんのおじさんの話**

1台の自動車は小さなネジをふくめて，2～3万個の部品からできているんだ。小さな部品を作る工場，その小さな部品を使ってエンジンやハンドルなどの大きな部品を作る工場がそれぞれ別な地域《ちいき》にあるんだよ。おじさんの自動車工場では，大きな部品を組み立てて自動車にするんだ。おじさんはエンジンを取り付ける係なんだ。工場で組み立てた自動車は，日本全国だけでなく，世界中ではん売されているんだ。

図1　**自動車がはん売されるまで**

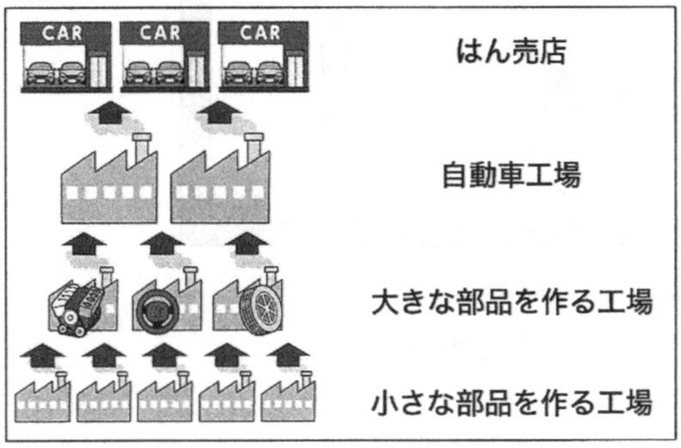

図2　**大衡村の自動車工場の位置**

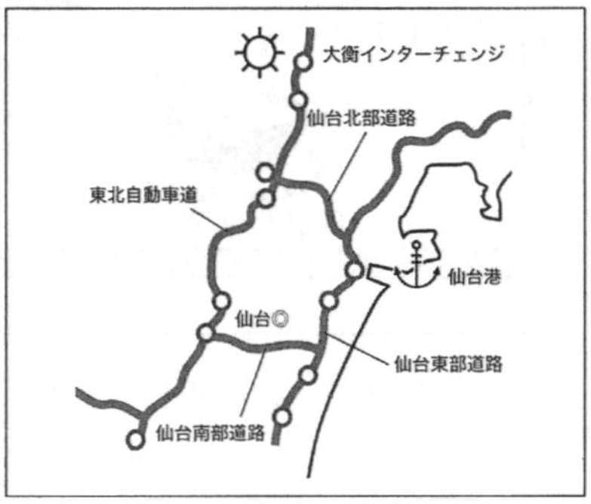

令和４　総合Ⅰ

令和４年度仙台市立中等教育学校入学者選抜適性検査

総合問題Ⅰ「放送による問題」台本

★教英出版注
音声は，解答集の書籍ＩＤ番号を教英出版ウェブサイトで入力して聴くことができます。

監督上の注意

1　第１問の放送による問題については，英語「放送による問題」の検査実施要項によって実施する。

2　総合問題Ⅰ開始後の約**20秒間**は，受検番号の記入および問題用紙のページ数の確認に使わせる。

これから**第１問**の放送による問題を行います。放送を聞いて　**１～３　の問題**に答えなさい。**英語は**それぞれ**２回**放送されます。
放送中に問題用紙にメモをとってもかまいません。答えはすべて**解答用紙**に記入しなさい。

問題１　太朗さんは，来月ニュージーランドへの海外研修に参加する予定です。ホームステイ先から届いたビデオレターを見て，おみやげを用意することにしました。
太朗さんが用意したおみやげを，下の　**あ～か　の絵から２つ選び，記号**で答えなさい。
なお，チャイムの後に実際におみやげをわたしたときの会話が流れます。その会話も聞いて，答えなさい。では，始めます。

（英文 1）
Hi! I'm Emma Smith. I'm fifteen. I live in New Zealand with my family and our friendly dog, Coco. My brother, George and I like soccer. My treasure is this soccer ball. Coco likes this soccer ball, too. How is your school life in Japan? My favorite subjects are Japanese and home economics. I'm making a Japanese kanji T-shirt for summer. I like cooking very much. I want to be a baker. Let's enjoy cooking together. See you next month.

（チャイム音）

（英文 2）
Emma: Hi! Welcome to New Zealand.
Taro: I'm Taro. Nice to meet you. This is for you. Here you are.　Please open it now.
Emma: Thank you. Wow! This is so cute! Is this my name?
Taro: It's your name in Japanese.
Emma: Cool! Can I wear this now? Oh? What's this? One more present?
The shape is a triangle.
Taro: At school in Japan, we usually wear it on our heads in cooking class.
It's popular in Japan. This is for your dream, too.
Emma: You are kind. I'm so happy.

（この間約８秒）

繰り返します。

（英文 1）
Hi! I'm Emma Smith. I'm fifteen. I live in New Zealand with my family and our friendly dog, Coco. My brother, George and I like soccer. My treasure is this soccer ball. Coco likes this soccer ball, too. How is your school life in Japan? My favorite subjects are Japanese and home economics. I'm making a Japanese kanji T-shirt for summer. I like cooking very much. I want to be a baker. Let's enjoy cooking together. See you next month.

（チャイム音）

（英文 2）
Emma: Hi! Welcome to New Zealand.
Taro: I'm Taro. Nice to meet you. This is for you. Here you are. Please open it now.
Emma: Thank you. Wow! This is so cute! Is this my name?
Taro: It's your name in Japanese.
Emma: Cool! Can I wear this now? Oh? What's this? One more present?
The shape is a triangle.

受検番号	

令和４年度
仙台市立中等教育学校入学者選抜《せんばつ》適性検査（総合問題Ⅱ）

検　査　用　紙

注　意

1　指示があるまで，この「検査用紙」を開いてはいけません。

2　総合問題Ⅱの「検査用紙」には，表紙に続き，１ページから６ページまで「検査問題」があります。「解答用紙」は１枚です。

3 「始め」の指示で,「検査用紙」と「解答用紙」に受検番号を書きなさい。その後,「検査問題」に取り組みなさい。検査時間は 40 分です。

4　解答は，すべて「解答用紙」に記入しなさい。「検査用紙」の空いているところは，自由に使ってかまいません。

1　かおりさんは仙台青陵中等教育学校で行われている２つの実験教室に参加しました。次の**１**，**２**の問題に答えなさい。

１　かおりさんは，いろいろなふりこが１往復する時間を調べる実験教室に参加しました。先生とかおりさんの会話文を読んで，あとの**（１）～（４）**の問題に答えなさい。

先　　生	みんなの結果を黒板に書いてみましょう。結果から分かることはありませんか。
かおりさん	**ア**ふりこの長さと１往復する時間にはきまりがあることが分かります。ふりこの長さが４倍になると時間は２倍，ふりこの長さが９倍になると時間は３倍となっています。
先　　生	そうですね。**イ**このきまりを用いると，いろいろな長さのふりこが１往復する時間が計算できます。
ひろしさん	先生，少し**ウ**変わったふりこを作ってみました。
先　　生	面白いですね。実験結果をうまく使うと，このふりこが１往復する時間が予想できます。

表１　**黒板に書かれたみんなの実験結果**

	かおりさん	Aさん	Bさん	Cさん	Dさん	Eさん	Fさん	Gさん
おもりの重さ(g)	30	30	30	50	30	50	50	30
ふりこの長さ(cm)	5	20	45	180	80	45	80	20
ふれはば	10°	30°	30°	30°	20°	20°	20°	20°
１往復する時間(秒)	0.45	0.90	エ	2.70	1.80	1.35	1.80	0.90

（１）　**表１**の　エ　にあてはまる数字を答えなさい。

（２）　下線部**ア**「ふりこの長さと１往復する時間にはきまりがある」とあります。このきまりを用いると，ふりこの長さが16倍になると１往復する時間は何倍になるか答えなさい。

（３）　下線部**イ**「このきまりを用いると，いろいろな長さのふりこが１往復する時間が計算できます」とあります。青森県のある大学には１往復する時間が13.5秒の日本で一番大きなふりこがあります。このふりこの長さは何mになるか答えなさい。

（４）　下線部**ウ**「変わったふりこ」とあります。ひろしさんは，**図１**のように，天井からつるした，おもりの重さ50g，ふりこの長さ180cmのふりこを用意し，**B**の位置にくぎを打ち付けました。ふれはば30°になるように**A**の位置からおもりをはなすと，**B**の位置で糸がひっかかり，おもりは**C**の位置までいき，ふたたび**A**の位置までもどりました。このふりこが１往復する時間を答えなさい。

図１　**変わったふりこ**

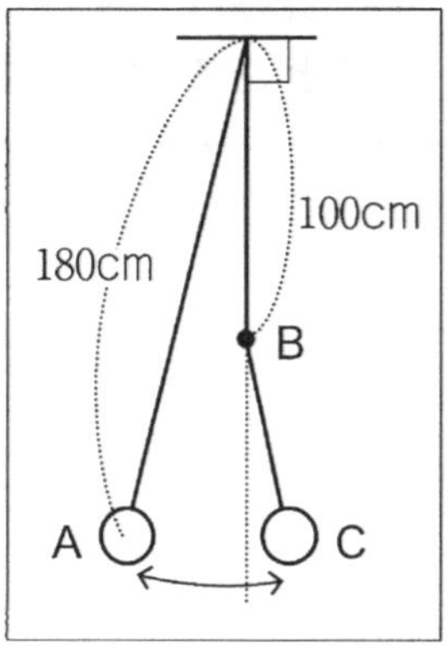

2　かおりさんは次に，気体の重さについての実験教室に参加しました。あとの**（1）～（3）**の問題に答えなさい。

（1）　かおりさんは，**図2**のような実験装置《そうち》を用いて，下の実験操作《そうさ》①～④をおこない，酸素１Ｌあたりの重さを調べました。かおりさんの実験結果から，酸素１Ｌの重さを答えなさい。

図2　**実験装置**

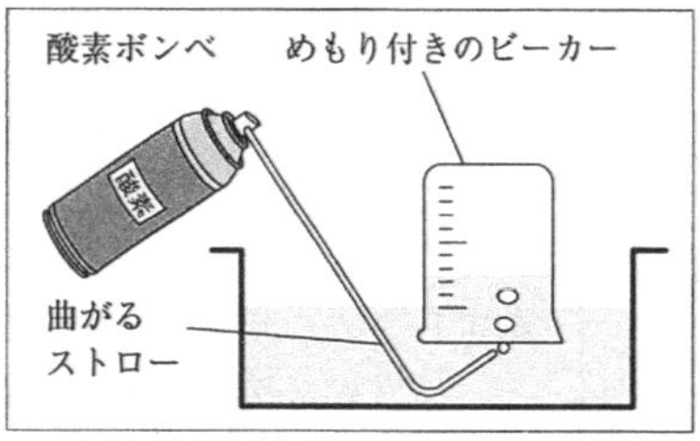

資料1　**実験操作**

操作①　酸素ボンベの重さを調べる。
操作②　水で満たしためもり付きのビーカーを水中で逆さにする。
操作③　ビーカーのめもりの500mLまで酸素を入れる。このときビーカーの内側と外側の水面が同じになるようにする。
操作④　酸素ボンベの重さを再び調べる。

資料2　**実験結果**

実験日：８月31日
室　温：27℃
実験結果：

操作①で測った酸素ボンベの重さ	243.28ｇ
操作④で測った酸素ボンベの重さ	242.62ｇ

（2）　かおりさんの実験結果から計算した酸素１Ｌの重さは，本で調べたものよりも重くなりました。この理由として考えられることは何ですか。次の**あ～え**から**すべて**選び，記号で答えなさい。

あ　**操作①**の実験結果に実際よりも大きな数値《すうち》を記録してしまった。
い　**操作①**の実験結果に実際よりも小さな数値を記録してしまった。
う　**操作③**で500mLよりも少なく酸素を入れてしまった。
え　**操作③**で500mLよりも多く酸素を入れてしまった。

（3）　実験の中で先生は，空中にうかぶ，ヘリウムガスの入った風船を見せてくれました。かおりさんはその理由を考えるため，１Ｌあたりの気体の重さを調べ，次のような表にまとめました。かおりさんがまとめた表を用いて，次の（**問い**）に答えなさい。

表2　**１Ｌあたりの気体の重さ(0℃)**

空気	ちっ素	ヘリウムガス	メタンガス	プロパンガス
1.29ｇ	1.25ｇ	0.18ｇ	0.72ｇ	2.02ｇ

（問い）　家庭用ガス警報器《けいほうき》の取り付け場所は使用するガスによって，**図３**の**A**，**B**の2か所あります。都市ガス（メタンガス）用は**A**で，プロパンガス用は**B**に設置します。その理由を**表2**をもとに説明しなさい。

図3　**家庭用ガス警報器の取り付け場所**

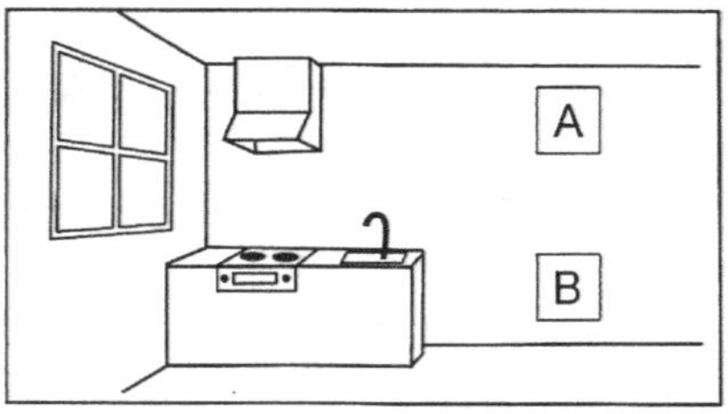

2　あきらさんと妹のあかりさんは夏休みに家族でキャンプに出かけました。
次の**1**，**2**の問題に答えなさい。

1　次の会話文を読んで，あとの（**1**），（**2**）の問題に答えなさい。

おとうさん	さあ，キャンプで試してみたかったことをやってみようか。
あきらさん	テレビで見たけど，水を入れたポリエチレンのふくろを火にかけると水が暖《あたた》められるんだって。ふくろに穴《あな》が開かないのかな。
おとうさん	試してごらん。災害の時も役に立つかもしれないよ。
あきらさん	すごいや。本当に **ア** 火にかけているのにふくろに穴が開かないよ。
あかりさん	私《わたし》はアイスクリームを作りたい。**イ** 氷に塩を加えると，アイスクリームが固まる－15℃以下になるから，材料が固まるまで冷やせるの。
おとうさん	やってみようか。塩はどれだけ加えるの？
あかりさん	おうちにあった36ｇ入りの食塩を持ってきたよ。

（**1**）　下線部**ア**「火にかけているのにふくろに穴が開かないよ」とあります。**図1**のように火にかけてもふくろに穴が開かなかったのはなぜですか。**表1**をもとにして説明しなさい。

図1　**水を入れたポリエチレンのふくろを火にかけたようす**

表1　**あきらさんが使ったポリエチレンのふくろの表示**

品質表示	
原料樹《じゅ》し	ポリエチレン
たい冷温度	-30度
たい熱温度	100度
寸《すん》法《ほう》・外形	ヨコ約260mm
	タテ約340mm
厚さ	約0.03mm

（**2**）　下線部**イ**「氷に塩を加えると，アイスクリームが固まる－15℃以下になる」とあります。あかりさんは，**資料**の材料を使って手順の通り，アイスクリームを作ろうとしましたが，うまく固まりませんでした。その原因が塩の量にあると考えたあかりさんは，家に帰ってから，氷100ｇに加えた食塩の量と温度の関係を調べ，**図2**のようにまとめました。キャンプのとき，アイスクリームがうまく固まるには，最低でもあと何ｇの食塩が必要でしたか。**図2**をもとに答えなさい。

資料　**アイスクリーム作りの材料と手順**

【材料】卵黄《らんおう》，グラニュー糖《とう》，牛乳《ぎゅうにゅう》，
生クリーム，バニラエッセンス

【手順】

①　卵黄とグラニュー糖を小さいボウルに入れて，牛乳を少しずつ加えて混ぜる。

②　大きいボウルに，氷300ｇと食塩36ｇを入れてかき混ぜる。

③　②のボウルに①のボウルを入れて生クリームとバニラエッセンスを加えてあわ立て器で混ぜる。

図2　**氷100ｇに加えた食塩の量と温度**

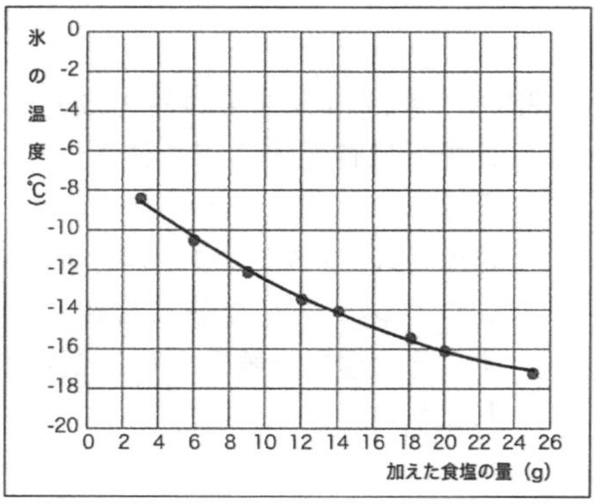

かと僕は思っていた

　負けた選手だって、子どもの頃は楽しく楽しくてしょうがなかった時代があったはずだ。負けた時は、そういう原点に立ち戻《もど》ったほうが、今後の結果はいいものにつながるはずだ。それなのに、真剣《しんけん》に反省をしたり謝罪したりするタイプの選手には、次にスランプが口を開けて待っていたりする。それは、僕自身にもそういう要素があったからこそ見えてくる姿《すがた》だった。

　一方で、オリンピックの選手村ではいろいろな発見があった。

日本選手団の外に出て、外国選手の言葉や雰囲気やノリを見ていると、日本人と外国人のものすごい違いが見えてきた。

海外の選手たちには、国を背負っているという悲壮感《ひそうかん》が少なかった。

むしろ「楽しんでやっている」ように見えた。

　その姿は「自分らしくそのまま行きゃいいよ」というノリに近い。もし、本当に苦しくなった時は、天を仰《あお》いで祈《いの》るだけ。神に自分を預《あず》けるような、そんな人もいた。なんともシンプルなのだ。失敗に対しても、ネガティブなイメージがなく「また次にやればいい」みたいな感じだろうか。チャレンジすることに価値《かち》がある、という選手も多かった。

「国を背負わない」外国人たちが、結果的にはいきいきと楽しく良い記録を出していた。

その結果、国の代表という責任も果たすという、ちょっとパラドックス〈注〉を感じる光景もずいぶん目《ま》の当たりにした。

（中公新書ラクレ 新装版「『遊ぶ』が勝ち」為末大 より）

〈注〉パラドックス…意図に反した結果

〈注意〉 ＊ と ［ ］ の欄には記入してはいけません。 ＊

※60点満点

検査問題の番号				解答を記入する欄《らん》	
3	1	(1)		ha	4点
		(2)	男	人	4点
			女	人	
		(3)		束	4点
	2	どのように国を治めたか			4点
		天皇の名前		天皇	
	3	(1)		人	4点
		(2)	投票できる人	としこ　まさき　はるこ　まこと　みなみ　かんた	2点
			立候補できる人	としこ　まさき　はるこ　まこと　みなみ　かんた	2点
		(3)			4点

＊

〈注意〉 ＊ と [　] の欄には記入してはいけません。

＊

※60点満点

検査問題の番号				解答を記入する欄《らん》		配点
2	2	(2)	記号			4点
			理由			
		(3)	気体			3点
			記号			

＊

3	1			km		3点
	2			km		3点
	3					3点
	4	(1)		と		4点
		(2)		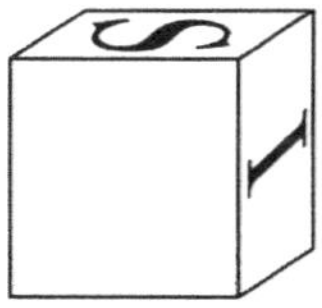		3点
		(3)	①	面		3点
			②	個		4点

＊

作文　解答用紙

※

の欄《らん》に記入してはいけません。

〔注意〕

① 題名、氏名は書かずに、一行目から書き始めること。

② 原《げん》稿《こう》用紙の正しい使い方にしたがい、文字やかなづかいも正確に書くこと。

受検番号

※

※30点満点

400字

500字

総合問題Ⅱ　解答用紙

受検番号	

検査問題の番号			解答を記入する欄《らん》	
1	1	(1)	秒	2点
		(2)	倍	3点
		(3)	m	4点
		(4)	秒	3点
	2	(1)	g	3点
		(2)		3点
		(3)		3点

＊

検査問題の番号			解答を記入する欄	
2	1	(1)		3点
		(2)	g	3点
	2	(1)		3点

＊

総合問題Ⅰ　解答用紙

受検番号	

検査問題の番号			解答を記入する欄《らん》		
1	1				2点
					2点
	2	授業1			2点
		授業2			2点
	3				5点

＊

検査問題の番号			解答を記入する欄		
2	1		t		3点
	2		km		3点
	3				3点
	4	(1)			3点
		(2)	【日本の自動車メーカーの利点】		2点
			【アメリカの利点】		2点
	5				3点

＊

問題

◎次の文章は二〇〇〇年に開催《かいさい》されたシドニーオリンピックに陸上の四〇〇mハードルで出場した為末大《ためすえだい》さんの「『遊ぶ』が勝ち」の一節です。この文章で筆者は「そういう発想は、選手として危《あぶ》ないのではないかと僕《ぼく》は思っていた。」と述べていますが、それはなぜだと思いますか。また、本文を参考に、自分自身の体験を交え、何かにチャレンジする場面で大切にしていきたいと考えることを書きなさい。ただし、文章は四百字以上五百字以内で、三段落《だんらく》構成で書くこととします。

　当時は、今とはずいぶん雰囲気《ふんいき》が違《ちが》っていた。

選手が「オリンピックを楽しんできます」と言うことなんて、許してもらえない雰囲気もあった。実際、「楽しんできます」と言った選手に、ものすごい批判《ひはん》が集まったりしていた。

もともと、国なんて背負《せお》えるものではないはずだ。

ところがオリンピックに出ると、つい背負わされてしまうのだ。

オリンピックとは、そうした雰囲気を漂《ただよ》わせている、怖《こわ》い場所でもあった。

出場選手へのインタビューでは、決意表明とでも言えるような言葉が求められていた。

多くの選手から発せられる「結果を出すべきだ」「良い結果を残さなければ」という言葉を聞くたびに、こっちの心もますます緊張《きんちょう》していった。

　勝負に負けた時、「申し訳《わけ》ない」と口にする選手もいた。

公《おおやけ》には、そう表明してもいい。裏《うら》ではちょこっと舌《した》を出しながら、表でそう語る分には心配はいらないだろう。だが、心の底から結果について「申し訳ない」と思い、謝罪して

令和四年度　仙台市立中等教育学校入学者選抜《せんばつ》適性検査（作文）

検査用紙

注意

一　指示があるまで、この「検査用紙」を開いてはいけません。

二　作文の「検査用紙」には、表紙に続き、「検査問題」があります。「解答用紙」は一枚です。

三　「始め」の指示で、「検査用紙」と「解答用紙」に受検番号を書きなさい。その後、「検査問題」に取り組みなさい。検査時間は四十分です。

受検番号	

2　次の会話文を読んで，あとの（1）～（3）の問題に答えなさい。

あきらさん	**ア**太陽がしずんで月がきれいに見えるね。
おとうさん	そうだね。暗くなってきたから，明かりをつけようか。
あかりさん	私，ランタンを作ってきたの。使ってみて。中のろうそくに火を着ければ明かりになるよ。
あきらさん	がんばって作ったね。火を着けてみようか。あれ，**イ**すぐに火が消えてしまったね。どうしてだろう。

（1）　下線部**ア**「太陽がしずんで月がきれい」とあります。あきらさんは，夏休み明けの図工の授業で，キャンプで見た日ぼつ直後の月の絵をかきました。しかし，この月の絵にはまちがいがあります。**表2**を参考に，この絵の日時の正しい月の位置と形を図で示しなさい。

図3　**あきらさんのかいた月の絵**

令和３年８月16日（月）18時30分

表2　**令和３年８月の新月と満月の日**

日	月	火	水	木	金	土
1日	2日	3日	4日	5日	6日	7日
8日	**9日/新月**	10日	11日	12日	13日	14日
15日	16日	17日	18日	19日	20日	21日
22日	23日	**24日/満月**	25日	26日	27日	28日
29日	30日	31日				

（2）　下線部**イ**「すぐに火が消えてしまったね」とあります。あかりさんが作ったと考えられるランタンは次のうちのどれですか。**図4**の**あ～う**から１つ選び，記号で答えた上で，その理由も合わせて答えなさい。ただし，ランタンは風のないところでつり下げて使うこととします。

図4

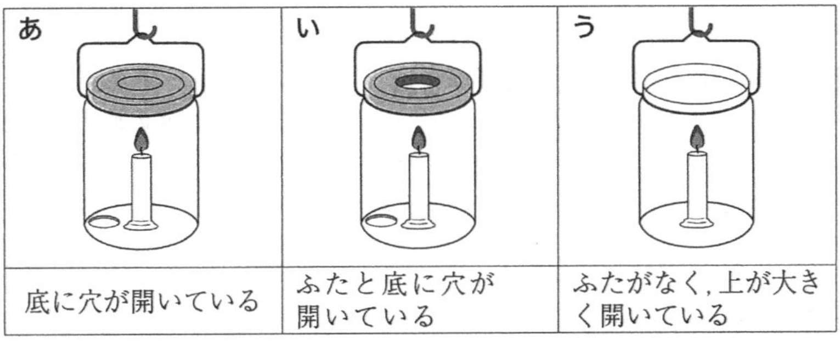

あ	**い**	**う**
底に穴が開いている	ふたと底に穴が開いている	ふたがなく，上が大きく開いている

（3）　**（2）**の火が消えてしまったランタンの中で増えた気体は何ですか。また，その気体を説明しているものとして**正しくないもの**を次の**あ～え**から１つ選び，記号で答えなさい。

あ　植物が日光に当たると多く取り入れる
い　石灰水《せっかいすい》を白くにごらせる
う　温室効果ガスの一つ
え　心臓《しんぞう》から全身に流れる前の血液中に多くふくまれている

3　ひとみさんは家族で福岡に旅行に行くことについて，ともやさんと話をしています。２人は飛行機が飛ぶ速さや高さに興味を持ち，調べることにしました。

次の**１～４**の問題に答えなさい。

ひとみさん　今度の休みに家族と福岡県に行くんだ。友達とも遊ぶ約束をしているの。仙台から福岡までは飛行機で移動するんだけど，仙台空港から福岡空港までの水平方向の道のりは1070.4㎞もあるみたい。

ともやさん　飛行機は離陸《りりく》してからどのように飛ぶのかな。

ひとみさん　飛行機は離陸《りりく》してから，こう配40％で上昇《じょうしょう》するみたい。その後，高度が10000ｍに達したら高度を保ったまま飛び，着陸のときはこう配10％で下降《かこう》するみたいだよ。

ともやさん　こう配を図で表してみるね。こう配40％だと水平方向に100ｍ進んだときは，高度が40ｍ上昇《じょうしょう》するんだったよね。計算してみると，意外に**ア**高度10000ｍに達するまでに水平方向に進んだ道のりは短いね。

ひとみさん　**イ**高度10000ｍで飛んでいる道のりを計算すると，水平方向に進んでいる道のりは長いから，空の旅が十分楽しめそうだね。

ともやさん　飛行機が時速892㎞で飛び続けたとすると，飛行機が飛んでいる時間は，1070.4÷892＝1.2となるから，１時間12分かな。

ひとみさん　**ウ**それは少しちがっているよ。１時間12分以上飛んでいるはずだよ。

１　下線部**ア**「高度10000ｍに達するまでに水平方向に進んだ道のり」とあります。**資料１**，**資料２**をもとに，高度10000ｍに達するまでの間に水平方向に進んだ道のりが何㎞になるか答えなさい。

２　下線部**イ**「高度10000ｍで飛んでいる道のり」とあります。**資料１**をもとに，高度10000ｍを飛んでいた間に水平方向に進んだ道のりは何㎞になるか答えなさい。ただし，答えは小数第一位まで表すこととします。

資料１　**仙台空港から福岡空港までの飛行機の高度と水平方向の道のりの関係**

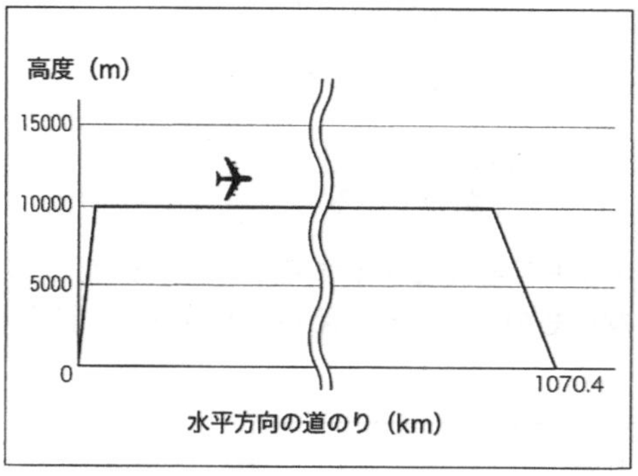

資料２　**こう配40％で上昇《じょうしょう》するときの高度と水平方向の道のりの関係**

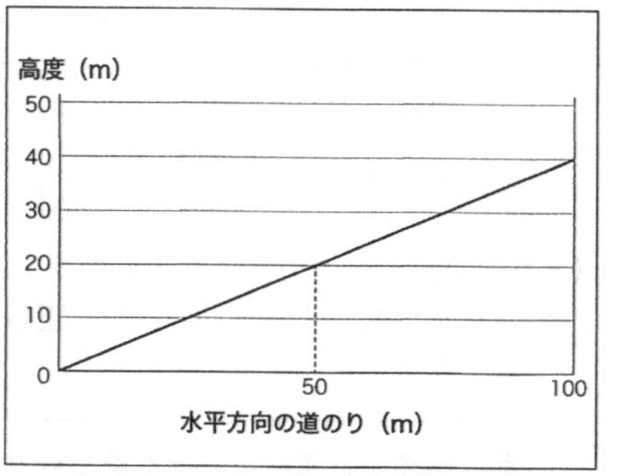

３　下線部**ウ**「それは少しちがっているよ。１時間12分以上飛んでいるはずだよ。」とあります。ひとみさんがそのように考えた理由を説明しなさい。ただし，飛行機は離陸《りりく》から着陸まで時速892㎞で飛び続けるものとします。

4　ひとみさんは，福岡に住む友達と遊ぶために，サイコロを使った問題を考えることにしました。あとの **(1)** ～ **(3)** の問題に答えなさい。

(1)　向かい合った面の目の和が７となるサイコロ８個を，**図１**のようにゆかの上に積み上げました。このとき，左と右の方向からサイコロを見たとき，左と右の縦《たて》一列の面の目の数は全て１でした。

ゆかと接している面とサイコロの面同士が接している面以外の全ての面の目の数の合計が69になるとき，**A**と**B**の面の目の数は何と何になりますか。２つの数字を答えなさい。ただし，**A**と**B**の順番は考えなくてよいこととします。

図１　**積み上げたサイコロ**

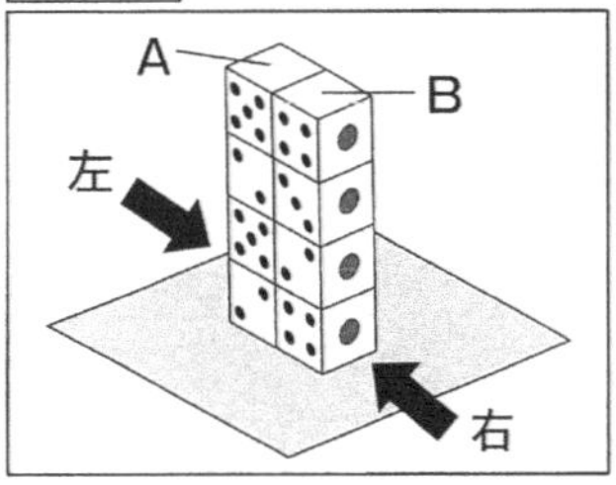

(2)　ひとみさんは**図２**のような文字が書いてある展開図《てんかいず》から，**図３**のようなサイコロを作りました。**図３**のサイコロを左から見たときに，面に書いてある文字を解答用紙に書きなさい。ただし，文字の向きも考えて答えることとします。

図２　**サイコロの展開図**

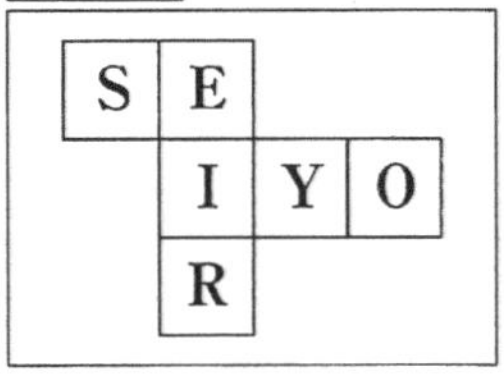

図３　**サイコロの完成図**

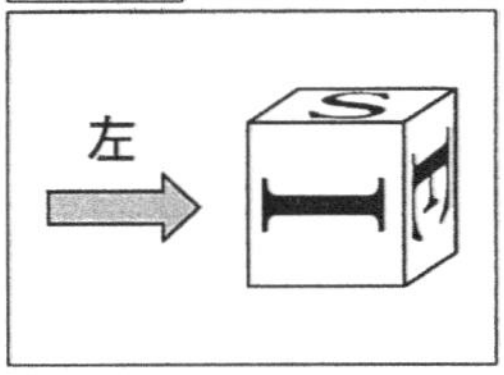

(3)　ひとみさんは**図３**のサイコロを使って，**図４**の手順にそって，10段《だん》目までサイコロを積み上げることを考えました。あとの①，②の問題に答えなさい。

①　外から見えている面のうち，Ｅ，Ｉ，Ｓが書かれている面の数は全部でいくつあるか答えなさい。

②　外から見ることのできないサイコロは全部で何個あるか答えなさい。

図４　**サイコロを積み上げた図**

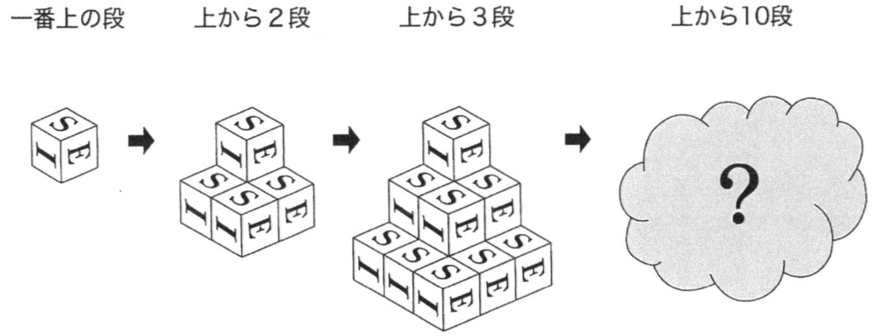

サイコロを積み上げる手順

(あ)　**一番上の段は１個，上から２段目は４個，上から３段目は９個となるように，サイコロを積み上げる。上から a 段目は（$a \times a$）個のサイコロが並《なら》ぶ。**

(い)　**一番下の段はゆかと接していて，角をそろえて，サイコロの面が接するように積み上げる。**

Taro: At school in Japan, we usually wear it on our heads in cooking class.
It's popular in Japan. This is for your dream, too.
Emma: You are kind. I'm so happy.

（この間約８秒）

次に**問題２**に移ります。
太朗さんはニュージーランドの学校で授業を見学することになりました。太朗さんが見学した２つの授業の会話を聞いて，その教室として最もふさわしいものを，下の**校舎図の あ～き から１つずつ選び**，**記号**で答えなさい。では，始めます。

授業１
Teacher: OK, class. How many legs do butterflies have?
Student: They have six. So butterflies are in the grasshopper group.
They all have three body parts.
Teacher: Good job. How about spiders? Are they in the same group, too?
Student: Yes.
Teacher: Really? Let's check their legs. Come here. This is a good microscope.
Can you see well?
Student: Yes. One, two, three, four. And four. So eight. Oh, I see.
Spiders are in the different group, right?
Teacher: You got it!

授業２
Student: Excuse me, Mr. Brown. I want to use orange. But I don't have it today.
Teacher: Oh, I see. What is your vegetable?
Student: Carrots and tomatoes.
Teacher: Don't worry. OK, everyone. Can you make orange? What colors do you use?
Let's try now.
Student: Wow. We can make many kinds of orange from red and yellow.
This orange is perfect for my carrots.

（この間約８秒）

繰り返します。

授業１
Teacher: OK, class. How many legs do butterflies have?
Student: They have six. So butterflies are in the grasshopper group.
They all have three body parts.
Teacher: Good job. How about spiders? Are they in the same group, too?
Student: Yes.
Teacher: Really? Let's check their legs. Come here. This is a good microscope.
Can you see well?
Student: Yes. One, two, three, four. And four. So eight. Oh, I see.
Spiders are in the different group, right?
Teacher: You got it!

授業２

Student: Excuse me, Mr. Brown. I want to use orange. But I don't have it today.
Teacher: Oh, I see. What is your vegetable?
Student: Carrots and tomatoes.
Teacher: Don't worry. OK, everyone. Can you make orange? What colors do you use? Let's try now.
Student: Wow. We can make many kinds of orange from red and yellow. This orange is perfect for my carrots.

（この間約８秒）

次に**問題３**に移ります。

ニュージーランド研修から半年後，今度はエマが日本にやってきました。エマはレストランで昼食をテイクアウトし，太朗さんと食べようとしています。エマと店員の会話を聞き，エマが注文した商品の合計金額を，下の **あ～え から１つ選び，記号**で答えなさい。では，始めます。

Emma: Hello. Do you speak English?
Clerk: Yes. What would you like?
Emma: I'd like pizza and a salad.
Clerk: OK. Pizza is five hundred yen and a salad is two hundred and fifty yen. How about dessert?
Emma: Do you have ice cream?
Clerk: No, but we have a special parfait today.
Emma: How much is the parfait?
Clerk: It's four hundred yen. Do you want the parfait?
Emma: Mmm… No thank you. Do you have pudding?
Clerk: Yes. It's one hundred and thirty yen.
Emma: OK. One pudding, please. How much?

（この間約８秒）

繰り返します。

Emma: Hello. Do you speak English?
Clerk: Yes. What would you like?
Emma: I'd like pizza and a salad.
Clerk: OK. Pizza is five hundred yen and a salad is two hundred and fifty yen. How about dessert?
Emma: Do you have ice cream?
Clerk: No, but we have a special parfait today.
Emma: How much is the parfait?
Clerk: It's four hundred yen. Do you want the parfait?
Emma: Mmm… No thank you. Do you have pudding?
Clerk: Yes. It's one hundred and thirty yen.
Emma: OK. One pudding, please. How much?

（この間約８秒）

これで放送による問題を終わります。次の問題に移ってください。

4　**図3**は国内自動車メーカーの自動車製造台数について，**図4**は国内自動車メーカーが，国内で生産した自動車の輸出台数について，それぞれ平成21年から平成28年まで示したグラフです。あとの（**1**），（**2**）の問題に答えなさい。

図3　**国内自動車メーカーの自動車製造台数**

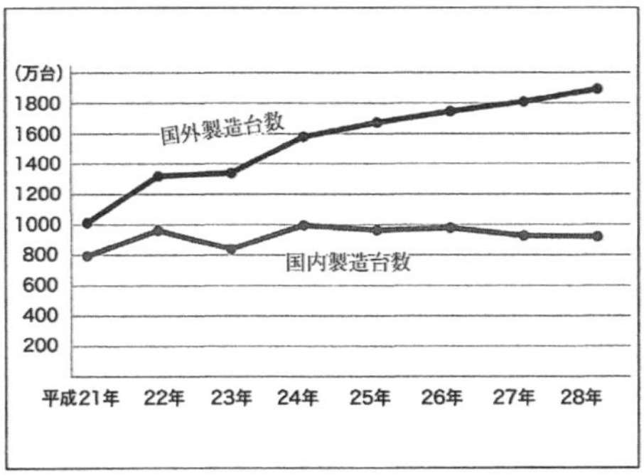

図4　**国内自動車メーカーの自動車輸出台数**

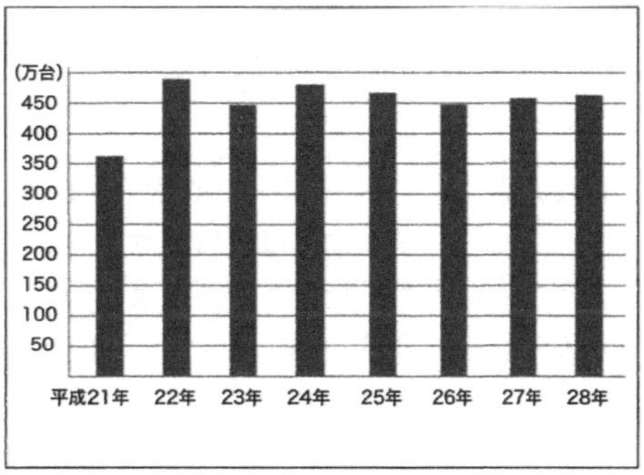

（**1**）　国内自動車メーカーの自動車製造台数と自動車輸出台数の間には，おおよそどのような関係がありますか。次の**あ～お**からあてはまるものを**すべて**選び，記号で答えなさい。

あ　国外製造台数が増えると，輸出台数が減る。
い　国外製造台数が減ると，輸出台数も減る。
う　国外製造台数は，国内製造台数や輸出台数に関わらず増加している。
え　国内製造台数が増えると，輸出台数も増える。
お　国内製造台数が増えると，輸出台数が減る。

（**2**）　**図5**は平成30年にアメリカではん売された自動車の国別メーカーの割合《わりあい》を，**表**は日本の自動車メーカーA社のアメリカ工場と従業員《じゅうぎょういん》数を示しています。**図5**と**表**をもとに，日本の自動車メーカーがアメリカで生産することの利点と，アメリカが日本のメーカーの工場を受け入れる利点をそれぞれ答えなさい。

図5　**アメリカではん売された自動車の国別メーカーの割合**

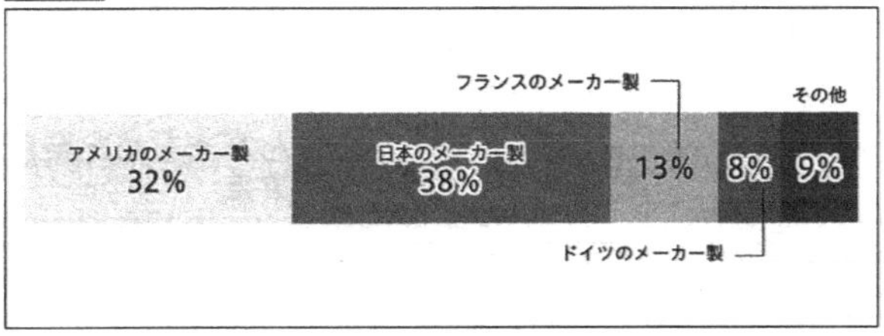

（出典　JETRO 地域分析レポート データより作成）

表　**日本のA社のアメリカ工場と従業員数**

工　場	従業員数
ケンタッキー州の工場	約7600人
インディアナ州の工場	約4800人
テキサス州の工場	約2900人
ミシシッピー州の工場	約1500人

5　下線部**エ**「自動車工場なのにパプリカも育てている」とあります。パプリカは低温としっ気《け》が苦手なので，日本では主に温室でさいばいされます。大衡村のこの工場では，工場から出た熱を工場の暖《だん》ぼうに使ったり，温室を暖《あたた》めてパプリカをさいばいしたりしています。このように，エネルギーを有効に活用することで，かん境にどのような効果をもたらすことができるか答えなさい。

3　ようたさんたちは，社会科の授業で８世紀の奈良時代の人たちの税や負担《ふたん》と出来事について調べています。

次の**１～３**の問題に答えなさい。

ようたさん	ゆうかさん，奈良時代の人たちの税や負担について調べてくれた？
ゆうかさん	調べて表と資料にまとめてみたよ。租《そ》・調《ちょう》・庸《よう》などの **ア**<u>さまざまな税や兵役《へいえき》の義務</u>があったみたい。そのかわり，当時は年れいや性別によって，田んぼがもらえたみたいだよ。資料を見れば，どれくらいもらえたか分かるよ。
かんたさん	もらえる田んぼは平等ではなかったんだね。それに税の負担にたえかねて，中にはにげ出す人もいたみたい。
ようたさん	かんたさん，出来事についてはどうだった？
かんたさん	年表を作ったけど，**イ**<u>全国各地で災害や反乱《はんらん》が起こり，社会全体に不安が広がっていた</u>ようだよ。そのころ国を治めるのも大変だったんだね。
ようたさん	今と奈良時代ではだいぶちがうね。今は **ウ**<u>政治を行う人は選挙で選ばれる</u>し，議会などの話し合いでいろいろなことが決まるからね。

表１　**ゆうかさんがまとめた表**

租	稲《いね》の収かく高の約３％を納《おさ》める。
調	織物や地方の特産物を納める。
庸	年間10日都で働くかわりに、布を納める。
兵役	都や九州を守る兵士の役を務める。

資料　**ゆうかさんがまとめた資料**

田んぼは360歩《ぶ》で１段《たん》とする。10段を１町《ちょう》とする。田んぼを与えるのは，男に２段。女は男より３分の１減らして与える。５さい以下には田んぼを与えない。

〔注〕歩，段，町とは当時の面積の単位

（出典　令義解　現代語訳）

1　下線部**ア**「<u>さまざまな税や兵役の義務</u>」とあります。**表１**や**資料**を参考に，あとの**（１）～（３）**の問題に答えなさい。

（１）　１段は現在の12ａに相当します。このとき，$\frac{38}{3}$段とは現在の何haに相当するか答えなさい。ただし，答えは小数第二位を四捨五入《ししゃごにゅう》して，小数第一位まで表すこととします。

（２）　６さい以上の７人の家族が$\frac{38}{3}$段の田んぼをあたえられたとき，男女それぞれの人数を答えなさい。

（３）　田んぼ１段につき，収《しゅう》かく高《だか》の約３％の稲を租として納めます。田んぼ１町で稲が720束《そく》収かくできたとき，**（２）**の家族が税として納める稲の合計は何束になるか答えなさい。ただし，答えは小数第二位を四捨五入して，小数第一位まで表すこととします。

〔注〕束とは当時の稲の収かく量の単位

2　下線部**イ**「<u>全国各地で災害や反乱が起こり，社会全体に不安が広がっていた</u>」とあります。この時代はどのように国を治めようとしていましたか。**表２**を参考に答えなさい。また，**表２**の**エ**に当てはまる天皇の名前を答えなさい。

表２　**かんたさんがまとめた奈良時代の主な出来事**

年	主な出来事
720	九州で反乱が起こる
724	エ 天皇が天皇の位につく
737	このころ都で病気が流行する
740	貴族《きぞく》の反乱が起こる
741	国分寺《こくぶんじ》を建てる命令を出す
743	大仏をつくるよう天皇が命令する
747	奈良で大仏づくりが始まる
749	エ 天皇が天皇の位を退く
752	大仏開眼式

3　下線部**ウ**「政治を行う人は選挙で選ばれる」とあります。ようたさんは選挙について調べ，過去の仙台市長選挙の投票率と，仙台市の世代別人口についての資料を作成しました。あとの**（1）～（3）**の問題に答えなさい。

ようたさん　仙台市長選挙の投票率を調べました。10代から30代の投票率が低いですね。
先　　　生　そうですね。それが選挙の課題の一つと言われています。
ようたさん　ぼくも自分の一票で，そんなに社会が変わることはないと思います。
先　　　生　そういう意見で投票に行かない人も多いかもしれません。でも，市長や市議会議員を選ぶのは市民です。市民は選挙によって［　**オ**　］ということになります。
ようたさん　選挙や政治について，もう少し調べてみます。

表３　**仙台市長選挙過去３回の年代別投票率(％)**

	平成21年	平成25年	平成29年
10代	－	－	31
20代	25	17	22
30代	33	21	31
40代	42	27	39
50代	53	33	48
60代	65	41	59
70代以上	54	41	54
全体	44	30	43

（出典　仙台市ホームページより作成）

図　**仙台市年代別人口比率（平成29年８月１日現在）**

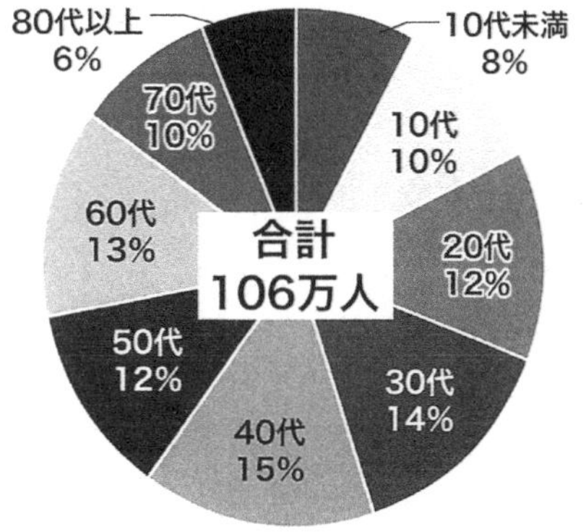

（出典　仙台市ホームページより作成）

（1）　平成29年に行われた仙台市長選挙では，20代の何人が投票に行ったと考えられますか。**表３**と**図**をもとに答えなさい。ただし，答えは上から２けたのがい数で表すこととします。なお，仙台市の総人口は106万人とします。

（2）　**表４**は仙台市内に住むかんたさんの家族を表しています。令和３年８月１日に行われた仙台市長選挙について，かんたさんの家族の中で，選挙に投票できる人と立候補《りっこうほ》できる人はだれですか。当てはまる人物について，解答用紙にある名前を**すべて**◯で囲みなさい。なお，年れい以外の投票や立候補に必要な条件は全員満たしていることとします。

表４　**かんたさんの家族（年れいは令和３年８月１日現在のもの）**

名前	としこ	まさき	はるこ	まこと	みなみ	かんた
投票日の年れい	79	55	51	26	18	12
職業	無職	弁護士	会社員	学生	高校生	中学生

（3）　選挙の目的として［　**オ**　］に当てはまる言葉を答えなさい。ただし，**政治**という言葉を用いて答えることとします。

受検番号	

令和３年度
仙台市立中等教育学校入学者選抜《せんばつ》適性検査（総合問題Ⅰ）

検　査　用　紙

注　意

１　指示があるまで，この「検査用紙」を開いてはいけません。

２　総合問題Ⅰの「検査用紙」には，表紙に続き，１ページから６ページまで「検査問題」があります。「解答用紙」は１枚です。

３　「始め」の指示で，「検査用紙」と「解答用紙」に受検番号を書きなさい。その後，「検査問題」に取り組みなさい。検査時間は４０分です。

４　解答は，すべて「解答用紙」に記入しなさい。「検査用紙」の空いているところは，自由に使ってかまいません。

1　かおりさんは，夏休みにA市に住むおばさんの家に遊びに行き，いとこのたけしさんと話をしています。
次の１～３の問題に答えなさい。

たけしさん	今日も暑いよね。
かおりさん	本当だね。私《わたし》の住んでいる仙台市も，真夏日が続いていたわ。私は，ア真夏日の日数と年間最高気温に関わりがあると思って調べてみたの。私がまとめたグラフを見て。
たけしさん	うーん，でも，イこの２つのグラフには，関わりがあるとは言えないかな。もう少しちがう考え方で調べてみたら。
かおりさん	そうだね。ほかにもいろいろと調べてみるね。そういえば，たけしさんは暑い中，毎日ランニングしているって聞いたよ。私も自転車を借りて走ってみようかな。よかったらウ走るコースを教えて。
たけしさん	いいよ。あとでコースを教えるね。エ走るコースは，毎日同じで10kmなんだ。
かおりさん	暑い日は，水分補給《ほきゅう》などじゅうぶんに気をつけて走ってね。

1　下線部ア「真夏日の日数」とあります。**資料**１をもとに，あとの（１）～（３）の問題に答えなさい。

（１）　平成11年から10年間の真夏日の日数の平均を答えなさい。ただし，答えは小数第一位まで表すこととします。

（２）　平成21年から10年間の真夏日の日数の合計は，平成11年から10年間の真夏日の日数の合計と比べると，何倍に増えているか答えなさい。ただし，答えは小数第二位を四捨五入《ししゃごにゅう》して，小数第一位まで表すこととします。

（３）　下線部イ「この２つのグラフには，関わりがあるとは言えない」とあります。たけしさんがそのように考えた理由を，次の**語句**を使って説明しなさい。ただし，**語句**はどちらも使うこととします。

語句　　**真夏日の日数**　　**年間最高気温**

資料１　かおりさんがまとめたグラフ　　仙台市の真夏日の日数　　年間最高気温の変化

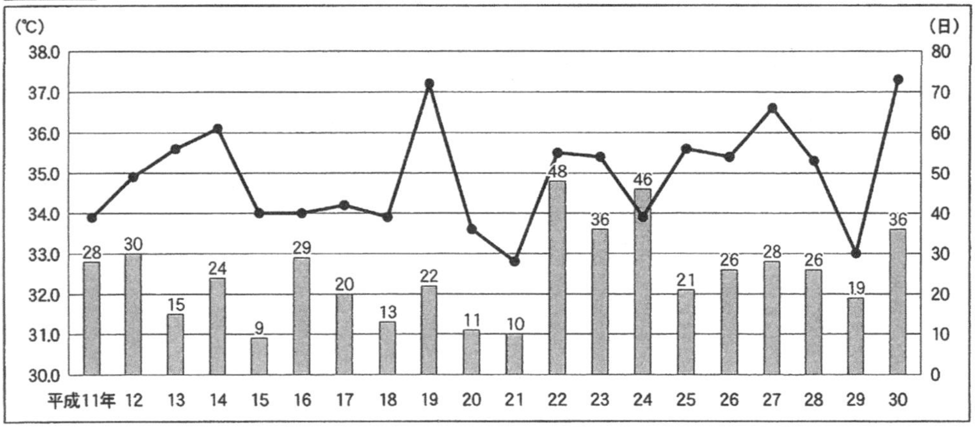

（出典　気象庁データより作成）

2　下線部**ウ**「走るコースを教えて」とあります。かおりさんは，たけしさんから走るコースの説明を聞きました。**資料2**は，その説明の一部です。**資料2**をもとに，**見本**を参考にして，たけしさんが走るコースの一部を解答用紙の**図**に記入しなさい。ただし，コースは①～⑦の順番で走ることとします。

資料2　**たけしさんが走るコースの一部の説明**

①　分かれ道を右側に進み，小学校を通過したら，交差点を左折する。
②　そのまま直進して病院を通過したら，交差点を左折する。
③　老人ホームを通過したら，交差点を右折してそのまま直進する。
④　鉄道の下の道を通ったら，交差点を右折する。
⑤　裁判《さいばん》所を通過したら，交差点を右折する。
⑥　鉄道の高か橋をわたり，市役所を通過したら，交差点を左折する。
⑦　あとはしばらくまっすぐ北に進む。

図　**A市の市街地の地図**

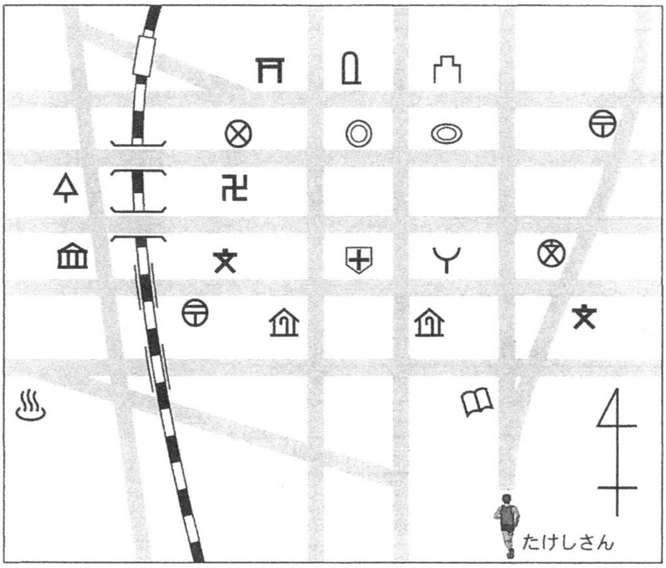

見本

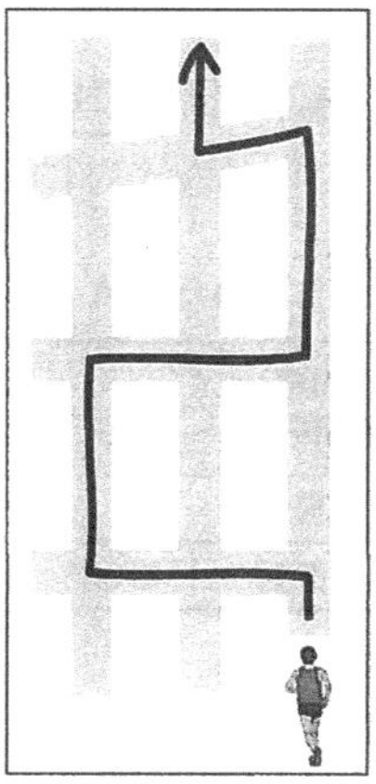

3　下線部**エ**「走るコースは，毎日同じで10km」とあります。たけしさんは，毎朝6時に自宅を出発し，50分後に自宅にもどってきます。あとの（1），（2）の問題に答えなさい。

（1）　かおりさんは，たけしさんに飲み物を届けようと，6時35分にたけしさんの自宅を自転車で出発しました。教えられたコースを逆に進むと，9分後にたけしさんと会いました。このとき，かおりさんが自転車で走った道のりは何mになるか答えなさい。ただし，たけしさんとかおりさんがそれぞれ走る速さは一定で，信号で止まる時間は考えないものとします。

（2）　別の日，たけしさんはいつものように自宅を出発したところ，コースのと中で友だちと出会いました。5分間立ち止まって話をしたあと，二人で話をしながら1分間に40mの速さで500m歩いたところで友だちと別れ，そこからいつもと同じ速さで走りました。たけしさんが自宅にもどってきた時刻《じこく》は何時何分になるか答えなさい。ただし，たけしさんが走る速さは一定で，信号で止まる時間は考えないものとします。

2　ゆうたさんとなおみさんのクラスでは，社会の授業で「日本の国土や都道府県について調べよう」という課題に取り組んでいます。

次の１～４の問題に答えなさい。

ゆうたさん	ぼくは，父の仕事の関係で，出身地から仙台市に引っこしてきたんだけど，都道府県の移動人口がどうなっているか知りたくて，調べたことをまとめてみたよ。ちなみに，ぼくの出身地から宮城県に移動した人の数と，宮城県からぼくの出身地に移動した人の数の差を調べたら，ア20人以下だったよ。
なおみさん	そうなんだ。私も気づいたんだけど，東京都には，イ他の都道府県にはない特ちょうがあるみたいね。
ゆうたさん	よく気づいたね。
なおみさん	それと，ウ都道府県の特ちょうについて，私もまとめてみたよ。
ゆうたさん	よし，じゃあぼくは，エ日本の国土についても調べてみるよ。

1　下線部ア「20人以下だった」とあります。ゆうたさんの出身地を，**表１**の都道府県から１つ選び，**A～D**の記号で答えなさい。

2　下線部イ「他の都道府県にはない特ちょう」とあります。**表１**をもとに，東京都の移動人口の特ちょうについて説明しなさい。

表1　ゆうたさんがまとめた移動人口（平成27年度）

転出前の都道府県	転入後の都道府県					
	宮城県	東京都	A	B	C	D
宮城県	－	20078	5750	965	478	228
東京都	17095	－	6523	11506	4717	4438
A	10324	8834	－	388	304	180
B	1047	13169	306	－	505	1744
C	493	6147	207	574	－	274
D	264	5167	154	2300	275	－

（単位：人）

（出典　総務省統計局「平成27年国勢調査」より作成）

3　下線部ウ「都道府県の特ちょう」とあります。ゆうたさんが調べた**表１**の**A～D**の都道府県の特ちょうについて，なおみさんが**表２**にまとめました。**表２**の空らんにあてはまるものを，**語群**からそれぞれ１つずつ選び，**あ～え**の記号で答えなさい。ただし，同じ記号を２回以上使ってもかまいません。

表2　なおみさんがまとめた都道府県の特ちょう

	都道府県名	地図	土地の特色や産業	土地の文化・歴史など
A	あ			
B		え		
C			あ	
D				あ

受検 番号	

令和３年度
仙台市立中等教育学校入学者選抜《せんばつ》適性検査（総合問題Ⅱ）

検　査　用　紙

注　意

1　指示があるまで，この「検査用紙」を開いてはいけません。

2　総合問題Ⅱの「検査用紙」には，表紙に続き，１ページから６ページまで「検査問題」があります。「解答用紙」は１枚です。

3　「始め」の指示で，「検査用紙」と「解答用紙」に受検番号を書きなさい。その後，「検査問題」に取り組みなさい。検査時間は４０分です。

4　解答は，すべて「解答用紙」に記入しなさい。「検査用紙」の空いているところは，自由に使ってかまいません。

1　えみこさんとたくやさんは，学校行事の農業体験活動に参加するために山形県にある農場に行きました。
次の１～３の問題に答えなさい。

えみこさん　広い畑ね。いろいろな野菜が植えてあるよ。花も咲いている。花の周りには，アゲハチョウが飛んでいるよ。

野菜のなえ

たくやさん　本当だ。自然豊かな場所だから，ほかにも**ア**いろいろなこん虫がいるかもしれないね。

えみこさん　どんなこん虫がいるかな。探《さが》しながら畑を観察しようよ。

たくやさん　そうだね。ぼくは絵が得意だから，見つけたこん虫をスケッチするよ。あとで，えみこさんが見つけたこん虫を教えて。

えみこさん　わかった。あっ見て。これから植える**野菜のなえ**をよく見ると，どの葉も重ならないように生えているわ。

先　　生　どの葉にも日光が当たるように生えているんだよ。ヨウ素液を使った実験で学んだように，**イ**葉に日光が当たると，□が作られるからね。でも，それだけではないんだよ。学校にもどってから日光と植物のはたらきを調べる実験をしてみましょう。

1　下線部**ア**「いろいろなこん虫」とあります。たくやさんは，スケッチしたこん虫を，育ち方に注目して**図１**のようにAとBに分けました。えみこさんが見つけた**図２**のセミは，**図１**のA，Bどちらに入りますか。記号で答えた上で，その理由も合わせて答えなさい。

図1　たくやさんがスケッチしたこん虫

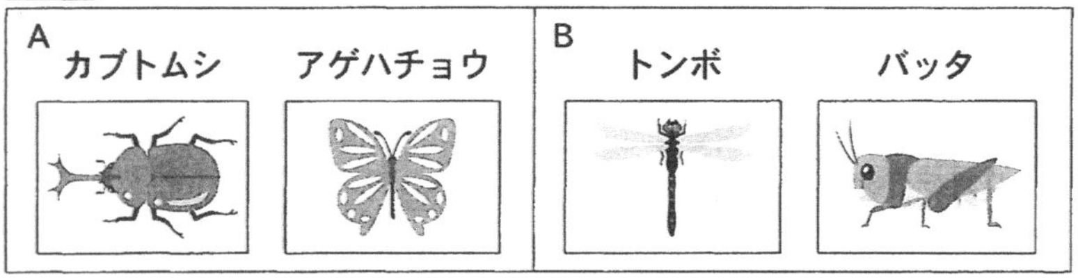

図2　セミ

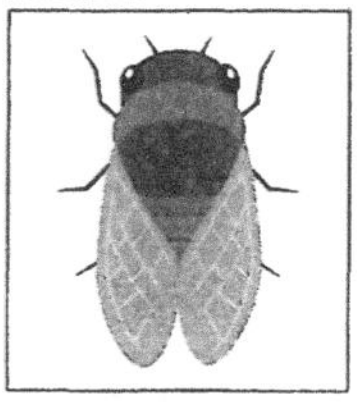

2　下線部**イ**「葉に日光が当たると，□が作られる」とあります。□にあてはまる言葉を答えなさい。

3　えみこさんとたくやさんは，学校にもどって日光と植物のはたらきを調べる実験をしました。あとの（１）～（４）の問題に答えなさい。

【手順】

①　植物にしぼませたポリエチレンのふくろをかぶせ，ふくろの口の部分をひもでとめる。次にふくろにあなを開け，ストローを使って**ウ**息をふきこみ，その空気を４～５回吸《す》ったりはいたりした後，ふくろをふくらませた状態でストローをぬいてあなをふさぐ。

② ふくろの中の空気について，気体検知管で酸素と二酸化炭素それぞれの体積の割合《わりあい》を調べる。

③ 1時間ぐらい日光に当てる。

④ ふくろの中の空気について，気体検知管で酸素と二酸化炭素それぞれの体積の割合を調べる。

⑤ **図3**のように箱をかぶせて，次の日まで暗い場所に置いておく。

⑥ ふくろの中の空気について，気体検知管で酸素と二酸化炭素それぞれの体積の割合を調べる。

図3

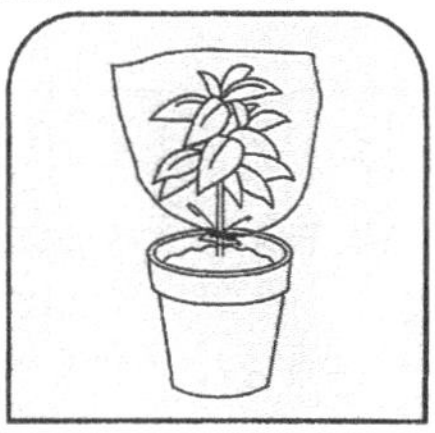

（1） 下線部**ウ**「息をふきこみ，その空気を4～5回吸ったりはいたりした」とあります。この手順を行うと，ふくろの中の空気はどのように変化するか答えなさい。

（2） たくやさんは実験の結果を表にまとめました。**手順②の結果**から**手順④の結果**に変化した理由を説明しなさい。

表 **気体検知管を使って体積の割合を調べた結果**

	酸素	二酸化炭素
手順②の結果	16％ぐらい	5％ぐらい
手順④の結果	18％ぐらい	3％ぐらい

（3） **表の手順④の結果**で，酸素の体積の割合を「18％」と読んでいる気体検知管はどれですか。次から1つ選び，**ア～エ**の記号で答えなさい。

ア

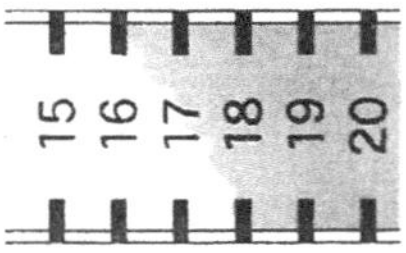

イ

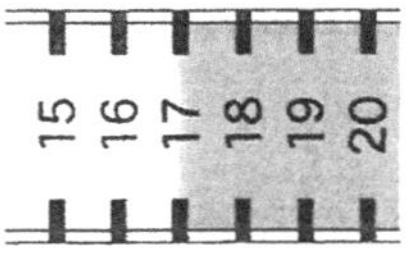

ウ

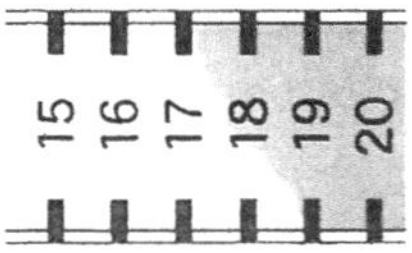

エ

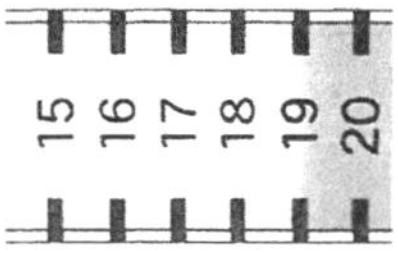

（4） **手順⑥の結果**は，**手順④の結果**と比べてどのように変化しますか。次の**ア～オ**から1つ選び，記号で答えた上で，その理由も合わせて答えなさい。

ア 酸素の体積の割合は増え，二酸化炭素の体積の割合は減った。
イ 酸素の体積の割合は減り，二酸化炭素の体積の割合は増えた。
ウ 酸素の体積の割合も，二酸化炭素の体積の割合も増えた。
エ 酸素の体積の割合も，二酸化炭素の体積の割合も減った。
オ 酸素の体積の割合も，二酸化炭素の体積の割合も変わらない。

2　みどりさんとまゆみさんのクラスは，リサイクル施設《しせつ》の見学に行きました。見学のあと学校にもどり，２つの班《はん》に分かれてそれぞれテーマを決め，見学のまとめを作成しています。

次の１，２の問題に答えなさい。

１　みどりさんの班は，物の体積と重さを調べることにしました。次の会話文を読んで，あとの（１），（２）の問題に答えなさい。

みどりさん	リサイクル施設には，いろいろな物が運びこまれていたね。
まもるさん	空きかん，空きビン，新聞紙やペットボトルなどがあったよ。作業員の方は，物によって重さが全然ちがうって教えてくれたよね。
みどりさん	そうだったね。私たちの班は物によってどのようなちがいがあるのか，身近な物で具体的に調べてみようよ。

（１）　みどりさんの班は，**表**の①～④の体積と重さを量りました。①～④の体積を同じにしたとき，２番目に重い物を1つ選び，番号で答えなさい。

表　**みどりさんの班が調べた物の体積と重さ**

調べた物	体積(㎤)	重さ(g)
① アルミニウム	8	21.6
② ポリエチレンテレフタレート	62	86.8
③ 鉄(スチール)	2	15.8
④ ガラス	105	262.5

[注] ポリエチレンテレフタレートとは，ペットボトルの原材料のこと

（２）　みどりさんが理科室で見つけた物を量ると，体積が13㎤，重さが35.1ｇでした。みどりさんが見つけた物と同じ物を，**表**から１つ選び，①～④の番号で答えなさい。

２　まゆみさんの班は，磁石《じしゃく》の性質について調べることにしました。次の会話文を読んで，あとの（１），（２）の問題に答えなさい。

まゆみさん	リサイクル施設では，アルミかんとスチールかんを選別する機械があったけど，どうやって分けているのかな。
じゅんさん	リサイクル施設のパンフレットによると，磁石が使われているみたいだよ。
まゆみさん	じゃあ，磁石の性質についてくわしく調べてみましょうよ。

（１）　リサイクル施設のパンフレットにのっていた**図１**を見て，機械がアルミかんとスチールかんを選別できるしくみについて説明しなさい。

てくるように思います。

たとえば、身近なところに将来の職業があるという意味で、親の仕事は継《つ》ぎやすいということはあると思います。もともとあるものに関して、人は意外とありがたみを感じないものですが、大変さも含《ふく》めて雰囲気《ふんいき》を知っていることは強みです。

自分の好きなことを見つけたり、知ったりすることは、とても大切なことです。どこまで好みを貫《つらぬ》くかも自分で決めていくことだから大事です。

将来やりたいことを探《さが》すためには時間が必要です。自分の向き不向きを見極《みきわ》めていくのはいくら早くてもいいんです。夢と自分との距離《きょり》が開き過ぎていると難しいと思うし、それでも切り拓《ひら》ける人はいるけど大変です。

何事も一日にしてならず、ですから。少なくとも今まで積み上げてきたものがどんな人にもあって、十歳《さい》には十歳の、十五歳には十五歳の積み重ねがあるでしょう。それを親にお願いしてでも見てもらってほしいし、自分でも見つめてほしいです。それだけでも相当なことが分かると思います。もうその人の得意なことは十歳でも明らかに出現していますから。

そうやって、小学校、中学校、高校と将来のことが、だんだんとリアルになっていくのが理想的な形なのかなと思います。

本当に自分にぴったりの仕事というのも、探していけば必ずみつかります。

（ちくまプリマー新書『おとなになるってどんなこと？』吉本ばなな より）

〈注〉範疇…同じようなとくちょうのものがふくまれる範囲《はんい》。

※60点満点

意＞ ＊ と □ の欄には記入してはいけません。　＊

検査問題の番号			解答を記入する欄《らん》				
2	1						2点
	2						3点
	3		都道府県名	地図	土地の特色や産業	土地の文化・歴史など	
		A	あ				3点
		B		え			3点
		C			あ		3点
		D				あ	3点
	4	（1）					4点
		（2）	cm				3点

＊

3	1								4点
	2	兆　億円							3点
	3	A		B		C		D	2点×4

＊

※60点満点

注意＞ ＊ と の欄には記入してはいけません。

＊

検査問題の番号			解答を記入する欄《らん》				
2	2	(2)	A		B		4点
			理由				

＊

3	1	(1)	あ				2点
			い				2点
			う				2点
			え				2点
		(2)	A3用紙	枚	A4用紙	枚	3点
	2	(1)	①	㎠			3点
			②	の方が		㎠大きい。	5点
		(2)	①	(㎝,	㎝,	㎝)	3点
				(㎝,	㎝,	㎝)	3点
			②				3点

＊

作文　解答用紙

※

※の欄《らん》に記入してはいけません。

〔注意〕

① 題名、氏名は書かずに、一行目から書き始めること。

② 原稿《げんこう》用紙の正しい使い方にしたがい、文字やかなづかいも正確に書くこと。

受検番号

※

※30点満点

００字 →

５００字

総合問題Ⅱ　解答用紙

受検番号	

検査問題の番号				解答を記入する欄《らん》
1	1	記号		
		理由		
	2			
	3	(1)		
		(2)		
		(3)		
		(4)	記号	
			理由	

＊

2	1	(1)	
		(2)	
	2	(1)	

＊

総合問題Ⅰ　解答用紙

受検番号	

検査問題の番号			解答を記入する欄《らん》	
1	1	(1)	日	
		(2)	倍	
		(3)		
	2		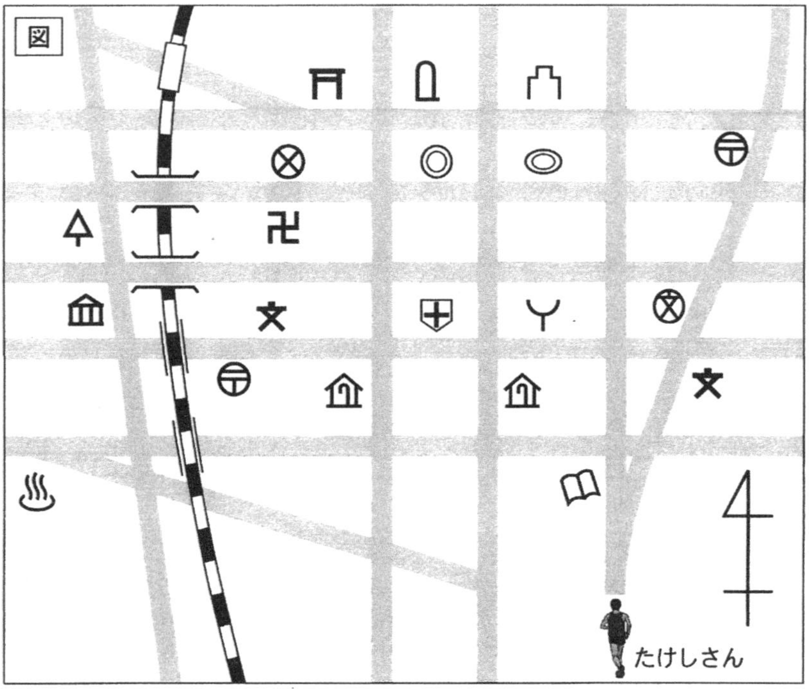	
	3	(1)	m	
		(2)	時　分	

*

問題

◎次の文章は、吉本《よしもと》ばななさんの『おとなになるってどんなこと？』の一節です。この文章で筆者は、「『将来《しょうらい》』のことを考える」とは、どのようなことだと述べていますか。また、筆者の考えを参考に、あなたが「将来」のことを考えるときに大事にしたいことについて、体験を交えながら書きなさい。ただし、四百字以上五百字以内で、三段落《だんらく》構成で書くこととします。

「将来」のことを考えるということは、○○になりたいという「夢」のことだと思う人は多いでしょう。

たとえば、自分は人より少しかわいいし、少し歌も上手《うま》いからアイドルになりたい、なれるんじゃないか……とか。

もちろん可能性はゼロではないけれど、アイドルになるような人は、小さい時から人を集めて歌っていたり、かわいくて注目されたりしています。気がついた時にはとっくに道ができていると思うんです。

夢を持つということは素敵《すてき》なことですが、何もないところに道を作るのは大変なことです。そういう意味で、自分の身の回りや興味の（注）範疇《はんちゅう》にないものを将来像として願っていても、あまり現実的ではないように思います。それに、今まで自分が好きだったことやものを全部否定《ひてい》することにもなってしまいます。

私は基本的に、それはあまりしてほしくないと思っています。これまで自分が積み上げてきたものが、今の自分を作っているので、それを生かすということにもっと目を向けてほしいです。

令和三年度　仙台市立中等教育学校入学者選抜《せんばつ》適性検査（作文）

検査用紙

注意

一　指示があるまで、この「検査用紙」を開いてはいけません。

二　作文の「検査用紙」には、表紙に続き、「検査問題」があります。「解答用紙」は一枚です。

三　「始め」の指示で、「検査用紙」と「解答用紙」に受検番号を書きなさい。その後、「検査問題」に取り組みなさい。検査時間は四十分です。

受検番号	

図1 空きかんを選別する機械の断面図

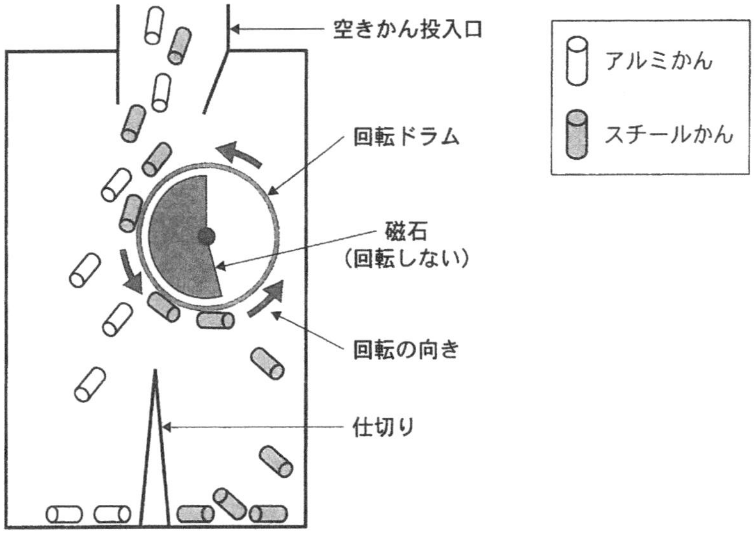

（2） まゆみさんの班は，**図2**のような手順で実験を行いました。**手順3**の結果，方位磁針《じしん》A，Bの針《はり》はどのような向きになりますか。あてはまるものを，**図3**からそれぞれ1つずつ選び，**ア～エ**の記号で答えた上で，その理由も合わせて答えなさい。なお，同じ記号を使ってもかまいません。また，**図2**，**図3**はすべて真上から見たものとします。

図2

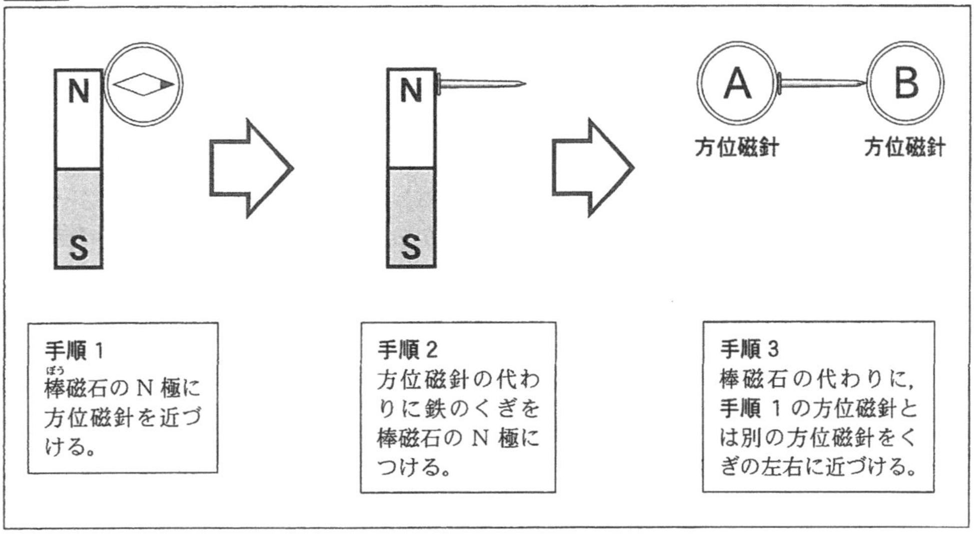

図3

3　さとしさんとみちこさんは，それぞれが考えた算数の問題を，冊子《さっし》にまとめようとしています。使用するＡ３用紙は，Ａ４用紙を２枚並べた大きさです。
次の１，２の問題に答えなさい。

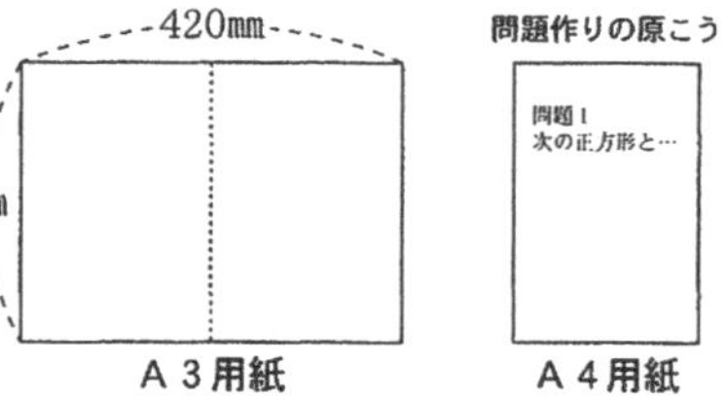

1　さとしさんとみちこさんが，**説明書**を見て冊子の作り方について話をしています。あとの（１），（２）の問題に答えなさい。

説明書　**【例】Ａ３用紙を３枚使ってＡ４用紙サイズの冊子を作るとき**

① Ａ４用紙に書いた原こう12枚を，12ページと１ページ，２ページと11ページ…となるように並《なら》べ，Ａ３用紙３枚の表と裏《うら》に印刷する。
② 印刷したＡ３用紙を３枚重ねて２つに折る。折り目を左側にすると，表の面が１ページになる。
③ 矢印の向きに開くと，左側が２ページ，右側が３ページ，順に４ページ，５ページ…，となる12ページの冊子ができあがる。

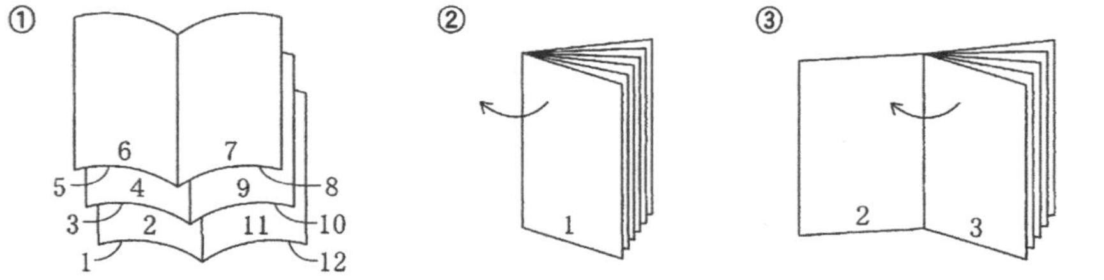

みちこさん　Ａ３用紙を５枚使うと，［あ］ページ分の冊子になるね。
さとしさん　そのときは，４ページと［い］ページを並べて印刷しないといけないね。
みちこさん　今のところ，原こうは25ページ分だから，Ａ３用紙は少なくとも［う］枚必要になるよね。でも，何も印刷されない白紙のページが［え］ページ分できてしまうから，白紙のページを少なくできないかしら。
さとしさん　**図１**のようにＡ３用紙１枚のかわりにＡ４用紙１枚を冊子の真ん中にはさむと白紙のページを減らすことができるよ。
みちこさん　そうか。そうすると，この場合は白紙のページは１ページ分だけですむね。

図１

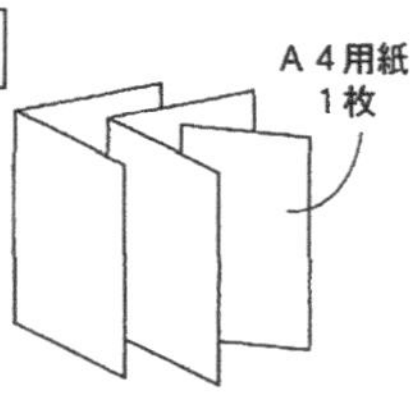

（１）［あ］～［え］にあてはまる数を答えなさい。

（２）　２人が用意した問題の原こうは34ページ分になりました。なるべく白紙のページを作らずに140人分の冊子を作るためには，Ａ３用紙とＡ４用紙はそれぞれ何枚必要になるか答えなさい。ただし，Ａ４用紙を使う場合は，冊子１冊あたり１枚のみを使うこととし，原こうに使ったＡ４用紙はふくまないものとします。

2　さとしさんとみちこさんが，それぞれ考えた算数の問題について話をしています。あとの（1），（2）の問題に答えなさい。

みちこさん	私は，ア正方形と円の間の面積を求める問題を考えたわ。面積を求めるにはちょっとした工夫が必要なの。
さとしさん	ぼくは，イ三本の棒で三角形を作る問題を考えているんだ。２cm，３cm，４cmの棒を使うと三角形が作れるけど，２cm，３cm，６cmの棒では三角形が作れないんだよね。
みちこさん	どうしてかな。三角形が作れるときには，ウ棒の長さに決まりがあるのかしら。

（1）　下線部ア「正方形と円の間の面積を求める問題」とあります。**図2**のように１辺が４cmの正方形ＡＢＣＤの内部に中心がＯである半径２cmの円があり，辺ＡＢ，ＢＣ，ＣＤ，ＤＡのそれぞれの真ん中の点を通っています。また，円の内部には正方形ＥＦＧＨがあり，正方形の各頂点は円の周上にあります。あとの①，②の問題に答えなさい。ただし，円周率は3.14とします。

①　正方形ＡＢＣＤと円の間の ■ の部分の面積を求めなさい。ただし，答えは小数第二位まで表すこととします。

②　①で求めた ■ の部分の面積をあ，円と正方形ＥＦＧＨの間の □ の部分の面積をいとするとき，あといではどちらの方が何㎠大きいか答えなさい。ただし，答えは小数第二位まで表すこととします。

図2

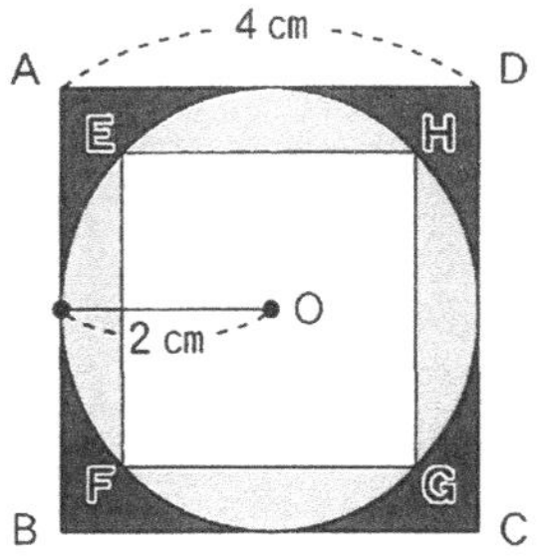

（2）　下線部イ「三本の棒で三角形を作る問題」とあります。２cm，３cm，４cm，６cm，８cmの棒が１本ずつあり，その５本の棒の中から３本の棒を使って，三角形を作るとき，あとの①，②の問題に答えなさい。

①　さとしさんは，２cm，３cm，４cmの棒を使って**図3**の三角形を作りました。このほかに，三角形を作れる３本の棒の長さの組を２つ答えなさい。ただし，棒は，はしとはしをくっつけることとし，太さは考えないものとします。

図3

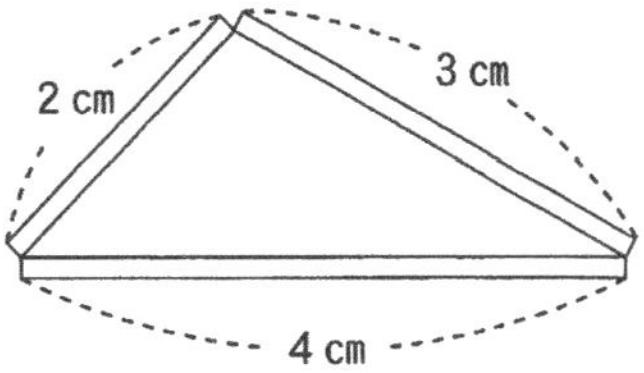

②　下線部ウ「棒の長さに決まり」とあります。３本の棒で三角形が作れるときの，３本の棒の関係について，次の □ にあてはまる言葉を答えなさい。ただし， □ には同じ言葉が入ります。

最も長い棒の長さと， □ の長さを比べたとき， □ の長さの方が長くなるときに三角形が作れる。

語群 表に入る語句や説明

都道府県名

あ　青森県《あおもり》	い　岐阜県《ぎふ》	う　広島県《ひろしま》	え　長崎県《ながさき》

地図

あ

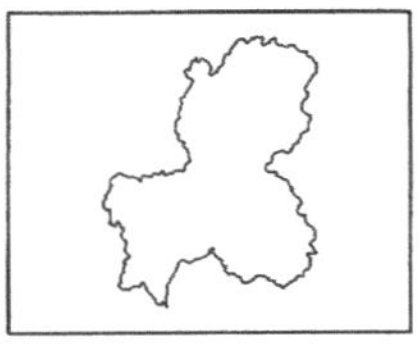

い

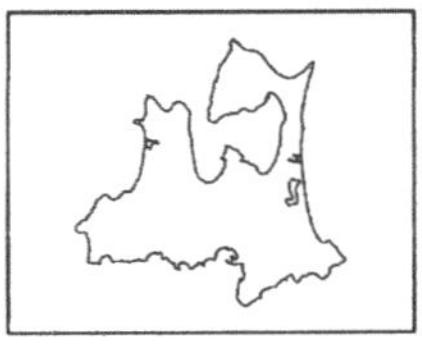

う

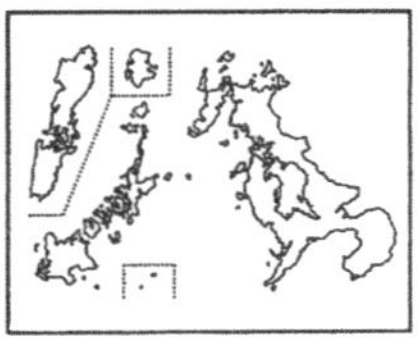

え

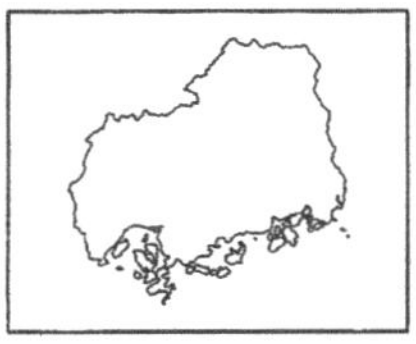

土地の特色や産業

あ　海や川よりも低い土地で，堤防《ていぼう》に囲まれた輪中《わじゅう》と呼ばれる地域での農業がさかん。
い　養しょく漁業やさいばい漁業などの「つくり育てる漁業」とりんごさいばいがさかん。
う　カキの養しょくや，海に面した地域での自動車，造船，鉄鋼《てっこう》などの工業がさかん。
え　大陸だなが広がり，魚の種類が豊富で，近海での沖合《おきあい》漁業がさかん。

土地の文化・歴史など

あ　南蛮《なんばん》貿易が行われた。鎖国《さこく》のころに外国との貿易が許された出島《でじま》がある。
い　日本三景の１つとして知られる「安芸《あき》の宮島《みやじま》」には，厳島《いつくしま》神社がある。
う　白川《しらかわ》村の集落は世界遺産《いさん》としても有名である。
え　縄文《じょうもん》時代の三内丸山《さんないまるやま》遺跡《いせき》がある。

4　下線部エ「日本の国土」とあります。**表３**をもとに，あとの（１），（２）の問題に答えなさい。

（１）　日本の海岸線の長さが，他の国々と比べて長い理由について説明しなさい。ただし，説明には，日本の国土の特ちょうを２つ以上入れて答えることとします。

（２）　**図**のように，日本の国土の面積を10cm×10cmの正方形で表したとき，日本の森林面積は，□cm×□cmほどになります。**表３**の日本の国土に対する森林の割合《わりあい》をもとに，□に入る数字を答えなさい。ただし，□には同じ数字が入ることとし，答えは小数第一位まで表すこととします。

表3　ゆうたさんがまとめた国土の特ちょう

国名	国土の面積（万㎢）	海岸線の長さ（㎞）	国土に対する森林の割合（%）
日本	37.8	35307	68.5
アメリカ	962.9	19924	33.9
中国	960.0	14500	22.4
ブラジル	851.5	7491	58.9

（出典　国土交通省ホームページより作成）

図　国土に対する森林の割合

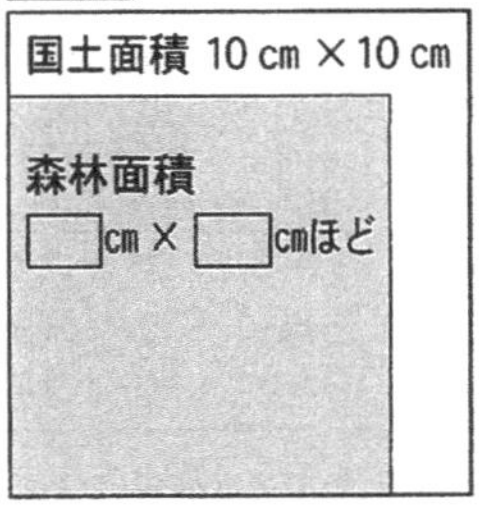

3　小学校６年生のまりなさんとたくみさんのクラスでは，「わたしたちの生活と政治」について学習しています。
次の１～３の問題に答えなさい。

まりなさん	令和元年の10月に消費税が10％になったね。
たくみさん	うん。ア平成元年に３％だった消費税率は，30年後に10％になったんだ。
まりなさん	私たちも買い物をすると消費税をはらっていることになるんだ。
たくみさん	そうだね。ところで，国の収入《しゅうにゅう》は，消費税だけではなくて，イいろいろな税金があることを授業で習ったね。
まりなさん	うん。それに国の収入の約３分の１は借金だというのも心配だなあ。
たくみさん	収入に借金が多いということは，そのぶん借金を返すための支出が必要になるということだもんね。ウ国の予算がどのように使われるのかも気になるね。
まりなさん	そうだね。支出で最も多いのは，医療《いりょう》や健康診断《しんだん》などの社会保障《ほしょう》の費用だね。次に借金を返したり利子《りし》をはらったりするための費用で，少ないのは，道路の整備や教育にあてる費用みたいだよ。
たくみさん	そうか。ぼくたちがじゅうぶんに学べなくなったら困《こま》るなあ。
まりなさん	私が調べた資料によると，社会保障や借金を返したり利子をはらったりする費用，それに都道府県や市区町村の財政をおぎなうための費用を合わせると，支出の約７割だって。
たくみさん	国の税金の集められ方や使われ方は，国民の代表である国会議員が国会で話し合って決められるから，生活と政治のつながりに関心を持つことが大事だね。

1　下線部ア「平成元年に３％だった消費税率は，30年後に10％になった」とあります。まりなさんは，年代別の人口の割合の変化と消費税率の変化について調べました。**資料１**，**資料２**をもとに，消費税率が上がった理由を説明しなさい。ただし，**資料１**では，15～64才を「働く人」とし，65才以上を「高れい者」とします。

資料1　**年代別人口の割合と消費税率の変化**

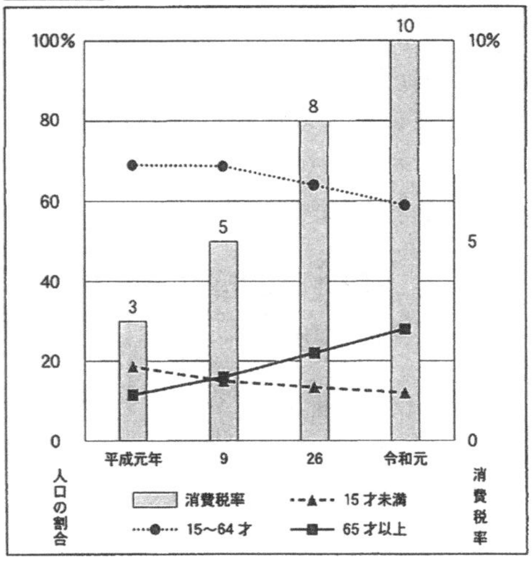

（出典　総務省「平成28年度情報通信白書」より作成）

資料2　**税金の種類**

消費税	物を買ったときにかかる税金。
所得税	働く人の収入にかかる税金。
法人税	会社のもうけにかかる税金。

2　下線部イ「いろいろな税金がある」とあります。**資料3**をもとに，国の収入にしめる税金は何兆何億円か答えなさい。ただし，答えは四捨五入して，上から6けたのがい数で答えなさい。

資料3　**国の収入（平成29年度）**

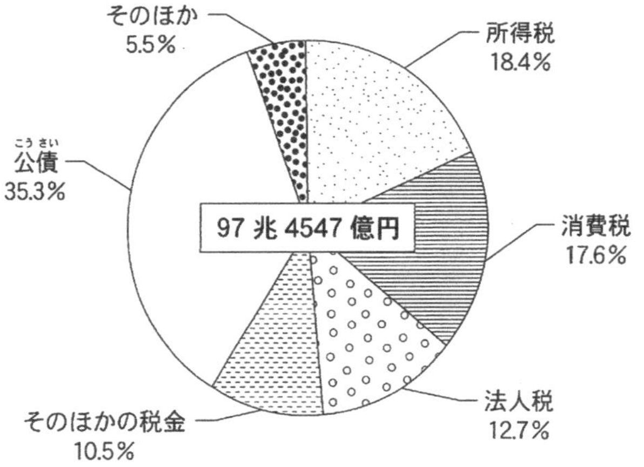

［注］公債とは，国や地方公共団体の借金のこと
（出典　財務省「平成29年度日本の財政関係資料」より作成）

3　下線部ウ「国の予算がどのように使われるのか」とあります。**資料4**のグラフのA～Dにあてはまるものを，次からそれぞれ1つずつ選び，①～④の番号で答えなさい。

①　国の借金を返したり利子をはらったりする　②　私たちの健康や生活を守る
③　教育や科学技術をさかんにする　④　都道府県や市区町村の財政をおぎなう

資料4　**国の支出（平成29年度）**

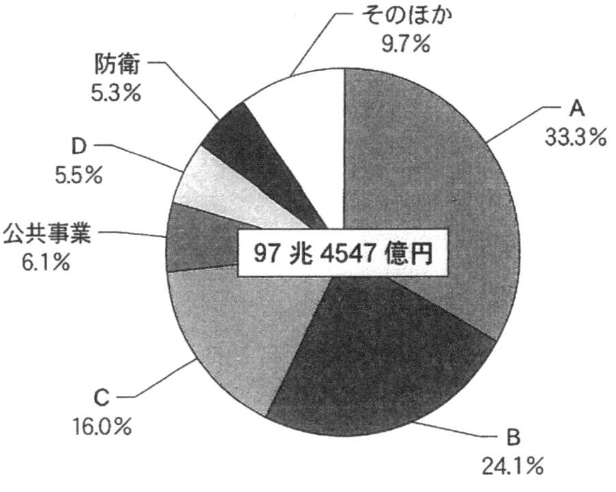

（出典　財務省「平成29年度日本の財政関係資料」より作成）

受検番号	

令和２年度

仙台市立中等教育学校入学者選抜《せんばつ》適性検査（総合問題Ⅰ）

検　査　用　紙

注　意

1　指示があるまで，この「検査用紙」を開いてはいけません。

2　総合問題Ⅰの「検査用紙」には，表紙に続き，１ページから６ページまで「検査問題」があります。「解答用紙」は１枚です。

3　「始め」の指示で，「検査用紙」と「解答用紙」に受検番号を書きなさい。その後，「検査問題」に取り組みなさい。検査時間は４０分です。

4　解答は，すべて「解答用紙」に記入しなさい。「検査用紙」の空いているところは，自由に使ってかまいません。

1　仙台青陵中等教育学校では，毎年秋に泉ヶ岳《いずみがたけ》から学校まで歩く「秋に鍛《きた》えよう～歩こう会～」を行っています。学校から出発地点に向かうバスの中で，みなみさんとあきなさんが会話をしています。

次の１～３の問題に答えなさい。

みなみさん	いよいよ歩こう会が始まったね。天気が良いとうれしいな。
あきなさん	そうだね。私は，山の紅葉《こうよう》を楽しみにしていたんだけど，アまだ色づき始めていないみたい。
みなみさん	確かに，紅葉にはまだ早いかもしれないね。ところで，泉ヶ岳の方を見て。残念だけど，イ天気は悪そうだね。
あきなさん	そういえば，今朝《けさ》の天気予報でも，天気は下り坂で気温も低くなるって言ってたなあ。ウ出発地点の気温は何度なのかな。

1　下線部ア「まだ色づき始めていない」とあります。**資料１**は，紅葉の見ごろを予想したものです。紅葉の見ごろが，日本列島の北の方が早く，南の方が遅い理由を，**資料１**，**資料２**をもとに説明しなさい。

資料１　紅葉の見ごろ予想（カエデ）　［注］札幌はヤマモミジ

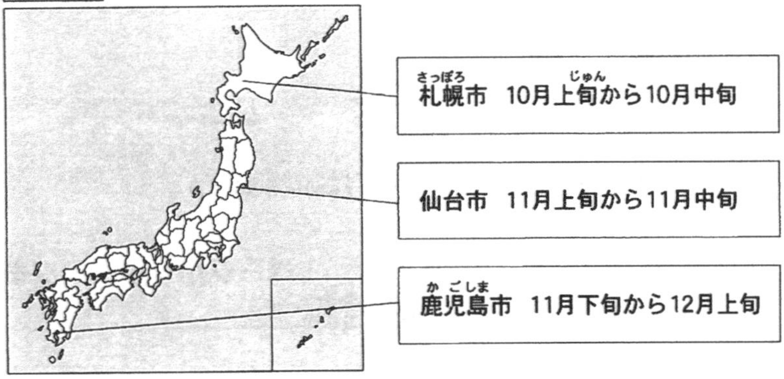

資料２　各市の雨温図（1981-2010 年の平均）　降水《こうすい》量　平均気温

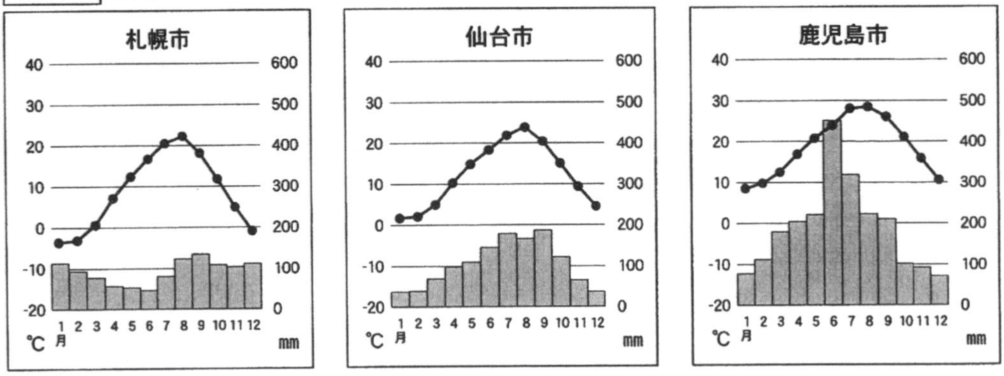

（出典　weather.time-j.netより作成）

2　下線部イ「天気は悪そうだね」とあります。二人が乗るバスの窓《まど》から見えた泉ヶ岳の様子として最も ふさわしいものを，図の中から1つ選び，A～Cの記号で答えた上で，その理由も合わせて答えなさい。ただし，当日は風がないものとします。

図　泉ヶ岳の様子

3　下線部ウ「出発地点の気温」とあります。あとの（1），（2）の問題に答えなさい。

（1）　みなみさんは，資料3をもとに，〇印の出発地点の気温を推測《すいそく》しました。当日の出発地点の気温に最も近いと考えられるものを，次の①～⑤から1つ選び，番号で答えなさい。ただし，標高が100m上がると，気温は0.6℃下がるものとします。

①　3.3℃　　②　4.1℃　　③　7.6℃　　④　9.9℃　　⑤　13.0℃

（2）　資料3は2万5千分の1の縮尺《しゅくしゃく》の地図であるとします。出発地点から最初の休けい所までの地図上の長さが6㎝であるとき，実際のきょりは何mか答えなさい。ただし，高低差は考えないものとします。

資料3　泉ヶ岳周辺の地図

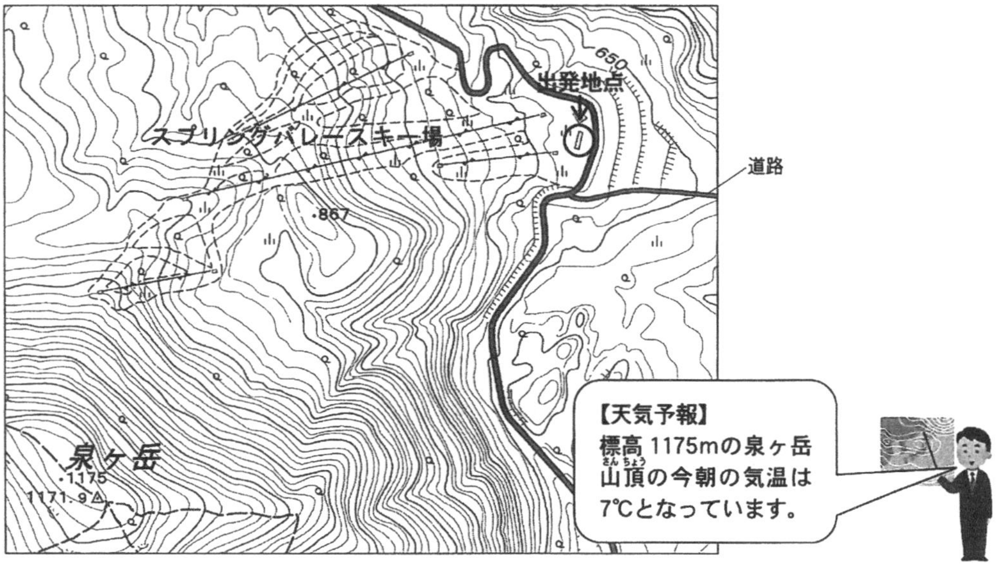

（出典:国土地理院地図より作成）

2　かなでさんとちあきさんは，江戸時代の学問や文化を調べるため，図書館に来ました。次の１～３の問題に答えなさい。

かなでさん	この本の浮世絵《うきよえ》を見て。美しい色づかいの浮世絵を，多くの人々が買えるようになって，**ア**人気が高まったと授業で習ったね。
ちあきさん	でも，浮世絵師が紙やびょうぶなどに手で直接えがいた物は高価で，一部の人しか買えなかったと聞いたことがあるよ。
かなでさん	そうなんだ。ところで，教科書にのっていた『東海道五十三次《とうかいどうごじゅうさんつぎ》』は，江戸から京都に向かう進行方向の風景画の中に，１つだけ**イ**進行方向と逆向きの風景がえがかれているらしいよ。
ちあきさん	それは興味深いね。あとで調べてみよう。私は，**ウ**江戸時代の「新しい学問のひろがり」について書いてある本を見つけたよ。

1　下線部**ア**「人気が高まった」とあります。二人が，浮世絵の歴史について調べたところ，同じ美しい色づかいの浮世絵でも，**図１**よりも**図２**の方が，多くの人々が買い求めていたことがわかりました。**資料１**をもとに，その理由を説明しなさい。

図1「見返り美人図」

菱川師宣《ひしかわもろのぶ》 作
（1693年ごろ）

図2「三世大谷鬼次《さんせいおおたにおにじ》の奴江戸兵衛《やっこえどべえ》」

東洲斎写楽《とうしゅうさいしゃらく》 作
（1794年ごろ）

（出典：東京国立博物館）

資料1　浮世絵の歴史

年代	種類	説明
1555年ごろ～	肉筆浮世絵	手で紙などに直接えがいた浮世絵
1670年ごろ～	すみずり絵	すみ一色でえがいた版画による浮世絵
1765年ごろ～	にしき絵	多くの色でえがいた版画による浮世絵

2　下線部**イ**「進行方向と逆向きの風景」とあります。**図３**をもとに，進行方向とは逆向きでえがかれた風景画を，**図４**から１つ選び，①～③の番号で答えた上で，その理由も合わせて答えなさい。

図3　東海道五十三次経路図

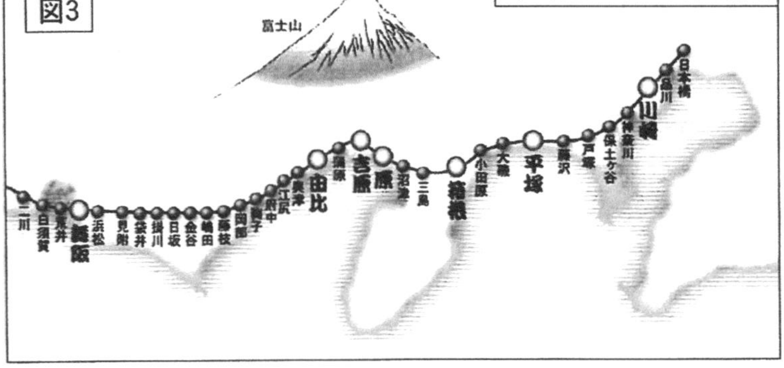

（出典：国土交通省中部地方整備局富士砂防事務所「ふじあざみ」より作成）

受検番号	

令和２年度
仙台市立中等教育学校入学者選抜《せんばつ》適性検査（総合問題Ⅱ）

検　査　用　紙

注　意

1　指示があるまで，この「検査用紙」を開いてはいけません。

2　総合問題Ⅱの「検査用紙」には，表紙に続き，１ページから６ページまで「検査問題」があります。「解答用紙」は１枚です。

3　「始め」の指示で，「検査用紙」と「解答用紙」に受検番号を書きなさい。その後，「検査問題」に取り組みなさい。検査時間は４０分です。

4　解答は，すべて「解答用紙」に記入しなさい。「検査用紙」の空いているところは，自由に使ってかまいません。

1　かけるさんとらんさんは，仙台市が政令指定都市30周年をむかえたことについて話しています。
次の１～３の問題に答えなさい。

かけるさん　仙台市が政令指定都市30周年をむかえたね。
ら ん さ ん　そうだね。ア人口も108万人をこえてずいぶん大きな街になったね。
かけるさん　１年を通してイベントもたくさんあるし，県外や海外からの観光客も増えているね。ぼくのおすすめのイベントは，８月のイ「仙台七《たな》夕《ばた》まつり」かな。色とりどりの七夕かざりの中を歩くとわくわくするんだ。
ら ん さ ん　私のおすすめは12月の「光のページェント」かな。イルミネーションがきれいだし，2009年から，それまで使っていた豆電球をウ発光ダイオードにかえて，環境《かんきょう》にも配りょしているんだよ。

1　下線部ア「人口も108万人をこえて」とあります。かけるさんは，仙台市の５つの区について表にまとめました。あとの（１），（２）の問題に答えなさい。

（１）　５つの区のうち，人口密度《みつど》の最も高い区を，表のＡ～Ｅから１つ選び，記号で答えなさい。

（２）　５つの区のうち，人口の最も多い区を，表のＡ～Ｅから１つ選び，記号で答えなさい。

表　仙台市各区の人口・面積・人口密度（2018年）

区	人口（人）	面積（㎢）	人口密度
A	214104	147	
B		302	1030
C		228	1005
D	136980	48	
E	196159	58	

（出典　Data仙台2018より作成）

2　下線部イ「仙台七夕まつり」とあります。らんさんたちの学校では，仙台七夕まつりのために，折りづるやふき流しを作ります。あとの（１），（２）の問題に答えなさい。

（１）　はじめに，１辺の長さが10㎝の正方形の折り紙を使って折りづるを作ります。図１の○で囲んだ図形の面積を答えなさい。

図１　折りづるの作り方の一部

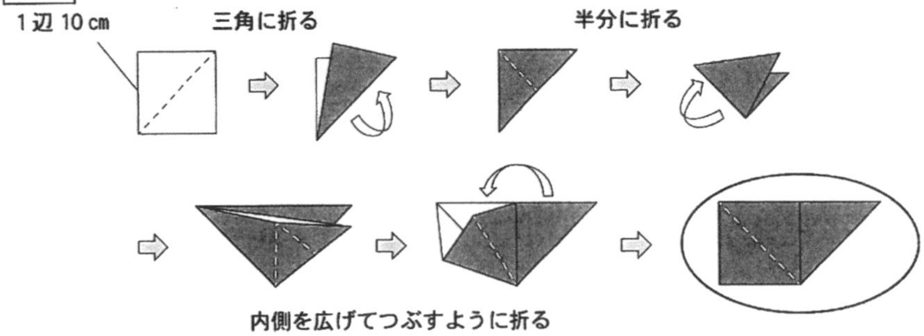
1辺 10㎝
三角に折る
半分に折る
内側を広げてつぶすように折る

（2）　次に，１辺の長さが４cmの正方形の色紙を使って，**図２**のようなふき流しを作ります。のり付けするために重ねる部分を１cm²の正方形にして50枚つなぎました。できあがったふき流しの太線で示した周囲の長さは何cmになるか答えなさい。

図2

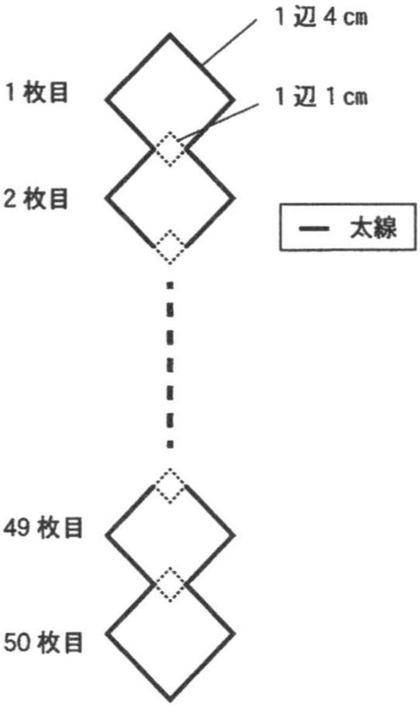

仙台七夕まつりの七夕かざり（2019年8月）

3　下線部**ウ**「発光ダイオード」とあります。二人は，理科で習った電気のはたらきを思い出し，発光ダイオードを使った実験をしました。**図３**の実験では，発光ダイオード①だけが光りました。**図４**の実験では，すべての発光ダイオードが光りませんでした。この２つの実験結果をもとに，**図４**の**A**～**D**の４つすべての発光ダイオードを光らせるには，どのように工夫すればよいか説明しなさい。

ただし，使用する発光ダイオードはすべて同じ明るさで，使用する電池はすべて新しいものとします。

図3

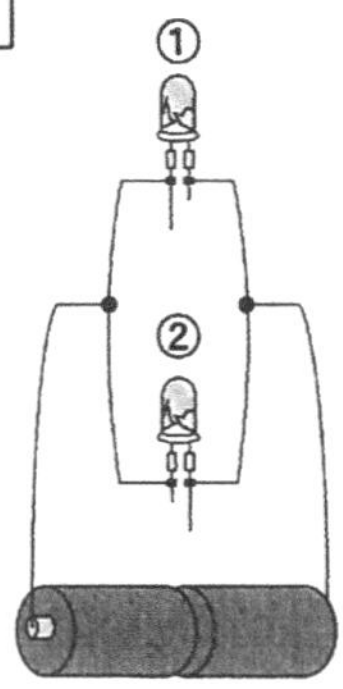

図4

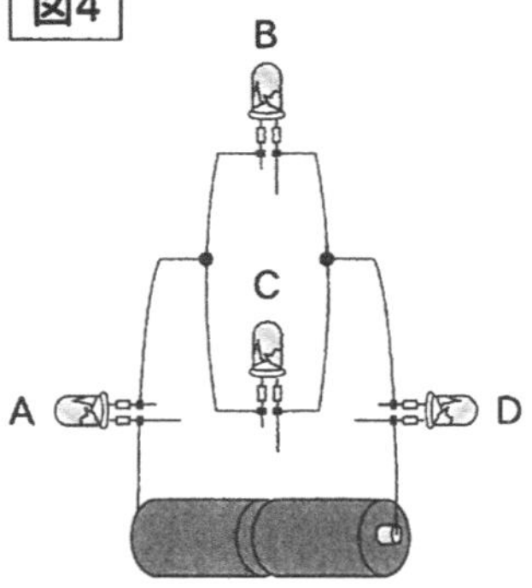

2 かけるさんとらんさんは，秋休みを利用して，様々な観察・実験教室が行われている科学館にやってきました。

次の１，２の問題に答えなさい。

図1 ステージ上下式顕微鏡《けんびきょう》

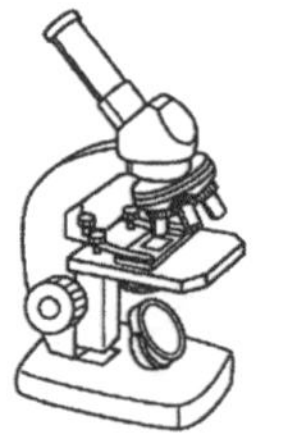

1 二人は，はじめに観察教室に参加しました。図１の顕微鏡を使って水中の生き物を観察し，その記録として表を完成させました。あとの（１）～（４）の問題に答えなさい。

らんさん	観察教室が始まるよ。どんな生き物が観察できるか楽しみだね。理科の授業で観察したミジンコもいるのかな？
かけるさん	あれはすごかったな。心臓《しんぞう》が動いている様子にびっくりしたよ。さあ，早く顕微鏡をのぞいてみようよ。
らんさん	わあ，すごい！よく見えるよ。いろいろな生き物がいるね。
先生	顕微鏡で観察した生き物をスケッチしましょう。観察するときは，ア最初は低い倍率で観察し，少しずつ倍率を上げていきましょう。観察した時の倍率も記録しておくといいですよ。
かけるさん	イ動く生き物を顕微鏡で観察するのは難《むずか》しいね。

表

生き物	①ゾウリムシ	②ミカヅキモ	③ワムシ	④クンショウモ
スケッチ	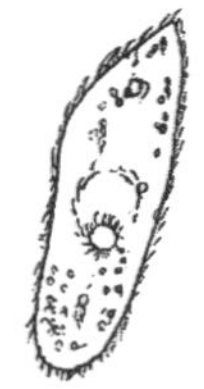			
倍率	150倍	150倍	100倍	400倍

（１） 二人が顕微鏡で観察した生き物は，どれも同じくらいの大きさに見えました。この４種類の生き物の中で，実際の大きさが１番小さな生き物を，表の①～④から１つ選び，番号で答えた上で，その理由も合わせて答えなさい。

（２） クンショウモを観察したとき，接眼レンズに「10×」と書いてありました。このときに使用した対物レンズの倍率は何倍か答えなさい。

（３） 下線部ア「最初は低い倍率で観察し，少しずつ倍率を上げて」とあります。この手順で観察する理由を，「見えるはん囲」という言葉を用いて説明しなさい。

（４） 下線部イ「動く生き物を顕微鏡で観察する」とあります。かけるさんが顕微鏡をのぞくと図２のように見えました。かけるさんが，ゾウリムシを中心で見るためには，プレパラートをどの方向に動かしたらよいか，図３のa～hから１つ選び，記号で答えなさい。

で「傍」を「楽」にしていくのでしょうね。いいえ、実はもうすでにあなたは「はたらく」をしているはずです。だって周りを見てごらんなさい。あなたの家族、親戚《しんせき》、友だち、先生、あなたがもし誰《だれ》かのために何かを手伝ってあげようと思ったり、こうしたら喜ぶだろうなと思って何かをしていたとしたら、その人にとってあなたは特別な意味のある人です。なぜなら、もし予定していたときに予定していたところにいるはずのあなたがいないと、ポツンと穴《あな》が空いたような気持ちになるでしょう。今のあなたが他の誰かにとってあてにされる存在《そんざい》であれば、それはもう十分働いていることになるのです。だって、赤ちゃんを見てごらんなさい。泣いたり笑ったりしているだけで、掃除《そうじ》もしないしお金も稼《かせ》ぎません。けれど赤ちゃんの存在がどれだけ周りを温かくしていることか。赤ちゃんはその存在自体が「はたらく」になって周りの人に「安らぎ」を与えてくれているのです。いやいや、うちの親は「「お前は親に苦労ばっかりかけて……」っていつも言っているし、ボクの場合は、とても「安らぎ」を与える「はたらく」になっているなんて思えない」。そんな声が聞こえてきそうですね。でも、そうではありません。この子のためにがんばらなくっちゃってきっと思っていますよ。この「誰かのためになっている」「自分が誰かにとって意味のある存在」、それが幸せのキーワードなんですから。

（岩波ジュニア新書『中学生になったら』宮下　聡より）

注意＞ ＊ と ▒ の欄《らん》には記入してはいけません。

＊ ※60点満点

検査問題の番号			解答を記入する欄《らん》		
3	1	(1)	度		3点
		(2)	個		4点
	2		計算式 答え： 曜日		4点
	3	(1)	Aチーム 分 Bチーム 分		4点
		(2)	分		4点
	4	(1)	50円玉 枚 100円玉 枚		4点
		(2)	10円玉 枚 50円玉 枚		4点

＊

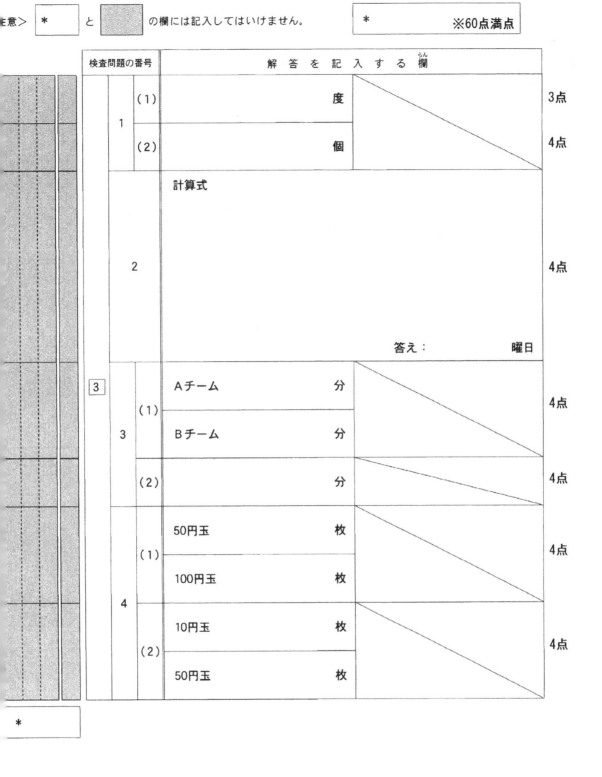

注意＞ ＊ と の欄には記入してはいけません。

＊ ※60点満点

検査問題の番号				解答を記入する欄《らん》	
2	2	(2)			5点
		(3)	A		4点
			B		
			C		
			D		

＊

3	1	(1)		分　　秒後	4点
		(2)	B	cm	3点
			C	cm	4点
	2	(1)		個	4点
		(2)		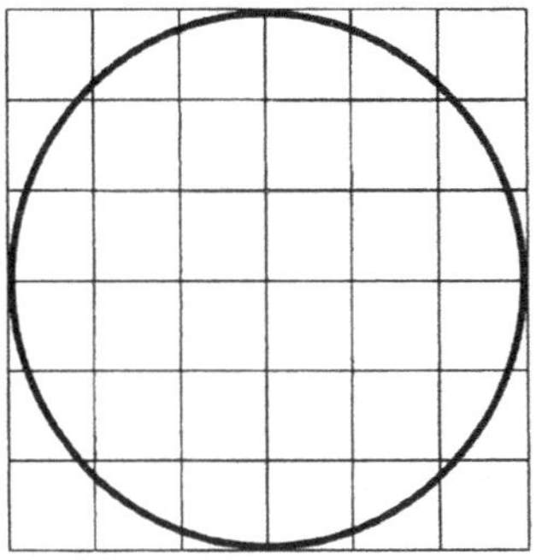	5点

＊

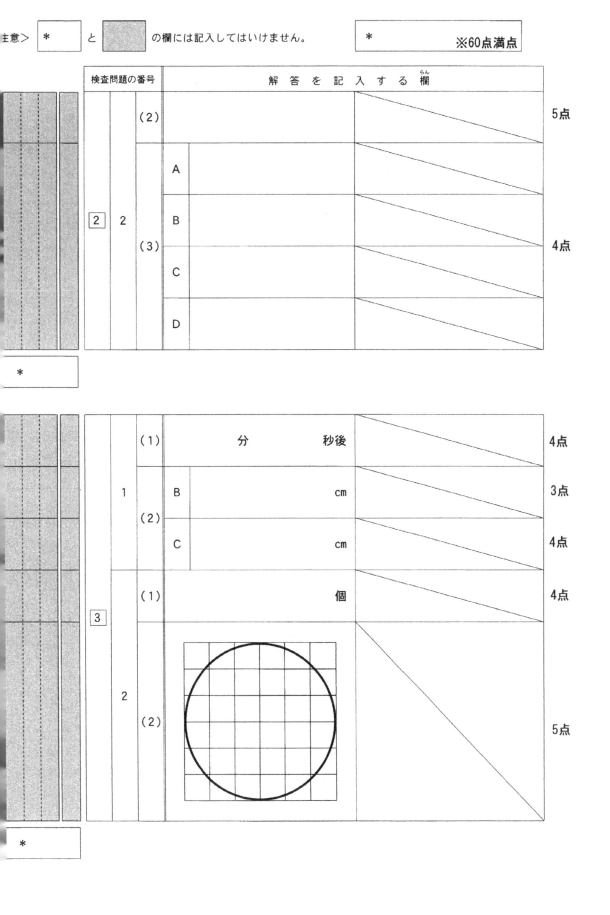

作文　解答用紙

〔注意〕

①　題名、氏名は書かずに、一行目から書き始めること。

②　原稿《げんこう》用紙の正しい使い方にしたがい、文字やかなづかいも正確に書くこと。

※　の欄《らん》に記入してはいけません。

受検番号

※

※30点満点

400字

500字

総合問題Ⅱ　解答用紙

受検番号	

検査問題の番号			解答を記入する欄《らん》
1	1	(1)	区
		(2)	区
	2	(1)	㎠
		(2)	cm
	3		

＊

2	1	(1)	番号	
			理由	
		(2)		倍
		(3)		
		(4)		
	2	(1)		g

＊

総合問題Ⅰ　解答用紙

受検番号	

検査問題の番号			解答を記入する欄《らん》	
1	1			
1	2	記号		
1	2	理由		
1	3	(1)		
1	3	(2)	m	

*

2	1			
2	2	番号		
2	2	理由		
2	3	番号		
2	3	理由		

*

問題

◎次の文章は、宮下聡《みやしたさとし》さんの『中学生になったら』の一節です。この文章で筆者は、「はたらく」とは、どのようなことだと考えていますか。また、筆者の考えを参考に、あなたの「はたらく」ことについての考えを、体験を交えながら書きなさい。ただし、文章は四百字以上五百字以内で、三段落《だんらく》構成で書くこととします。

　「はたらく」という言葉は「傍《はた》」を「楽《らく》」にするということなんだよ、という話をある人から聞いて納得《なっとく》しました。もちろん「傍楽《はたらく》」なんて漢字はありません。でも、周りの人に迷惑《めいわく》をかけることを「傍迷惑《はためいわく》」と言いますから、すぐ「側《そば》」とか「近く」の意味を持つ「傍《はた》」を使って、迷惑ではなく反対に助けるという意味で「傍楽《はたらく》」という言葉があってもいいと思いませんか。みんながそれぞれいろんな場所で働き合うことによってお互《たが》いが助かってハッピーになっていく、それが働くということなんだ。私はこの言葉でとっても納得しているのです。イチロー選手や本田選手はスポーツで活躍《かつやく》することで私たちに夢を与えて励《はげ》ましてくれています。絵を描《か》いて見る人の心を癒《いや》してくれる、そういう「はたらく」もあります。お医者さん、ラーメン屋さん、警察官《けいさつかん》、新聞記者、大工さん……。自分一人ではできないことだけれど、それぞれが仕事を受け持ってやってくれている。あなたの周りにいる人はどんな「はたらく」をしてくれているのでしょう。あなたの毎日の生活はどんな「はたらく」に支えられているでしょうか。今自分が手にしている「楽《らく》」にはどんな人の「は

令和二年度　仙台市立中等教育学校入学者選抜《せんばつ》適性検査（作文）

検査用紙

受検番号	

注　意

一　指示があるまで、この「検査用紙」を開いてはいけません。

二　作文の「検査用紙」には、表紙に続き、「検査問題」があります。「解答用紙」は一枚です。

三　「始め」の指示で、「検査用紙」と「解答用紙」に受検番号を書きなさい。その後、「検査問題」に取り組みなさい。検査時間は四十分です。

図2

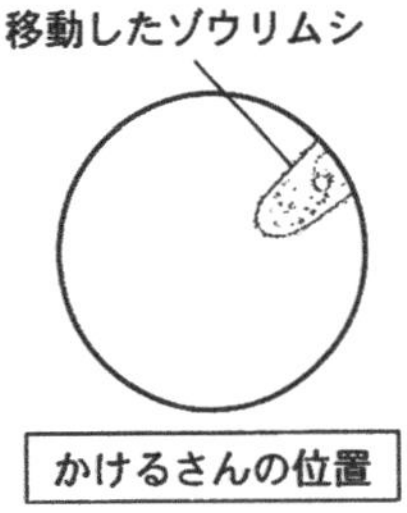

図3

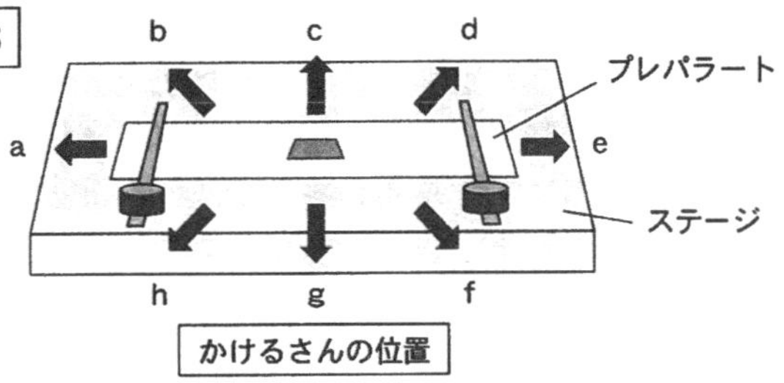

2　観察教室を終えた二人は，次に実験教室に参加しました。あとの（1）～（3）の問題に答えなさい。

らんさん	次の教室は，ミョウバンを使った実験みたいだね。
かけるさん	**ア**水にミョウバンをとかして作ったミョウバン水は，生ごみのにおい消しやおふろ場のカビ予防にも効果があるんだって。
らんさん	そうなんだ。今度作って使ってみようかな。
かけるさん	いけない！ミョウバンが別な実験の材料と混ざってしまった！
先　　生	だいじょうぶですよ。混ざった材料を分ける方法を考えてごらん。
かけるさん	う～ん，**イ**この手順でやれば全部分けられるかな。
らんさん	やってみよう！先生，器具をお借りしてもいいですか？
先　　生	いいですよ，やってみてください。

（1）　下線部**ア**「水にミョウバンをとかして作ったミョウバン水」とあります。かけるさんは，**資料1**をもとに，600mLの水を用意してミョウバン水を作りました。このときに必要なミョウバンの量は何gになるか答えなさい。ただし，**資料1**で作るミョウバン水と同じ温度とします。

（2）　かけるさんは，（1）で作ったミョウバン水200mLを40℃まで温めました。**資料1**，**資料2**をもとに，このミョウバン水にあと何gのミョウバンがとけるか，次の**A**～**D**から1つ選び，記号で答えなさい。

A　約17g　　**B**　約21g　　**C**　約42g　　**D**　約45g

資料1　**ミョウバン水の作り方**

【材　料】水　1500mL　　ミョウバン　50g
【作り方】水とミョウバンをペットボトルに入れ，よくふって混ぜる。

資料2　**水の温度とミョウバンのとける量との関係（水の量100mLの場合）**

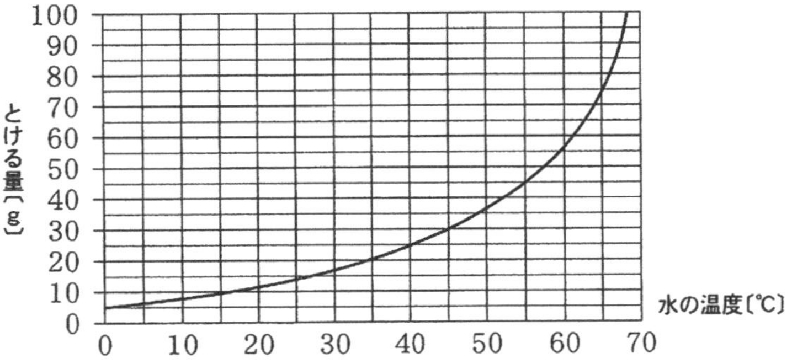

（3）　下線部イ「この手順でやれば全部分けられる」とあります。かけるさんの考えた手順1～4で作業する場合，A～Dの材料にあたるものを，次の①～④からそれぞれ1つ選び，番号で答えなさい。ただし，混ざってしまった4つの材料は，それぞれ5g程度とします。

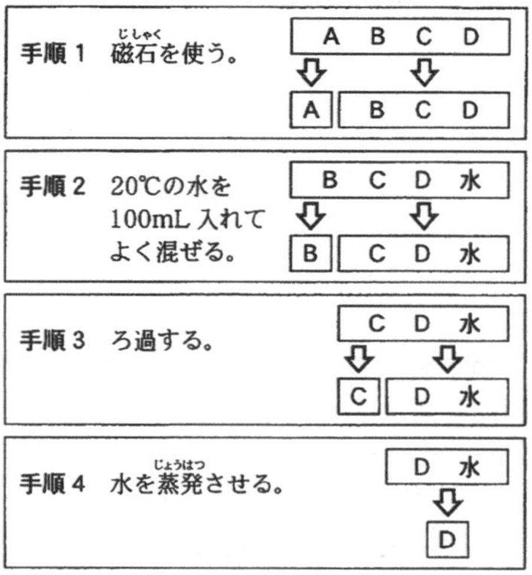

手順1　磁石《じしゃく》を使う。
A　B　C　D
A
B　C　D
手順2　20℃の水を100mL入れてよく混ぜる。
B　C　D　水
B
C　D　水
手順3　ろ過する。
C　D　水
C
D　水
手順4　水を蒸発《じょうはつ》させる。
D　水
D

①　ミョウバン
②　砂鉄
③　砂
④　発ぽうスチロールの小さなつぶ

3　かけるさんとらんさんは，職場体験学習で保育園に行くことになりました。二人は，子どもたちと何をして遊ぶか話し合っています。
次の1，2の問題に答えなさい。

かけるさん　ぼくは，プラスチックレールの上を走るおもちゃの電車で子どもたちと遊ぼうと思うんだ。
らんさん　それは子どもたちが喜ぶね。
かけるさん　いろいろなコースを作って楽しく遊びたいな。
らんさん　たとえばどんな？
かけるさん　レールの長さがちがうA～Cのコースを作り，ア3台のおもちゃの電車を同時に走らせたいと思っているんだ。らんさんは子どもたちと何をして遊ぶのかな？
らんさん　私は，イ「ぶんぶんゴマ」を作って遊ぼうと思っているよ。
かけるさん　「ぶんぶんゴマ」ってどんなコマ？
らんさん　円の中心部分に穴《あな》を2つ開けて，そこにたこ糸を通して結ぶんだ。糸の両はしを手で持ってぐるぐると回してから，縮《ちぢ》めたりのばしたりすると，ぶんぶんと音を立ててコマのように回るんだ。
かけるさん　これも子どもたちが喜ぶね。じゃあさっそく準備を始めよう。

1　下線部ア「3台のおもちゃの電車を同時に走らせたい」とあります。図1のコースAを走る電車は1周14秒，コースBを走る電車は1周21秒，コースCを走る電車は1周18秒，それぞれかかります。あとの（1），（2）の問題に答えなさい。

（1）　3台の電車を駅から同時に出発させると，次に3台の電車が駅に並《なら》ぶのは，出発してから何分何秒後になるか答えなさい。ただし，電車の長さは考えないこととします。

（2）　コースAを走る電車とコースBを走る電車の速さは同じです。コースCを走る電車は，その1.6倍の速さです。コースAの1周の長さを294cmとすると，コースBの1周の長さとコースCの1周の長さは，それぞれ何cmになるか答えなさい。

図1

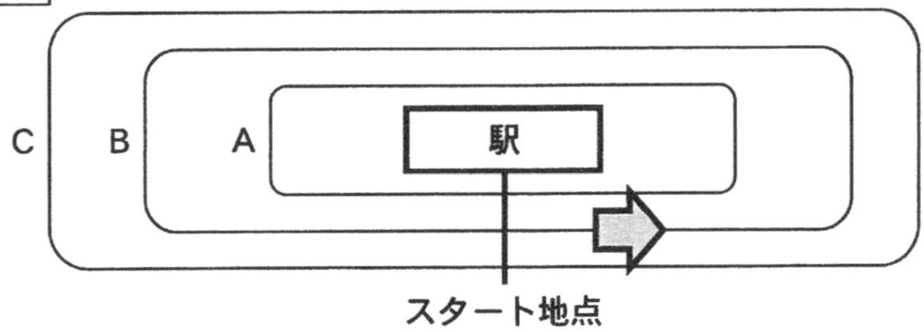

2　下線部イ「『ぶんぶんゴマ』を作って遊ぼう」とあります。二人は，図2のぶんぶんゴマを作る準備を始めました。あとの（1），（2）の問題に答えなさい。

（1）　縦《たて》30cm横42cmの工作用紙から，半径3cmの円を切りぬくことができる正方形を，最大で何個切りぬくことができるか答えなさい。

図2　ぶんぶんゴマ

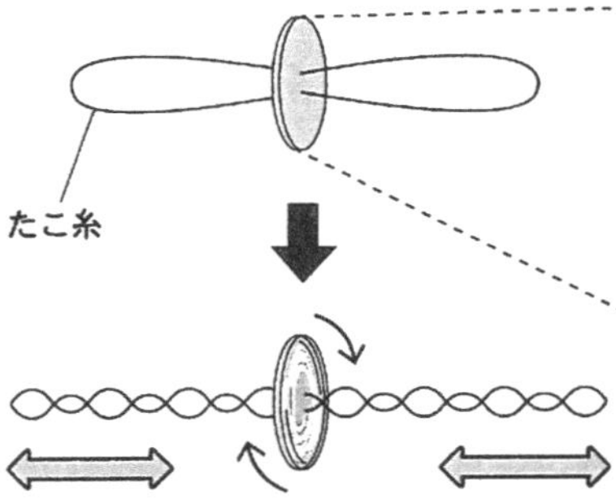

図3

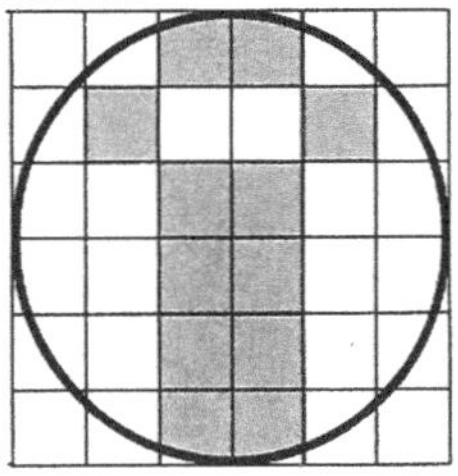

図4

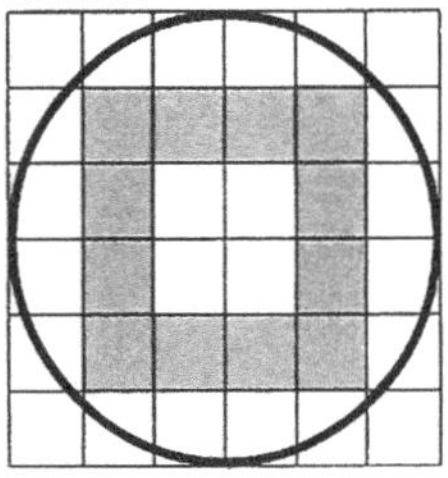

（2）　らんさんは，図2のコマの部分に，図3の線対称《たいしょう》の模様《もよう》と，図4の線対称にも点対称にもなる模様をデザインしました。この二つの図を参考に，点対称ではあるが線対称ではない模様を，解答用紙のマス目をぬりつぶしてデザインしなさい。ただし，10マス以上使うこととし，マスの一部を使った場合も1マスと数えることとします。

【下書き用】

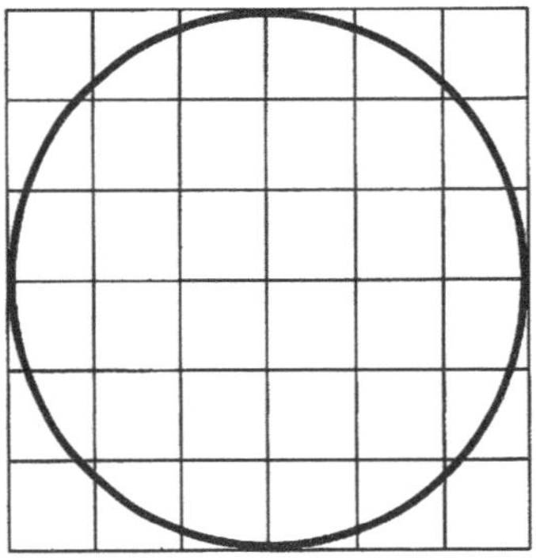

図4 風景画

①川崎

②吉原《よしわら》

③由比《ゆい》

（出典：東京国立博物館）

3　下線部**ウ**「江戸時代の『新しい学問のひろがり』」とあります。**資料2**の内容に最もふさわしい江戸時代の学問を，**資料3**を参考に，次の①～③から１つ選び，番号で答えた上で，その理由も合わせて答えなさい。

①　**儒学《じゅがく》**　　②　**国学《こくがく》**　　③　**蘭学《らんがく》**

資料2　**ちあきさんが見つけた本の内容**

日本の上代《じょうだい》の本を読むと，ずいぶん前の時代に書かれたものなので，なかなか理解することができない。また，内容がはば広く，意味も深いものが多いので，その優れた内容をはっきり理解することが難《むずか》しい。最近の人々は，上代の本に書かれている興味深い内容をよく理解できずに誤解《ごかい》したり，外国から入ってきた儒教思想などにひかれたりして，本来の日本のことについて忘れてしまっている。そのような中で，古くから受けつがれている日本のうたは，長い月日がたったとしても全く変わることのない美しい自然のように，昔から今に至《いた》るまで，同じように人々を感動させるものだ。

資料3　**ちあきさんが「新しい学問のひろがり」についてノートにまとめたもの**

儒学…中国の儒教の考え方を取り入れた学問のこと。
国学…古典を研究し，日本の昔からの考え方を明らかにしようとする学問のこと。
蘭学…オランダ語を通じてヨーロッパの考え方を知ろうとする学問のこと。

3　あきなさんは，みなみさんと岩手県釜石《かまいし》市《し》に住むいとこのはやとさんと，ラグビーの国際試合の観戦に出かけました。
次の１～４の問題に答えなさい。

はやとさん	ぼくの住む釜石市は，ラグビーを通して震災《しんさい》からの復興をアピールしようと考えているんだよ。
みなみさん	東京でア56年ぶりに開かれるオリンピックも「復興」をテーマにしていて，太平洋沿岸《えんがん》部をコースにした聖火《せいか》リレーも話題になっているね。
あきなさん	ラグビーの国際試合にしても聖火リレーにしても，世界規模《きぼ》のイベントが地元で開かれるなんて，何だか夢みたいだなあ。
はやとさん	ぼくは，イたがいのエリアをうばい合うラグビーが大好きで，体の大きな選手同士がぶつかり合う姿を見ているととても興奮《こうふん》するんだ。
みなみさん	あっ，そろそろ試合開始30分前だよ。始まる前に，ウ飲み物とおかしを買いに行こう。

1　下線部ア「56年ぶりに開かれるオリンピック」とあります。みなみさんは，東京オリンピック2020のエンブレムの形に近い，正十二角形のパズルを作ろうと考えました。あとの（１），（２）の問題に答えなさい。

（１）　みなみさんは，はじめに図１の正十二角形の角Ａの角度について調べました。角Ａの角度は何度か，答えなさい。

図1

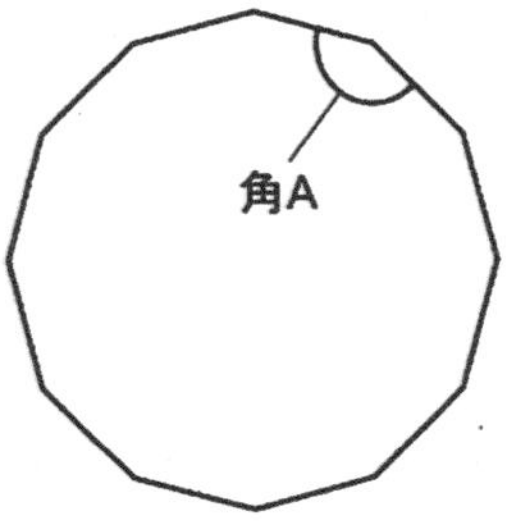

（２）　みなみさんは，正方形と正三角形のピースをすきまなく並べることで，図２の正十二角形のパズルを作ることにしました。正方形のピースを６個使う場合，正三角形のピースは何個使うか答えなさい。ただし，正三角形と正方形の１辺は，正十二角形の１辺と同じ長さとします。

[注] ピースとは，パズルの部品

図2　正十二角形のパズル

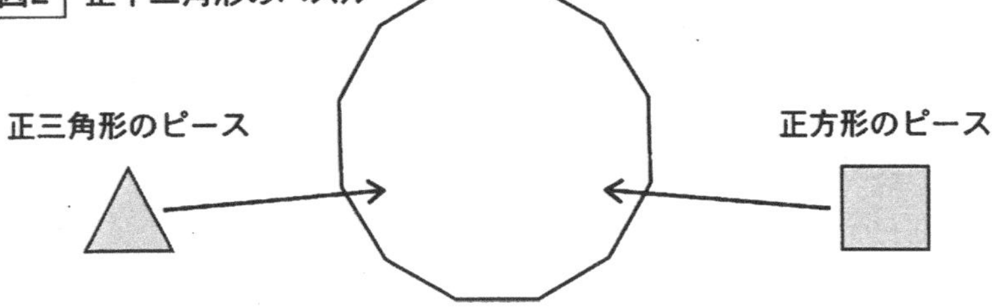

2　あきなさんは，オリンピック東京大会の開会式が行われた1964年10月10日の曜日を知りたいと思いました。そこで，お父さんの生年月日である1964年２月11日をもとに表を作りました。２月11日が火曜日であることをもとに，開会式の曜日を計算で求めなさい。ただし，1964年はうるう年で，２月は29日までとします。

表　1964年２月

日	月	火	水	木	金	土
9	10	11	12	13	14	15

3　下線部イ「たがいのエリアをうばい合うラグビー」とあります。あとの（１），（２）の問題に答えなさい。

（１）　試合の前半40分で，各チームのエリア支配率は，Ａチーム：Ｂチーム＝５：３でした。この割合《わりあい》をもとに，両チームがエリアを支配していた時間は，それぞれ何分か答えなさい。

[注] エリア支配率とは，試合中，相手チームのエリアにボールがある時間の割合

（２）　前半，後半合わせて80分の試合を通して各チームのエリア支配率は，Ａチーム：Ｂチーム＝７：９でした。この割合をもとに，Ｂチームがエリアを支配していた時間は，前半に比べて何分増えたか答えなさい。

図3　ラグビーコート

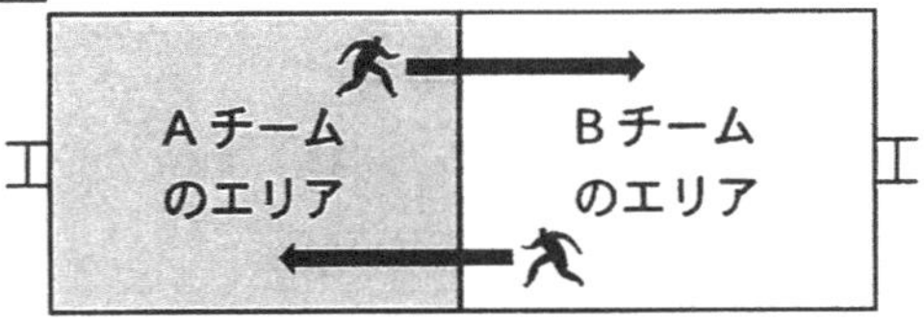

[注] 前半と後半ではエリアが入れかわります

4　下線部ウ「飲み物とおかしを買いに行こう」とあります。３人はそれぞれ売店で飲み物とおかしを買い，代金をはらいました。あとの（１），（２）の問題に答えなさい。

（１）　はやとさんが代金の480円をおつりが出ないようにはらったとき，使った10円玉は３枚，100円玉は50円玉よりも多い枚数になりました。このときそれぞれ何枚ずつ使ったか答えなさい。ただし，100円玉も50円玉も最低１枚は使ったものとします。

（２）　あきなさんが代金の520円を1000円札ではらったところ，売店の人から，「100円玉が足りなくなってしまったので」と言われ，おつりを10円玉と50円玉合わせて20枚でもらいました。このとき，10円玉と50円玉は何枚ずつだったか答えなさい。

受検番号	

平成３１年度
仙台市立中等教育学校入学者選抜《せんばつ》適性検査（総合問題Ⅰ）

検　査　用　紙

注　意

1　指示があるまで，この「検査用紙」を開いてはいけません。

2　総合問題Ⅰの「検査用紙」には，表紙に続き，１ページから６ページまで「検査問題」があります。「解答用紙」は１枚です。

3　「始め」の指示で，「検査用紙」と「解答用紙」に受検番号を書きなさい。その後，「検査問題」に取り組みなさい。検査時間は４０分です。

4　解答は，すべて「解答用紙」に記入しなさい。「検査用紙」の空いているところは，自由に使ってかまいません。

1　たけるさんとはるかさんは，泉中央駅《いずみちゅうおうえき》から仙台市地下鉄に乗り，仙台駅で東西線《とうざいせん》に乗りかえ，八木山動物公園《やぎやまどうぶつこうえん》に向かいます。
　次の１～３の問題に答えなさい。

たけるさん	今日は，**ア**自宅から駅までの1.4kmの道のりを歩いてみたけど，ふだん自転車では気づかなかった建物や街路樹《がいろじゅ》の様子がよくわかったよ。
はるかさん	そうだね。慣れた道でも新鮮《しんせん》に感じたわ。そういえば，待ち合わせ場所の，新しく開店した商店はずいぶん混んでいたね。
たけるさん	はるかさんを待っている間，ぼくも買い物したんだ。レジは１か所しかなくて，**イ**レジの前に長い行列ができていたよ。

1　下線部**ア**「自宅から駅までの1.4kmの道のりを歩いてみた」とあります。たけるさんは，**地図**のように，自宅から待ち合わせ場所の商店までの600mの道のりを９分かけて歩き，その後はるかさんと駅まで歩きました。商店から駅まで何分で歩いたか答えなさい。ただし，２人が歩く速さは，たけるさんが自宅から商店まで歩いた速さと同じとします。

地図

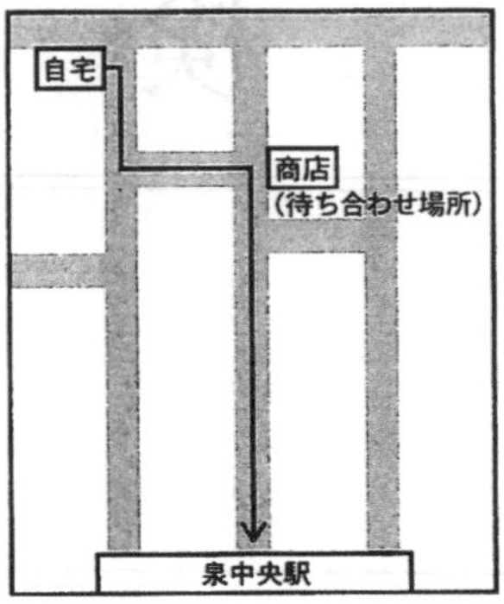

2　下線部**イ**「レジの前に長い行列」とあります。たけるさんが買い物をしたとき，レジの前にはお客さんが60人いて，１分ごとに４人ずつ増えていました。この場合，２か所のレジで対応すると何分で行列がなくなるか答えなさい。ただし，１か所のレジで対応すると30分で行列がなくなるものとします。

3　はるかさんとたけるさんが乗った東西線は，建設するとき，広瀬川《ひろせがわ》の上を走る**路線Ａ**と，広瀬川の下を走る**路線Ｂ**の二つの計画案がありました。**資料１**，**資料２**から，必要な情報をそれぞれ一つ以上取り出し，それらをもとにして**路線Ａ**に決まったわけを答えなさい。

資料1

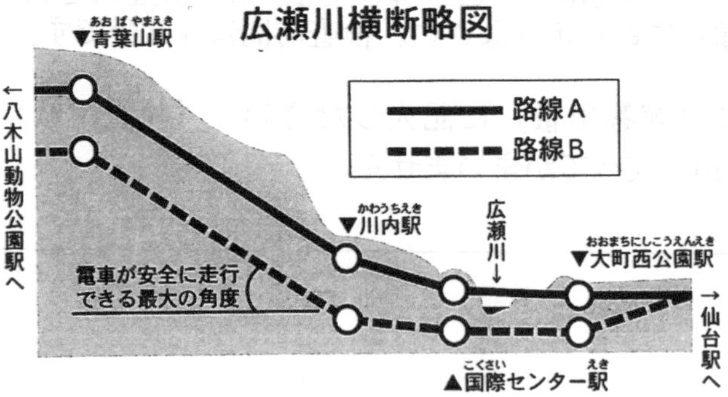

資料2　現在の仙台市地下鉄東西線各駅のホーム階

駅　名	青葉山駅	川内駅	国際センター駅	大町西公園駅
ホーム階	地下６階	地下３階	地下１階	地下２階

（出典　仙台市交通局ホームページより作成）

2　たけるさんとはるかさんのクラスでは，総合的な学習の時間に，調べ学習の発表会を行いました。
次の１～３の問題に答えなさい。

先　　生	ただいまの第１グループの発表は，県内の農業についてでした。**資料１**を見ると，**ア**地域《ちいき》によってさまざまなものが生産されていますね。表やグラフを見て気づいたことや感想はありますか。
はるかさん	私の家のまわりには，あまり田んぼがないのですが，仙台市の農業産出額の第１位が米だったのでとてもおどろきました。
たけるさん	父の実家がある登米《とめ》市は，稲作《いなさく》を行う面積の広い田んぼが多いので，米の農業産出額が仙台市の３倍以上なのは理解できます。
先　　生	私たちの主食でもある米ですが，**イ**生産量は年々減少しています。これからは，生産を見直すことも大切ですが，**ウ**農業・農村のさまざまな役割《やくわり》を生かしながら，農業をよりさかんにしていく必要もありますね。

1　下線部**ア**「地域によってさまざまなものが生産されています」とあります。**資料１**を見て，あとの（１）～（３）の問題に答えなさい。

（１）　三つの市町のうち，野菜の農業産出額が最も多いところを一つあげ，その農業産出額は約何億円か答えなさい。ただし，答えは四捨五入《ししゃごにゅう》して，上から３けたのがい数で答えなさい。

（２）　山元町《やまもとちょう》の表とグラフから，いちごは野菜にふくまれていることがわかります。その理由を，計算式と言葉を使って説明しなさい。

（３）　山元町の水田面積は646ha，いちご農地の面積は29haです。同じ耕作面積からは同じ量の作物が収穫《しゅうかく》できるものとして，あとの①，②の問題に答えなさい。

①　水田１haあたりの米の農業産出額と，農地１haあたりのいちごの農業産出額は約何億円か答えなさい。ただし，答えは四捨五入して，それぞれ小数第二位までのがい数で答えなさい。

②　水田面積のうち，10haをいちご農地に転作した場合，いちごの農業産出額は約何億円になりますか，①の答えをもとに答えなさい。

資料１　**市町別農業産出額と農産物の割合（平成28年度）**

仙台市　総額 64.7 億円

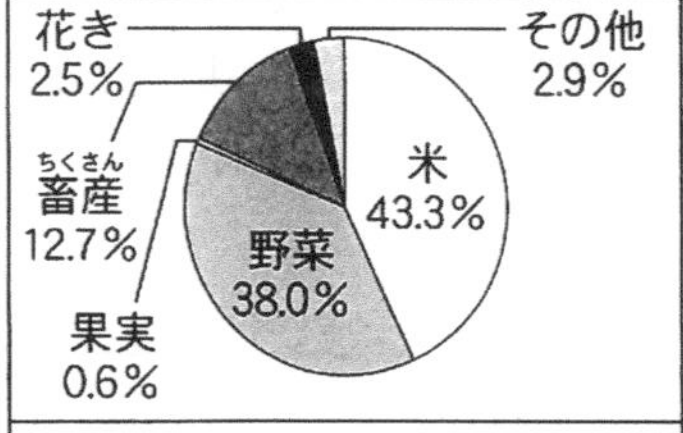

登米市　総額 315.8 億円

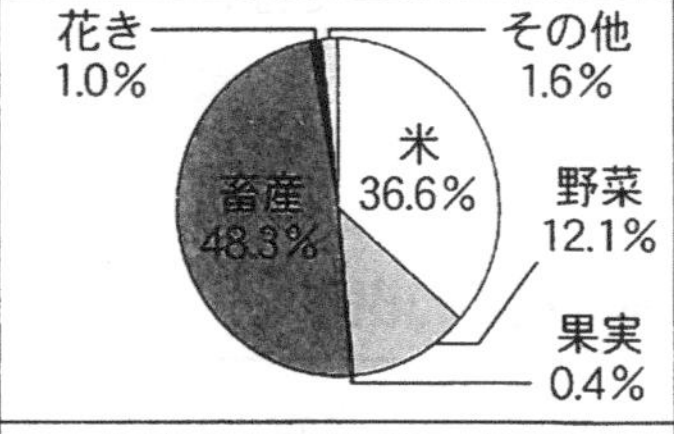

山元町　総額 22.9 億円

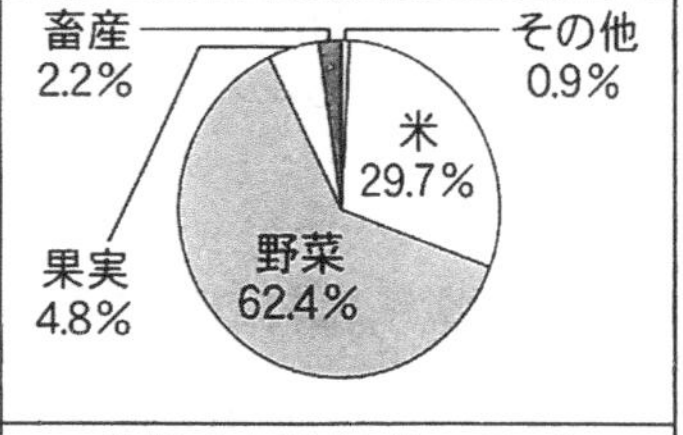

農業産出額（上位３品目）		農業産出額（上位３品目）		農業産出額（上位３品目）	
米	28.0 億円	米	115.7 億円	いちご	12.3 億円
生乳	5.0 億円	肉用牛	86.7 億円	米	6.8 億円
ねぎ	4.3 億円	豚《ぶた》	48.6 億円	りんご	0.7 億円

[注]花きとは，観賞用の植物のこと　　（出典　東北農政局ホームページより作成）

2　下線部イ「生産量は年々減少しています」とあります。**資料2**，**資料3**を見て，米の生産量が減少している理由を，「生産調整」という言葉を使って説明しなさい。

資料2　国民一人1年当たりの品目別消費量の変化

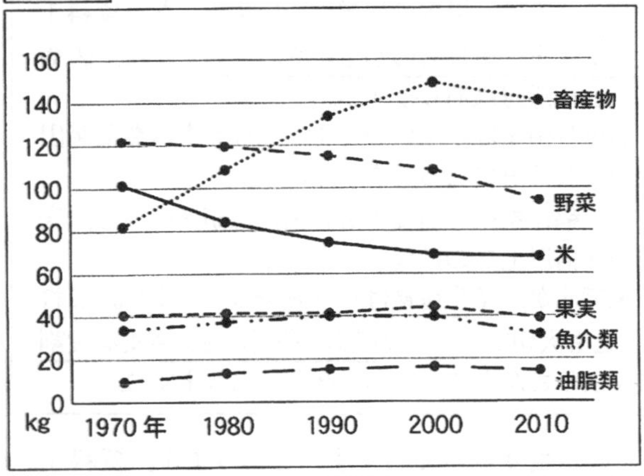

[注]
魚介《ぎょかい》類とは，魚類，貝類などの水産物のこと
油脂《ゆし》類とは，植物や動物からとれる油のこと

資料3　水田面積と転作面積の変化

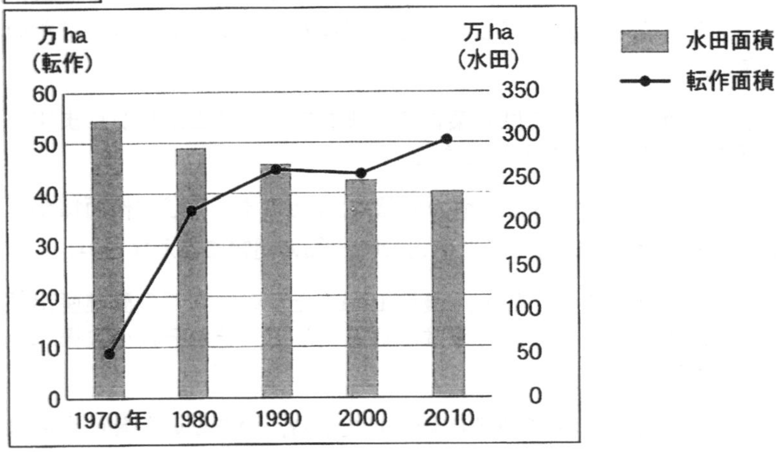

（出典　農林水産省ホームページより作成）

3　下線部ウ「農業・農村のさまざまな役割」とあります。**資料4**を見て，次の**語群**のうち，「農業・農村の有する多面的機能」に当てはまらないものを一つ選び，①～④の番号で，その理由もあわせて答えなさい。ただし，**資料4**にある言葉を使って説明しなさい。

語群　農業・農村の有する多面的機能の例

① 仙台青陵中等教育学校の生徒が，校外学習で田植え体験をすること
② 農地を管理し里山の風景を保つことで，住民や旅行者の心をいやすこと
③ 使われなくなった水田や農地を，住宅や公共施設《しせつ》として活用すること
④ 冬の間，使用しない水田に水を張り，わたり鳥のえさ場としていかすこと

受検番号	

平成３１年度
仙台市立中等教育学校入学者選抜《せんばつ》適性検査（総合問題Ⅱ）

検　　査　　用　　紙

注　意

1　指示があるまで，この「検査用紙」を開いてはいけません。

2　総合問題Ⅱの「検査用紙」には，表紙に続き，１ページから６ページまで「検査問題」があります。「解答用紙」は１枚です。

3　「始め」の指示で，「検査用紙」と「解答用紙」に受検番号を書きなさい。その後，「検査問題」に取り組みなさい。検査時間は４０分です。

4　解答は，すべて「解答用紙」に記入しなさい。「検査用紙」の空いているところは，自由に使ってかまいません。

1　夏休みのある日，ゆうたさんと妹のみゆきさんの家に，おじいさんが泊《と》まりに来ました。

次の１～３の問題に答えなさい。

1　その日の夕方，**図１**の月を見ながら，次のような会話をしました。あとの（１），（２）の問題に答えなさい。

おじいさん	今日の月は三日月だが，小《こ》林《ばやし》一《いっ》茶《さ》の作品で『名月を とってくれろと 泣く子かな』という句がある。
みゆきさん	よっぽどきれいな満月だったんだろうね。
ゆうたさん	月は満ち欠けするけど，満月から次の満月になるまで何日ぐらいかかるのかな？
おじいさん	月は約30日周期で同じ形になるよ。月の形だけでなく，一晩《ばん》の月の動きを観察してみるとおもしろいよ。
ゆうたさん	次の満月のときに自由研究してみるよ。
おじいさん	観察する時は，月の動きがわかるように同じ条件でスケッチするといいよ。

図１　西の空に見えた月

（１）　**図１**の月を観察した５日後，真南の空に見える月の形を書きなさい。

（２）　下線部「月の動きがわかるように，同じ条件でスケッチするといいよ」とあります。**図１**の月が満月になった日の夜，ゆうたさんは，**資料１**にしたがって，お母さんといっしょに午後８時から次の日の午前４時まで，２時間おきにスケッチしました。あとの①，②の問題に答えなさい。

①　**資料１**を見て，一晩の月の動きを観察するのにふさわしくないものを一つ選び，**A**～**D**の記号で，その理由もあわせて答えなさい。

②　**図２**の３枚のスケッチを，観察した順に並べ，**ア**～**ウ**の記号で答えなさい。

資料１　観察のきまり

A　月の方角がわかるよう，スケッチには方角と観察日時を記入する。
B　月の位置が分かるよう，目印となる建物なども書き入れる。
C　観察した時間ごとに，１枚のスケッチにまとめる。
D　月は時間とともに動くので，見やすい場所に移動してスケッチする。

図２　月のスケッチ

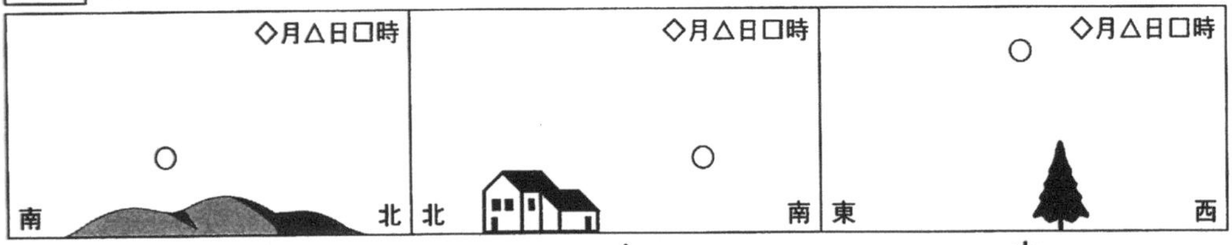

ア　　イ　　ウ

2　次の日，ゆうたさんとみゆきさんは，生き物観察のためにおじいさんと森林公園に出かけ，次のような会話をしました。あとの（1），（2）の問題に答えなさい。

おじいさん	『閑《しずか》さや 岩にしみ入る 蝉《せみ》の声』
ゆうたさん	本当だ。静かな公園にセミの鳴き声がひびきわたっているね。
みゆきさん	セミの他にどんな生き物が見つかるかな。林もあるし，小川も池もあるよ。
おじいさん	スズメバチやヘビもいるかもしれないから注意してね。
みゆきさん	あっ，土の中から見たことのない生き物が出てきたよ。
おじいさん	この生き物は何の仲間かな？捕《つか》まえて観察してごらん。
ゆうたさん	これはセミやスズメバチの仲間だ。

（1）　下線部「これはセミやスズメバチの仲間だ」とあります。ゆうたさんが**写真**の生き物を，このように判断した理由を，**資料2**の中から三つ選び，**ア～キ**の記号で答えなさい。

資料2　**見つけた生き物の特ちょう**

ア　前足は土を掘《ほ》りやすい形です。
イ　体が三つの節《ふし》に分かれています。
ウ　全身に細かい毛が生えています。
エ　長い触角《しょっかく》が生えています。
オ　前足も含め，足が6本生えています。
カ　体の真ん中の節から全ての足が生えています。
キ　足には細かいトゲが生えています。

写真　**みゆきさんが見つけた生き物**

（2）　ゆうたさんたち3人は，一日がかりで**資料3**にある生き物を見つけました。これらの生き物のうち，**みゆきさんが見つけた生き物**と同じ仲間を，**資料3**から全て選び，①～⑩の番号で答えなさい。

資料3　**ゆうたさんたちが見つけた生き物**

① カタツムリ	② バッタ	③ ミミズ	④ カブトムシ	⑤ ダンゴムシ
⑥ ザリガニ	⑦ チョウ	⑧ モグラ	⑨ クモ	⑩ トンボ

3　森林公園に行った次の日，おじいさんとお母さん，ゆうたさんとみゆきさん，いとこ2人と合わせて6人で遊園地に行きました。園内に入ったところで，子供会の行事で来ていた同じ学校のれいこさんに会いました。あとの（1），（2）の問題に答えなさい。

（1）　遊園地の入口に，**図3**の看板《かんばん》がありました。この看板と，ゆうたさんとれいこさんの会話をもとに，大人と小学生の入園料をそれぞれ求めなさい。

図3　**入口の看板**

入園料の団体割引《わりびき》
＜小学生＞
◆10名まで……割引なし
◆11名～20名…１名分無料
◆21名～30名…２名分無料
以下10名増えるごとに１名分無料

ゆうたさん	私たちは，小学生４人と大人２人で，2000円の入園料をはらったよ。
れいこさん	私たちは，小学生11人と大人４人で，4500円の入園料をはらったよ。

（2）　ゆうたさんたちは，観覧車《かんらんしゃ》に乗る順番を待っています。次の会話と**図4**をもとに，あとの①～③の問題に答えなさい。

ゆうたさん	すごく高い観覧車だね。
みゆきさん	観覧車の高さは何mあるの？
お母さん	さあ，何mだろう？この観覧車のゴンドラは，観覧車の円周上を１分間に20m進む速さで回るから…。
ゆうたさん	15秒ごとにゴンドラが乗り場にやってくるよ。
お母さん	それなら，**ア**ゴンドラの間隔《かんかく》が分かるね。
ゆうたさん	ゴンドラは全部で60台あるよ。**イ**観覧車が一周する時間も分かるね。
お母さん	**ウ**観覧車の高さも分かるよ。

[注] ゴンドラとは，観覧車の人が乗りこむ部分のこと

図4　**ゆうたさんたちが乗る観覧車**

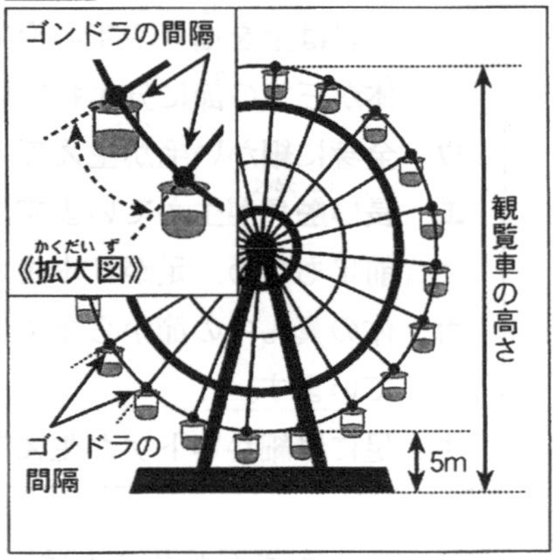

①　下線部**ア**「ゴンドラの間隔」とあります。**図4**のゴンドラの間隔は何mか答えなさい。

②　下線部**イ**「観覧車が一周する時間」とあります。ゴンドラに乗った位置から，同じ位置に戻ってくるまでに何分かかるか答えなさい。

③　下線部**ウ**「観覧車の高さ」とあります。観覧車の高さは何mか答えなさい。答えは四捨五入《ししゃごにゅう》して小数第一位まで求めなさい。ただし，円周率は3.14とします。

料の硬さや摩擦と関係している）、切ったとき材料の細胞にどうなるか（細胞を壊さない
方がきれいだし味もよい）、砥石でとぐと刃先はどうなるか（鋭《するど》くとがるとともに、鋸《のこぎり》の
ような小さなすじもつく）などを考えねばなりません。つまり、「切る」という現象には、
包丁と材料という物質の性質、刃先の運動、細胞の化学反応（注）などがからんでいるのです。「切
る」という簡単《かんたん》なことなのに、これだけの「なぜ」がからんでいるのです（まだ摩擦につ
いては、よくわかっているとはいえません。このような日常現象は、意外に難《むずか》しく、わかっ
ていないことが多いのです）。

このように考えると、「なぜ」に答えるのはそう簡単ではないとわかるでしょう。でも、
こんなふうに考えて「なぜ」に答えるのは、楽しいと思いませんか？

（岩波ジュニア新書『科学の考え方・学び方』池内　了　著より）

〈注〉物質・・・もの
関与・・・関係すること
摩擦・・・ものとものがこすれ合うこと
細胞・・・すべての生物がもつ、体を形づくるごく小さな組織のこと
化学反応・・・ものとものがかかわることで起きる化学的な変化のこと

意＞ | * | と | | の欄には記入してはいけません。 | * ※60点満点

検査問題の番号			解答を記入する欄《らん》	
2	2			5点
	3	番号		
		理由		5点

*

検査問題の番号		解答を記入する欄《らん》					
3	1						3点
	2	時代	建物	所在地	かかわりの深い人物	時代背景	
		古い	ウ				
		↓		エ			
		↓			ア		
		新しい				イ	2点×4
	3						6点

*

意> * と の欄には記入してはいけません。

*

※60点満点

検査問題の番号			解答を記入する欄《らん》		
2	1	(1)	dL		3点
		(2)			2点
	2	(1)	①		3点
			②		3点
		(2)			3点

*

3	1	(1)	計算式 答え： cm^2	5点
		(2)	求め方 答え： cm	6点
	2	(1)	cm	4点
		(2)	cm	4点

*

作文　解答用紙

※の欄《らん》に記入してはいけません。

〔注意〕
① 題名、氏名は書かずに、一行目から書き始めること。
② 原稿《げんこう》用紙の正しい使い方にしたがい、文字やかなづかいも正確に書くこと。

受検番号

※

※30点満点

400字

500字

総合問題Ⅱ　解答用紙

受検番号	

検査問題の番号					解答を記入する欄《らん》	
1	1	(1)			 東　西　※点線は満月のときの月の形とします。これを使って，月の形を書きなさい。	2点
		(2)	①	記号		
				理由		4点
			②		⇒　⇒	2点
	2	(1)				2点
		(2)				3点
	3	(1)	大人		円	
			小学生		円	4点
		(2)	①		m	3点
			②		分	3点
			③		m	4点

*

総合問題Ⅰ　解答用紙

受検番号	

検査問題の番号		解答を記入する欄《らん》		
1	1	分		3
	2	分		4
	3			5

*

検査問題の番号				解答を記入する欄		
2	1	(1)	市町名			2
			農業産出額	約　　億円		3
		(2)	計算式			3
			説明			4
		(3)	① 米	約　　億円		3
			① いちご	約　　億円		3
			②	約　　億円		3

*

問題

◎次の文章は、池内了《いけうちさとる》さんの『科学の考え方・学び方』の一節です。この文章で、筆者は、「なぜ」と疑問を持ち、確かめたり調べたりする時に何が大切だと言っていますか。また、このことを参考にして、あなたが疑問《ぎもん》を解決する時に大切にしていることについて、体験を交えながら書きなさい。ただし、文章は四百字以上五百字以内で、三段落構成で書くこととします。

　自然現象は、すべて物質〈注〉が関与〈注〉《かんよ》していますから、そこで主役を演ずる物質は何かを特定することがまず第一なのです。次に、考える現象が、その物質の性質によるものか、物質の運動や変化によるものかを考えるのです。ときには、その物質が何からつくられているかまで、考えなければならないかもしれません。研究とは、この段階《だんかい》で何が決定的に重要なのかを探《さぐ》りだし、その理由を明らかにし、実験や観察結果を再現すること、といえるでしょう。

　例えば、包丁《ほうちょう》で野菜や魚を切る場面を考えてみましょう。ここにもたくさんの「なぜ」があります。野菜・魚に応じて、包丁の重さや刃《は》の形は異《こと》なっていますね。なぜでしょうか。肉や魚は包丁を引きながら切り、野菜は押して切っていますが、それはなぜなのでしょうか。切れにくい包丁で切ると味がまずくなるといわれるけれど、本当でしょうか。包丁が切れなくなったとき、砥石《といし》でとぐとよく切れるようになるのはなぜでしょう。これだけの疑問に答えるには、包丁そのものが何でできているか（鉄かステンレスかによって、硬《かた》さや刃

平成三十一年度　仙台市立中等教育学校入学者選抜《せんばつ》適性検査（作文）

検査用紙

注意

一　指示があるまで、この「検査用紙」を開いてはいけません。

二　作文の「検査用紙」には、表紙に続き、「検査問題」があります。「解答用紙」は一枚です。

三　「始め」の指示で、「検査用紙」と「解答用紙」に受検番号を書きなさい。その後、「検査問題」に取り組みなさい。検査時間は四十分です。

受検番号	

2　ゆうたさんのクラスでは，葉の一部が白くなる「斑《ふ》入《い》り」になりやすい品種のアサガオを，一鉢《はち》ずつ育てています。同じ日に種を植え，同じ土や植木鉢を使い，同じ場所で育てますが，肥料《ひりょう》や水やりは自分の責任で行っています。

次の１，２の問題に答えなさい。

１　ある日，ゆうたさん，れいこさん，あつしさんの３人は，成長したアサガオを見て次のような会話をしました。あとの（１）～（２）の問題に答えなさい。

れいこさん	どれも大きくなったね。最近は晴れて気温が高い日が続いているから，アサガオにとって良い環境《かんきょう》だったのかも。
あつしさん	芽が出てのび始めたころは同じだったのに，今ではれいこさんのアサガオのたけが一番のびたね。
ゆうたさん	ぼくのものびているけど，れいこさんにはおよばないな。れいこさんのアサガオが良くのびたのはなぜだろう。
れいこさん	アサガオに一日も欠かさず水をやったの。二人はどう？
あつしさん	水やりをわすれた日が多かったかな。
ゆうたさん	水やりをわすれる日はあったけど，水をやるときには，毎回肥料を入れた水をやったよ。
れいこさん	私は，毎日水やりはしたけど，肥料は入れてないよ。
あつしさん	そうなんだ。肥料をやるとよく成長すると思っていたのになあ。

（１）　下線部「肥料を入れた水」とあります。この肥料は液体で，肥料の体積が全体の$\frac{1}{8}$になるよう，水を加えます。全体の体積が0.2Lになるようにするためには，何dLの水が必要か答えなさい。

（２）　３人の会話をもとに，アサガオが最もよく育った条件を**資料１**から一つ選び，Ａ～Ｄの記号で答えなさい。

資料１　**アサガオを育てた条件**

Ａ　気温の高い場所に置く
Ｂ　日光のよく当たる場所に置く
Ｃ　水を十分に与える
Ｄ　肥料を与える

2　れいこさんは，夏休みの自由研究で，斑《ふ》入りで一部が白くなった葉を使って二つの実験をしました。あとの（1），（2）の問題に答えなさい。

実験１

	【手順】 ①　斑入りの葉をつみ取り，アお湯で温めたエタノールにつけた。 ②　水でよく洗い，ペーパータオルで水分を吸《す》い取った。 ③　②の葉をペトリ皿に入れ，ヨウ素液を全体にたらした。 【結果】 イ斑入りの部分を除《のぞ》き，全体が青むらさき色に染《そ》まった。

実験２

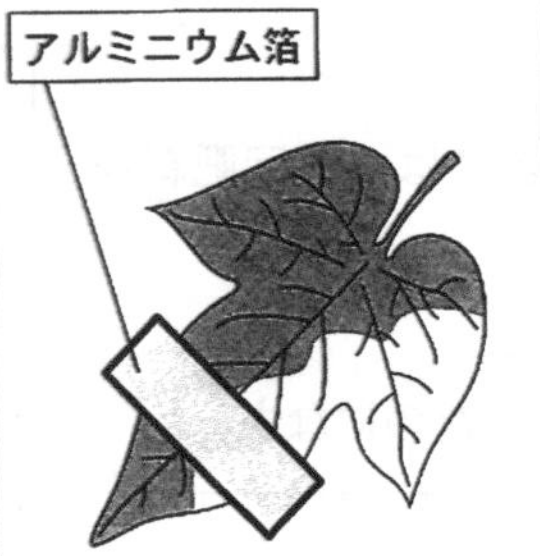	【手順】 ①　アサガオについている斑入りの葉に，左図のように葉の裏《うら》側までアルミニウム箔《はく》をしっかり巻きつけた。 ②　２日間，葉が十分日光に当たるようにした。 ③　葉をつみ取り，アルミニウム箔を外して，お湯で温めたエタノールにつけた。 ④　水でよく洗い，ペーパータオルで水分を吸い取った。 ⑤　④の葉をペトリ皿に入れ，ヨウ素液を全体にたらした。 【結果】 斑入り以外の部分でも，青むらさき色に染まる部分と染まらない部分があった。

（1）　**実験１**について，あとの①，②の問題に答えなさい。

①　下線部ア「お湯で温めたエタノールにつけた」とあります。この手順が必要な理由を答えなさい。

②　下線部イ「斑入りの部分を除き，全体が青むらさき色に染まった」とあります。斑入りの部分が染まらなかった理由を答えなさい。

（2）　**実験１**，**実験２**の結果からわかることを，**資料２**から全て選び，Ａ～Ｄの記号で答えなさい。

資料２　実験からわかること

Ａ　葉でデンプンが作られるためには，太陽の光が必要である。
Ｂ　太陽の光がなくても，葉の緑色の部分ではデンプンが作られる。
Ｃ　斑入りの部分は，太陽の光を当てないとデンプンが作られる。
Ｄ　デンプンが作られるのは，葉の緑色の部分である。

3　仙台青陵中等教育学校では，３年生のときに九州研修に行きます。たろうさんとはなこさんは長崎の自主研修で，凧《たこ》作りとカステラ作りを見学しました。
次の１～２の問題に答えなさい。

1　二人は，文化祭で長崎の凧を展示《てんじ》しようと考えました。そのために，図１の凧の辺や対角線の長さを測らせてもらいました。
あとの（１），（２）の問題に答えなさい。

（１）　この凧の面積は何cm²か答えなさい。また，求め方がわかるように計算式も書きなさい。

（２）　辺ＡＥの長さを測り忘《わす》れたため，お店の人に電話で確認したところ，次のようなヒントをもらいました。ヒントをもとに辺ＡＥは何cmか答えなさい。また，求め方がわかるように計算式や言葉を使って説明しなさい。

資料　店員さんからもらったヒント

三角形ＡＢＤと三角形ＢＣＤの面積の比が，５：16になる点がＥです。

図１　凧の型紙（左右対称《たいしょう》）

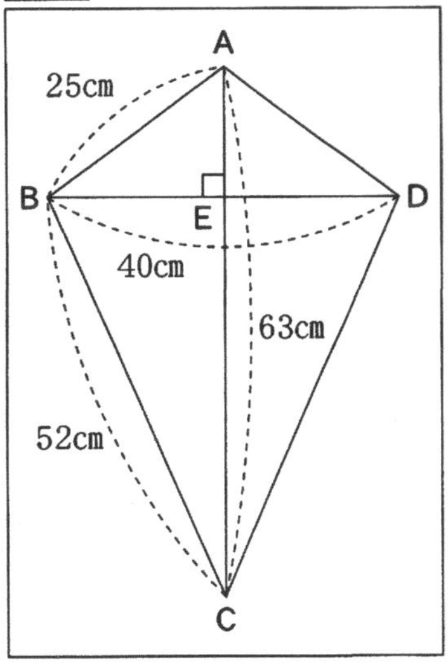

2　次に二人はカステラ作りを見学し，販売《はんばい》されるまでの流れを，図２のようにまとめました。あとの（１），（２）の問題に答えなさい。

（１）　③のように切り分けた長方形のカステラの辺ａは何cmか答えなさい。ただし，辺ａ，辺ｂの長さはともに整数とします。

（２）　④の箱の辺ｃの長さは60cmより短く，切り分けたカステラを同じ向きに箱の中に並べると，すきまなく入ります。④の辺ｄの長さは何cmか答えなさい。ただし，箱の紙の厚さは考えないものとします。

図２　カステラが販売されるまでの流れ

①
上面の１辺が60cmの大きな正方形のカステラを焼きます。

②
上面が同じ大きさの長方形になるよう，むだなく切り分けます。

③
切り分けたカステラは，辺ａ，辺ｂともに５cm以上で，辺ａと辺ｂの長さをたすと16cmになります。

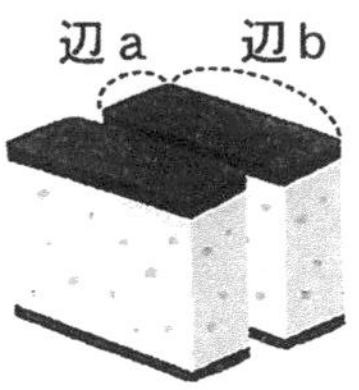

④
辺ｃ：辺ｄの比が５：４の長方形の箱に，同じ向きにすきまなくつめて販売します。

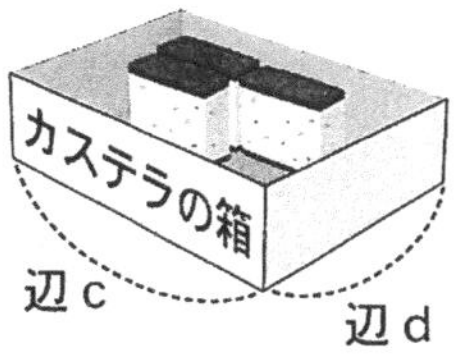

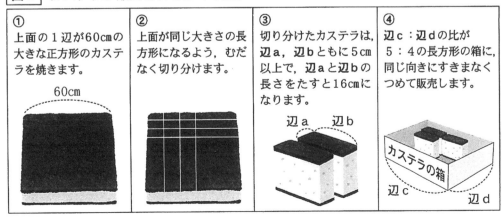

資料4 **農業・農村の有する多面的機能**

農業・農村は，私たちが生きていくのに必要な米や野菜などの生産の場としての役割を果たしています。しかし，それだけではありません。農村で農業が継続《けいぞく》して行われることにより，私たちの生活に色々な「めぐみ」をもたらしています。このめぐみを「農業・農村の有する多面的機能」と呼んでいます。例えば，水田は，雨水を一時的に貯留してこう水《ずい》や土砂《どしゃ》くずれを防いだり，多様な生きものを育んだりしています。

また，私たちにとって自然体験と教育，文化を伝承する機能も果たしています。さらに，美しい農村の風景は，私たちの心を和ませてくれるなど，大きな役割を果たしており，そのめぐみは，都市住民をふくめて国民全体に及《およ》んでいます。

[注] 貯留とは，水などをためておくこと

（出典　農林水産省 ホームページ）

3　たけるさんとはるかさんは，それぞれ家族で出かけた時のことを話しています。次の１～３の問題に答えなさい。

たけるさん　ぼくが行った岩出山《いわでやま》の旧有備館《きゅうゆうびかん》は，江戸時代に建てられた書院造《しょいんづくり》の建物で，内部のつくりが**ア**ぼくの家の部屋のつくりによく似ていたんだ。文化が時代をこえて受けつがれているんだね。

はるかさん　私は，2011年に世界遺産《いさん》に登録された平泉《ひらいずみ》に行ってきたよ。似ているといえば，世界文化遺産の一つに選ばれた無量光院跡《むりょうこういんあと》の無量光院は，平等院鳳凰堂《びょうどういんほうおうどう》をモデルに建てられたんだって。**イ**同じ時代に建てられた二つの建物にこめた貴族《きぞく》の思いが伝わってきたよ。

１　下線部ア「ぼくの家の部屋のつくりによく似ていた」とあります。**写真１**，**写真２**に共通するつくりについて，具体的に説明しなさい。

写真1 **たけるさんの家の部屋**

写真2 **旧有備館**

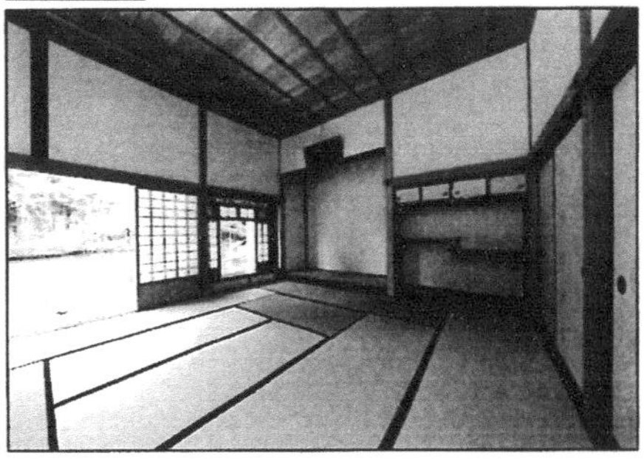

（出典　みやぎ大崎観光公社ホームページ）

2　はるかさんは，国内の世界文化遺産に登録された建物と，その建物の所在地やかかわりの深い人物，建てられたころの時代背景について**表**にまとめました。**表**の空らんに当てはまるものを，**語群**からそれぞれ一つずつ選び，**ア～オ**の記号で答えなさい。ただし，同じ記号を２回以上使ってもかまいません。

表　**世界文化遺産についてのまとめ**

時代	建物	所在地	かかわりの深い人物	時代背景
古い	ウ			
⇩		エ		
			ア	
新しい				イ

語群　**表に入る語句や説明**

建物
- **ア**　厳島神社《いつくしまじんじゃ》
- **イ**　銀閣《ぎんかく》
- **ウ**　法隆寺《ほうりゅうじ》
- **エ**　平等院鳳凰堂《びょうどういんほうおうどう》

かかわりの深い人物
- **ア**　平《たいらの》　清盛《きよもり》
- **イ**　藤原道長《ふじわらのみちなが》
- **ウ**　足利義政《あしかがよしまさ》
- **エ**　聖徳太子《しょうとくたいし》

時代背景
- **ア**　貴族による朝廷《ちょうてい》を中心とする美しくはなやかな日本風の文化が栄えた。
- **イ**　武士が将軍《しょうぐん》として政治を行うようになり，洗練《せんれん》された深みのある文化が栄えた。
- **ウ**　仏教が広まるとともに，外国の学問や文化を取り入れた国づくりを進めた。
- **エ**　武士が強い勢力を持ち，政治を思うように動かすようになった。

3　下線部**イ**「同じ時代に建てられた二つの建物にこめた貴族の思い」とあります。**写真3**，**写真4**と**資料**を見て，二つの建物にこめられた当時の貴族の思いを，「極楽浄《ごくらくじょう》土《ど》」という言葉を使って説明しなさい。

写真3　平等院鳳凰堂

（出典　情報処理推進機構ホームページ）

写真4　無量光院の再現図

（出典　平泉町ホームページ）

資料　平等院鳳凰堂が建てられたころの社会の様子

・戦いなどの争いがたえず，また，ききんや地震《じしん》などの天災が続いて起こり，人々の気持ちや生活があれていた。
・仏教がすたれ，世の中が終わってしまうのではないかという不安や末法《まっぽう》の考え方が広まっていた。

受検番号	

平成３０年度
仙台市立中等教育学校入学者選抜《せんばつ》適性検査（総合問題Ⅰ）

検　査　用　紙

注　意

1　指示があるまで，この「検査用紙」を開いてはいけません。

2　総合問題Ⅰの「検査用紙」には，表紙に続き，１ページから６ページまで「検査問題」があります。「解答用紙」は１枚です。

3　「始め」の指示で，「検査用紙」と「解答用紙」に受検番号を書きなさい。その後，「検査問題」に取り組みなさい。検査時間は４０分です。

4　解答は，すべて「解答用紙」に記入しなさい。「検査用紙」の空いているところは，自由に使ってかまいません。

1　ともみさんが住む仙台市に，いとこのひろしさんが新潟《にいがた》市から遊びに来ました。ひろしさんが仙台市に着いた日は，天気も良かったので，家族といっしょに，家の近くを流れる広瀬川沿《ぞ》いを散歩しました。

次の１～３の問題に答えなさい。

資料１　仙台市内を流れる広瀬川《ひろせがわ》

（出典　仙台市建設局河川課ホームページ）

ひろしさん　水の量が少ない場所だね。川がカーブしていて，ここから見ると，左側と右側では川岸の様子のちがいがよくわかるね。

お父さん　それぞれの川岸が，どのようにしてできたかわかるかな。

ともみさん　理科の授業で実験をしたことを覚えているけど・・・。

ひろしさん　**ア**川岸のでき方には水のはたらきが関係しているんだよね。

ともみさん　うん，思い出したわ。ところで，新潟県に大きな川は流れているの？

ひろしさん　新潟県には信濃川《しなのがわ》が流れていて，川の長さは日本一なんだよ。

ともみさん　水の量はどうなの？

お母さん　ひろしさんが住む［　1　］側の新潟市と私たちが住む［　2　］側の仙台市を比べると，平均気温は同じくらいだけど，降水《こうすい》量が冬に大きくちがうから，信濃川の方が水の量は多いと思うわ。

お父さん　そうだね。新潟県がお米の収かく量で全国一なのは，地形や気候が米作りに適しているからだろうね。

ともみさん　宮城県のお米の収かく量が今年（平成29年）は全国５位って聞いたことがあるわ。

お母さん　そうね，いろいろな工夫があるのだろうけど，［　2　］側にある宮城県のお米の収かく量が多いのは，**イ**米作りに適した地形も関係していると思うわ。

１　下線部**ア**「川岸のでき方には水のはたらきが関係している」とあります。**資料１**を見て**左**側，**右**側それぞれの川岸のでき方を説明しなさい。

２　**資料２**，**資料３**を見て，あとの（１），（２）の問題に答えなさい。

（１）［　1　］，［　2　］にあてはまる言葉を答えなさい。

（２）仙台市と新潟市の平均降水量についての**表**を完成させなさい。また，二つの市を比べると，冬の平均降水量の差が夏より大きくなる理由を説明しなさい。ただし，夏とは６月，７月，８月を，冬とは１月，２月，１２月を示すものとします。

表　仙台市と新潟市の平均降水量とその差

	冬(mm)	夏(mm)
仙台市		491.9
新潟市		460.6
差		31.3

資料2　月ごとの平均気温と平均降水量(1981年〜2010年)

市	気温と降水量	1月	2月	3月	4月	5月	6月	7月	8月	9月	10月	11月	12月
仙台	気温(℃)	1.6	2.0	4.9	10.3	15.0	18.5	22.2	24.2	20.7	15.2	9.4	4.5
	降水量(mm)	37.0	38.4	68.2	97.6	109.9	145.6	179.4	166.9	187.5	122.0	65.1	36.6
新潟	気温(℃)	2.8	2.9	5.8	11.5	16.5	20.7	24.5	26.6	22.5	16.4	10.5	5.6
	降水量(mm)	186.0	122.4	112.6	91.7	104.1	127.9	192.1	140.6	155.1	160.3	210.8	217.4

(出典　気象庁ホームページ各種データ・資料より作成)

資料3　冬の気候のようす

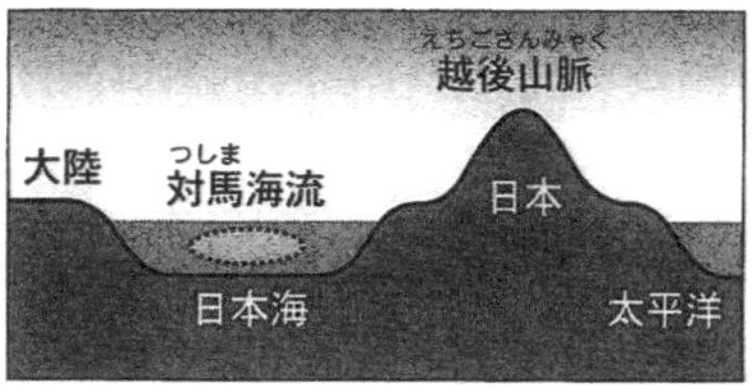

(出典　新潟県十日町市ホームページ)

3　下線部イ「米作りに適した地形」とあります。資料4を見て，宮城県が米作りに適している理由を，地形に関係付けて答えなさい。

資料4　宮城県の地形

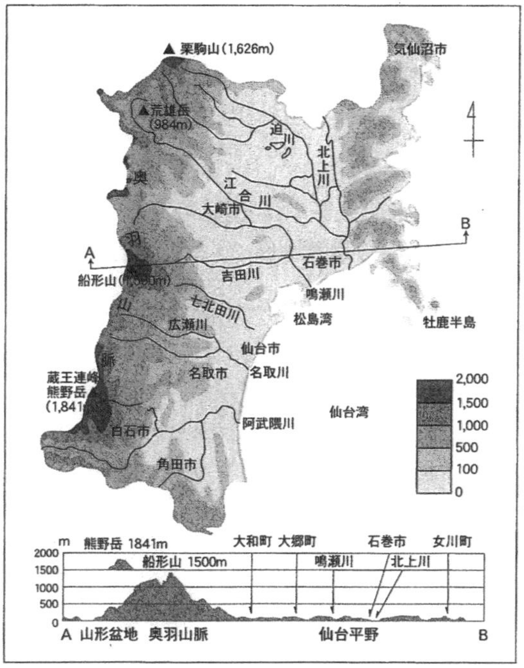

(出典「みやぎの河川・ダム・海岸」宮城県土木部河川課)

2　日本の米作りに関心をもったひろしさんとともみさんは，お父さんから，日本の食料生産や農業についての資料を見せてもらいました。

次の１～３の問題に答えなさい。

ひろしさん	**資料１**を見てごらん。**ア**五つの国の食料自給率を比べると，カナダが1980年からずっと一番で，2010年には，ほかの四つの国との差が大きくなっているよ。
ともみさん	この資料の1990年より後を見ると，フランスとイギリスは下がり続けているわ。でも，アメリカは1990年と2000年ではフランスより低かったけれど，2010年にはフランスをこえているわね。
ひろしさん	そうだね。それに**資料２**を見ると，**イ**農業で働く人数や年令にも大きな変化があるね。
ともみさん	**ウ**日本の食料生産や農業がかかえる課題は，食料自給率などの問題だけではなさそうね。

1　下線部**ア**「五つの国の食料自給率を比べる」とあります。会話文を読んで，**資料１**の**Ａ国～Ｄ国**に入る国名を答えなさい。

資料１　**日本と主な国の食料自給率（％）（カロリーベース）**

国名＼年	1970	1980	1990	2000	2010
Ａ国	112	151	129	125	135
Ｂ国	109	156	187	161	225
Ｃ国	104	131	142	132	130
Ｄ国	46	65	75	74	69
日本	60	53	48	40	39

（出典　農林水産省ホームページより作成）

2　下線部**イ**「農業で働く人数や年令にも大きな変化がある」とあります。**資料２**を見て，農業で働く人は，1970年と2010年それぞれ何万人か，四《し》捨《しゃ》五《ご》入《にゅう》して上から２けたのがい数で求め，**表**を完成させなさい。ただし，農業で働く全体の人数は，1970年は1560万人，2010年は450万人とします。

表　**農業で働く人数**

年令	1970年	2010年
30～59歳	万人	万人
60歳以上	万人	万人

資料２　**農業で働く人数と年令別割合**

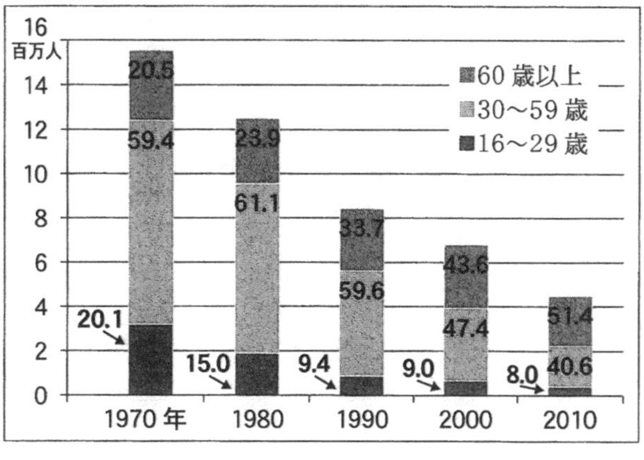

（出典　農林水産省ホームページ農林業センサス累年統計より作成）

3　下線部**ウ**「日本の食料生産や農業がかかえる課題」とあります。どのような課題があるか，**資料２**からわかる主なことを二つ答えなさい。

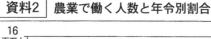

受検番号	

平成３０年度
仙台市立中等教育学校入学者選抜《せんばつ》適性検査（総合問題Ⅱ）

検　　査　　用　　紙

注　意

1　指示があるまで，この「検査用紙」を開いてはいけません。

2　総合問題Ⅱの「検査用紙」には，表紙に続き，１ページから６ページまで「検査問題」があります。「解答用紙」は１枚です。

3　「始め」の指示で，「検査用紙」と「解答用紙」に受検番号を書きなさい。その後，「検査問題」に取り組みなさい。検査時間は４０分です。

4　解答は，すべて「解答用紙」に記入しなさい。「検査用紙」の空いているところは，自由に使ってかまいません。

[1]　まさやさんは，ある冬の夜に，妹のえりさんとサイダーを飲みながら，次のような会話をしました。

次の１～４の問題に答えなさい。

えりさん	お兄ちゃん。サイダーのペットボトルの中に見えるあわは何なの？
まさやさん	これはね，[1] という気体だよ。
えりさん	気体には，ほかにどんなものがあるの？
まさやさん	**ア**空気中には，[2] や [3] があるよ。空気中に一番多くあるのが，[3] なんだ。
えりさん	シャボン玉もあわみたいだけど，あの中には何が入っているの？
まさやさん	中に入っているのは空気だよ。でも，人がふきこんだ空気でふくらんでいるから，まわりの空気よりも，[2] が減って，[1] が増えていると思うな。それから，人がふきこんだ空気でふくらんでいるから，[4] も増えていると思うよ。
えりさん	そう言えば，体育の授業で長いきょりを走った後は，息をすったりはいたりするのが速くなるよね。これも気体が関係しているの？
まさやさん	たくさん走った後は，体が [2] を必要としているから，呼吸《こきゅう》が速くなるんだよ。
えりさん	**イ**心臓《しんぞう》もどきどきしたなあ。呼吸と心臓のはたらきには大きな関係があるのかなあ。

１　会話文の [1] ～ [4] に入る，気体の名前を答えなさい。ただし，同じ番号には同じ気体の名前が入ります。

２　下線部**ア**「空気中には，[2] や [3] がある」とあります。まさやさんは，理科の授業で，その気体２，気体３のはたらきを調べるために，**図１**のような器具で実験をしたことがあります。あとの（１），（２）の問題に答えなさい。

図1

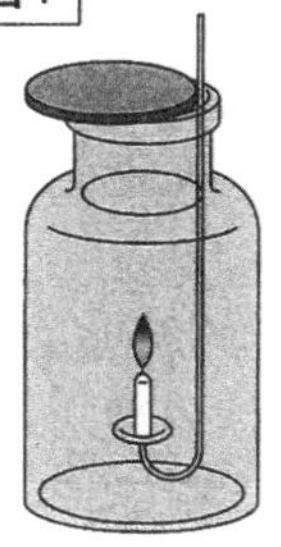

（１）　気体２，気体３を別々のびんに閉じ込めて，火のついたろうそくを入れました。空気中でろうそくを燃やすのと比べて，どのようになるか，その組み合わせとして正しいものを，**表１**から一つ選び，**ア**～**エ**の記号で答えなさい。

表1

	気体２だけの場合	気体３だけの場合
ア	激《はげ》しく燃える	変わらない
イ	すぐに消える	激しく燃える
ウ	激しく燃える	すぐに消える
エ	すぐに消える	変わらない

（2） 気体2，気体3を半分ずつ混ぜたものをびんに閉じ込めて，火のついたろうそくを入れました。空気中でろうそくを燃やすのと比べて，どのようになると考えられるか，**表2**から一つ選び，**ア～ウ**の記号で答えなさい。また，そのように考えた理由を，気体の名前を使って説明しなさい。

表2

	気体2と気体3が半分ずつの場合
ア	空気中と比べて激しく燃える
イ	空気中と同じように燃える
ウ	すぐに火が消える

3 下線部**イ**「心臓もどきどきした」とあります。これは心臓が血液を全身に送り出すときに見られる現象です。この心臓の動きを何というか答えなさい。また，心臓のはたらきにより，血液が全身をめぐる中で運んでいる主な三つのものを答えなさい。

4 まさやさんが窓《まど》から夜空を見上げると，南の空に**資料**のようにオリオン座が見えました。あとの（1），（2）の問題に答えなさい。

資料 オリオン座

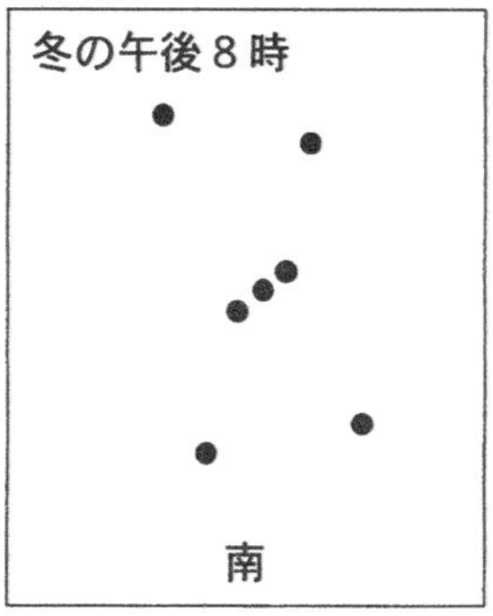

（1） 3時間後に，まさやさんが夜空を見上げると，オリオン座の見え方が少し変わっていました。オリオン座はどのように見え方が変わったのか，方角と星の並びについて説明しなさい。

（2） オリオン座は日本の伝統的な楽器である「つづみ」という太鼓《たいこ》に似ていることから「つづみ星」とも呼ばれています。**図2**の直方体の容器で，**図3**のつづみ型の容器に水を入れ，**図3**の体積をはかりました。**図2**の容器の側面と底面の木の厚さは1㎝とします。あとの①，②の問題に答えなさい。

① 1.4Lの水が入っている**図3**の容器に，**図2**の容器で水を入れると10ぱい目でちょうどいっぱいになりました。**図3**の容器の容積は何㎤か答えなさい。

② **図3**の容器に水が入っていなかった場合，**図2**の容器で水を入れると，何はい目で水があふれるか答えなさい。

図2

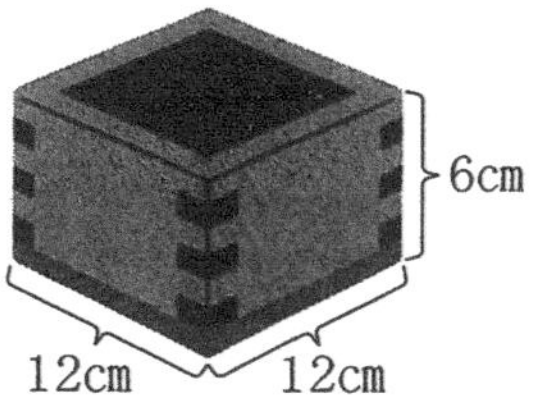

図3

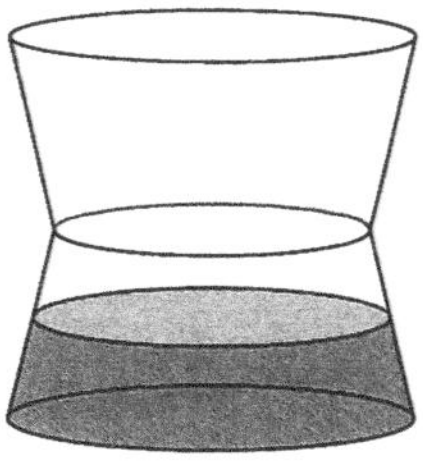

2　しんごさんとりほさんが所属している吹奏楽《すいそうがく》部では，毎年５月に定期演奏会を開さいしています。会場費は学校から支出されますが，入場料をいくらにするか，チラシのデザインをどうするかなど，今年も部員みんなで準備を進めています。

次の１，２の問題に答えなさい。

1　毎年，入場料の全額を赤十字に寄付していますが，今年の目標額をいくらにするか，話し合っています。あとの（１），（２）の問題に答えなさい。

しんごさん	去年の入場者は何人だったかなあ。
たつやさん	去年は，入場者が285人で，そのうち20％が子供だったよ。
しんごさん	子供は無料で，大人は一人200円ずつ入場料をもらったんだよね。
り ほ さ ん	そうだったわね。去年はたくさんお客さんが来てくれたから，ア目標の40000円より多くなったんだよ。
あゆみさん	今年は去年より大きな会場だから，今年の目標額は60000円でどうかしら？
り ほ さ ん	いいわね。でも，どうするの？入場料を値上げするの？
たつやさん	去年と同じように，子供は無料，大人は200円のままがいいね。そして，地域の人たちにもっと多く来てもらえるように，部員みんなでお願いしよう。
あきえさん	大変そうね。でも，計算してみると，イ部員一人一人が，去年より大人の入場者を二人ずつ増やすように声がけすればちょうど目標額になるってことね。
しんごさん	そう考えるとわかりやすいね。大変だけど，みんなでがんばろう。

（１）　下線部ア「目標の40000円より多くなった」とあります。去年はいくら寄付することができたか答えなさい。

（２）　下線部イ「部員一人一人が，去年より大人の入場者を二人ずつ増やすように声がけすればちょうど目標額になる」とあります。この会話から，何人の部員がいると考えられるか答えなさい。

に高揚感を隠しきれません

牛乳パックの上部には、牛乳を注ぐための〈注〉四角錐《しかくすい》の部分がありますね。生徒たちは「この部分に残りが入っているに違《ちが》いない」と推理《すいり》して、その部分の容積を計算し、足し上げてみましたが、それでもまだ容積は一リットルに満たないのです。牛乳は一体どこに消えてしまったのでしょう？　それとも本当に詐欺なんでしょうか。

果たしてこの謎を解いたのは、普段《ふだん》はテストの成績があまりよくないという生徒でした。ヒントは牛乳パックの材質にあります。紙とポリエチレンでできているため、中に入っている牛乳の圧力で、変形して外側に膨《ふく》らんでいるのです。みなさんも、牛乳パックを手に持った時に気づいたことはないですか。膨らんだ部分に残りの牛乳が入っているから、計算で求めた以上の容量を収納《しゅうのう》することができたというわけです。ここでも材料費を安く抑《おさ》えるため、膨らむことを見越《みこ》して無駄のない大きさのパックが使われていたことが分かりました。

（岩波ジュニア新書『質問する、問い返す　主体的に学ぶということ』名古谷隆彦　著　より）

〈注〉円筒形・・・丸い筒をした形。底面と上面が正円の立体図形。
高揚感・・・気持ちが非常に興奮《こうふん》した感覚。
四角錐・・・エジプトにあるピラミッドの形をした立体図形。

注意＞ * 　の欄に記入してはいけません。

* ※60点満点

検査問題の番号		解答を記入する欄《らん》	
2	3		4点

*

3	1					5点
	2				→ → → → →	4点
	3	(1)				3点
		(2)				3点
		(3)	①	記号		
				理由		3点
			②			4点
		(4)	ウ	記号		
				目的		3点
			オ	記号		
				目的		3点

*

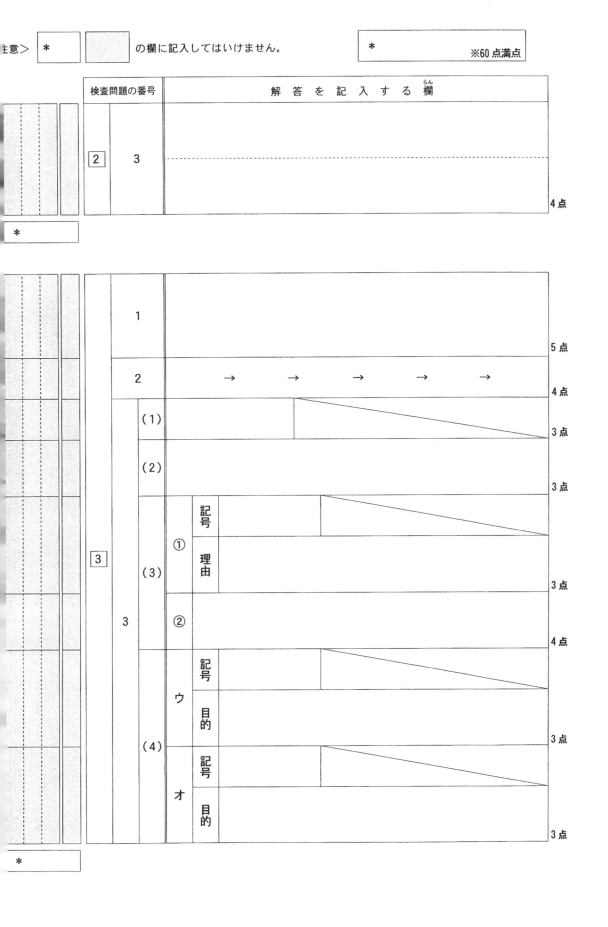

＜注意＞ ＊ の欄に記入してはいけません。

＊ ※60点満点

検査問題の番号			解答を記入する欄《らん》		
2	1	(1)	円		4点
		(2)	人		4点
	2	(1)	時速 km		4点
		(2)	午後 時 分		4点

＊

3	1			4点
	2	cm		4点
	3	図		4点
		長さ cm		4点

＊

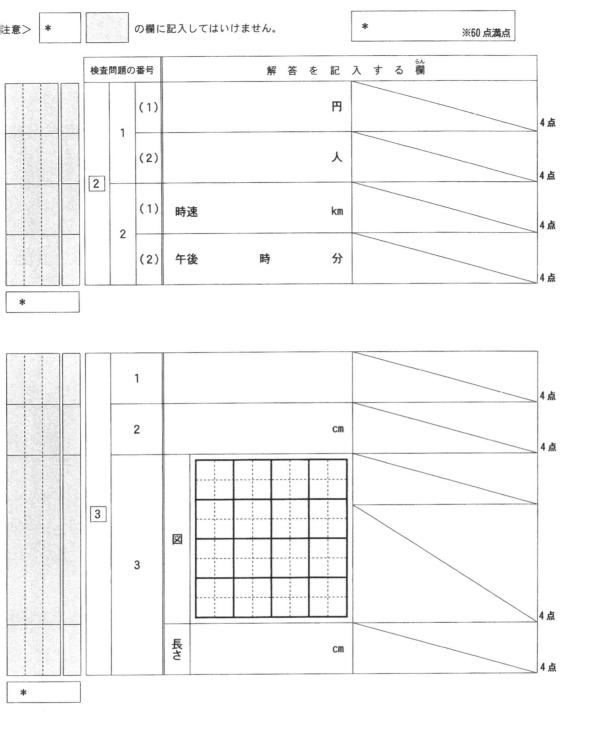

作文　解答用紙

※ の欄《らん》に記入してはいけません。

〔注意〕
① 題名、氏名は書かずに、一行目から書き始めること。
② 原稿《げんこう》用紙の正しい使い方にしたがい、文字やかなづかいも正確に書くこと。

受検番号

※

※30点満点

400字 →

５００字

4)

総合問題Ⅱ　解答用紙

受検番号	

検査問題の番号				解答を記入する欄《らん》
1	1	1		
		2		
		3		
		4		
	2	(1)		
		(2)	記号	
			理由	
	3		動き	
			運んでいるもの	
	4	(1)		
		(2)	①	cm^3
			②	はい目

＊

2)

総合問題Ⅰ　解答用紙

受検番号	

検査問題の番号			解答を記入する欄《らん》				配点
1	1		左側				
			右側				4
	2	(1)	1		2		3
		(2)		冬(mm)	夏(mm)		
			仙台市		491.9		
			新潟市		460.6		
			差		31.3		3
			理由				4
	3						4

*

						配点
2	1	A国		C国		
		B国		D国		4
	2	年齢	1970年	2010年		
		30～59歳	万人	万人		3
		60歳以上	万人	万人		3

*

問題

◎次の文は、ある中学校の数学の授業の様子を説明した文章の一節です。缶《かん》ジュースの容器や牛乳《ぎゅうにゅう》パックの謎《なぞ》を解くことができたのはなぜだと思いますか。また、このことについてあなたはどのように考えますか。あなたの体験を交えながら書きなさい。ただし、文章は四百字以上五百字以内で、三段落《だんらく》構成で書くこととします。

　まず初めに先生が題材に取り上げたのは、缶ジュースの容器です。「なぜ缶ジュースは〈注〉円筒形《えんとうけい》なのか」という問いについて、クラスのみんなに考えてもらいます。「持ちやすいから」「自動販売機《はんばいき》から出てきやすいから」。思いつくままに生徒が意見を言う中で、少し変わったことを言う生徒がいました。「一番無駄《むだ》のない形だからじゃないの?」。

　みんなで計算してみると、缶の表面積を小さくしたい場合、四角柱ではなく円筒形にした方がよいことが確かめられました。面積が小さければ、その分だけ容器の材料費は安くすみます。持ちやすさもさることながら、円筒形にはそれなりの理由があることに気づきました。

　「では、なぜ牛乳パックは円筒ではなく、四角柱になっているんだろう」というのが、先生が用意した本題です。生徒たちは一リットル入りの牛乳パックを「分解」して容積を調べていきます。「底辺×底辺×高さ」の公式に当てはめて計算すると、驚《おどろ》いたことに約九百五十五ミリリットルしか容量がないことが分かりました。一人の生徒が目を輝《かがや》かせ

平成三十年度　仙台市立中等教育学校入学者選抜《せんばつ》適性検査（作文）

検査用紙

受検番号	

注意

一　指示があるまで、この「検査用紙」を開いてはいけません。

二　作文の「検査用紙」には、表紙に続き、「検査問題」があります。「解答用紙」は一枚です。

三　「始め」の指示で、「検査用紙」と「解答用紙」に受検番号を書きなさい。その後、「検査問題」に取り組みなさい。検査時間は四十分です。

2　自宅に帰ったしんごさんは，チラシづくりの参考にする本を借りるために，りほさんの家へ行きました。**資料１**，**資料２**を見て，あとの（１），（２）の問題に答えなさい。

資料１　**しんごさんの移動のようす**

しんごさんは，自転車に乗って，自宅を午後３時に出ました。途中《とちゅう》で学校の横を通ると，学校の時計は午後３時10分を示していました。りほさんの家で本を借り，その後，同じ道を通って自宅へ帰りました。行きは急ぎましたが，帰りはつかれたので，行きよりも少し速さを落として帰りました。行きと帰りの速さの比は，４：３でした。（ただし，行きと帰りの自転車の速さは，それぞれ一定と考え，途中止まらないこととします。）

資料２　**道のりと時刻のグラフ**

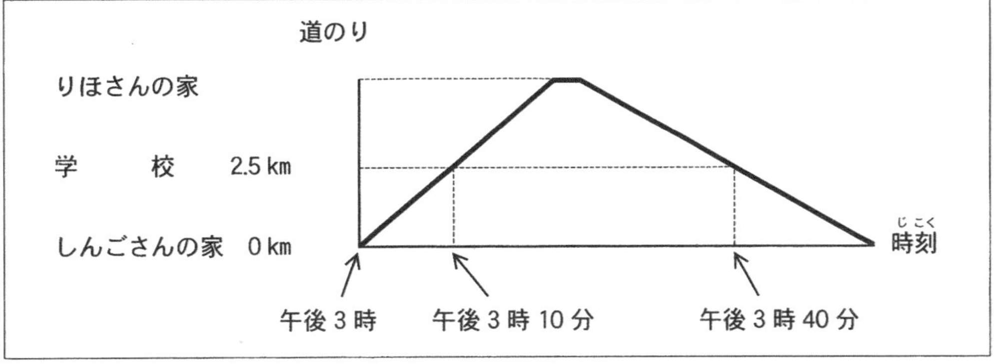

（１）　しんごさんの帰りの自転車の速さは，時速何kmか答えなさい。

（２）　しんごさんがりほさんの家から自宅にもどった時刻は，午後何時何分か答えなさい。ただし，秒以下は切り捨《す》てることとします。

3　線をたどって，常に前進して動くロボットがあります。

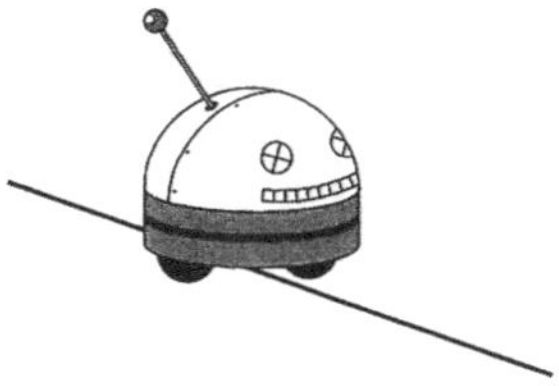

資料1のように，1辺が10cmの正方形のパネルが4種類あって，**パネルa**～**パネルc**には，ロボットがたどる線がかかれており，**パネルd**には線がありません。それぞれのパネルを枚《まい》数に制限はなく使用することができます。また，パネルの外わくはロボットがたどる線ではありません。

資料2のように，**わくA**には縦《たて》と横に3枚ずつで合計9枚のパネル，**わくB**には縦と横に4枚ずつで合計16枚のパネルを置くことができます。これらのわくに，ロボットがたどる線が途《と》切《ぎ》れないようにパネルを置いていきます。パネルは，90°，180°，270°のどの角度に回転させて置いてもかまいませんが，重ねて置くことはできません。円周率は3.14とします。

次の1～3の問題に答えなさい。

資料1

パネルa		1組の向かい合う辺の中点を直線で結んだもの。
パネルb		2組の向かい合う辺の中点をそれぞれ直線で結んだもの。 ロボットは，上下，または左右の方向に直進することができるが，直角に曲がって進むことはできない。
パネルc		正方形の1つの頂点を中心として，半径が5cmの円をかいたもの。
パネルd		線がかかれていないもの。

資料2

わくA

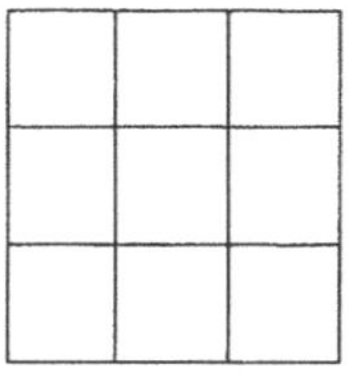

わくB

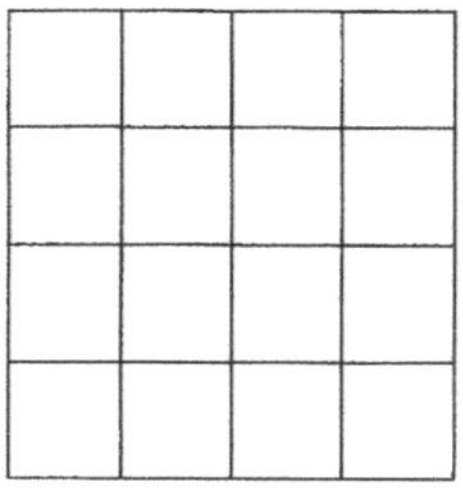

1　**パネルｃ**にかかれている線の長さは何cmですか。次の**ア～エ**の中から一つ選び，記号で答えなさい。

ア　3.925cm　　**イ**　7.85cm　　**ウ**　15.7cm　　**エ**　19.625cm

2　**わくＡ**を使って，パネルを次の**ア**，**イ**のように置いたとき，ロボットがたどる線の１周分の長さの差を求めなさい。

ア

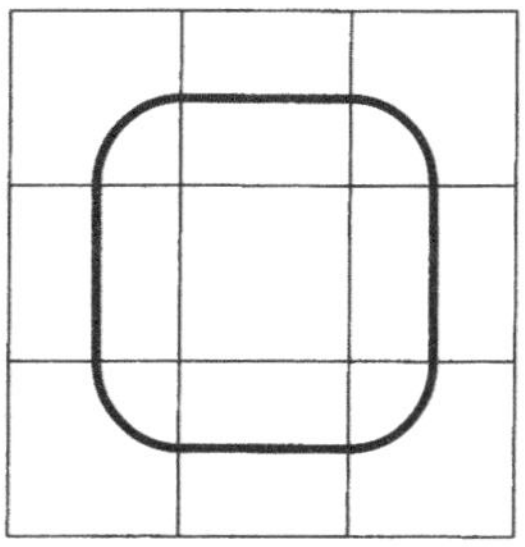

イ

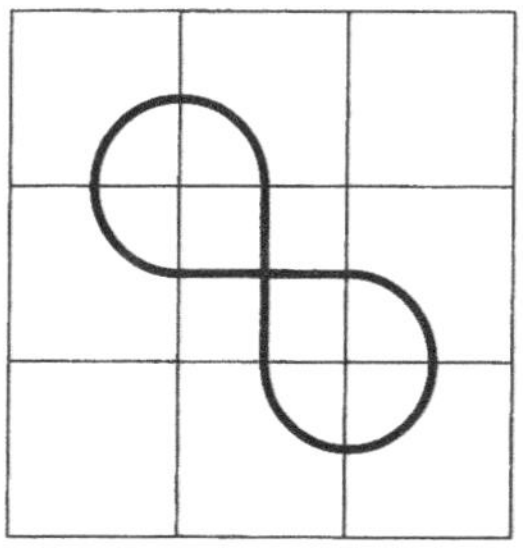

3　**図**は，**わくＢ**を使って，ロボットがたどる線をなるべく長くなるようにパネルを置いたものです。ロボットがたどる線の１周分の長さが，この**図**よりも長くなるようにパネルを置いたとき，その線を解答用紙の図にかき入れなさい。また，そのときの線の１周分の長さを求めなさい。（**下書き用の図**と解答用紙の**図**には，ロボットがたどる線とは別に，作図のために補助線《ほじょせん》 --------- を入れています。）

図

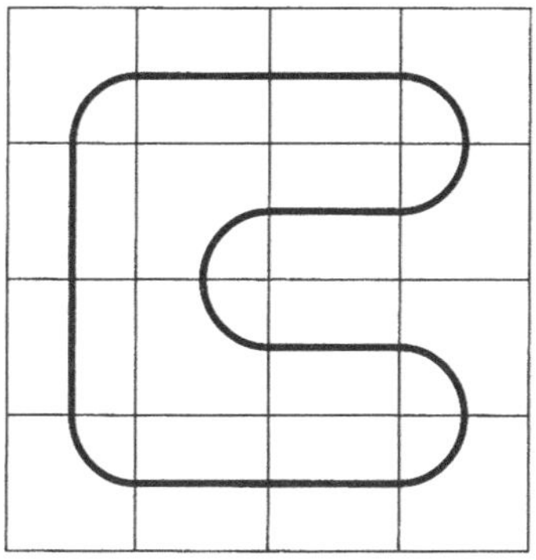

……………………………次の図は下書きとして使用してもよい……………………………

下書き用の図

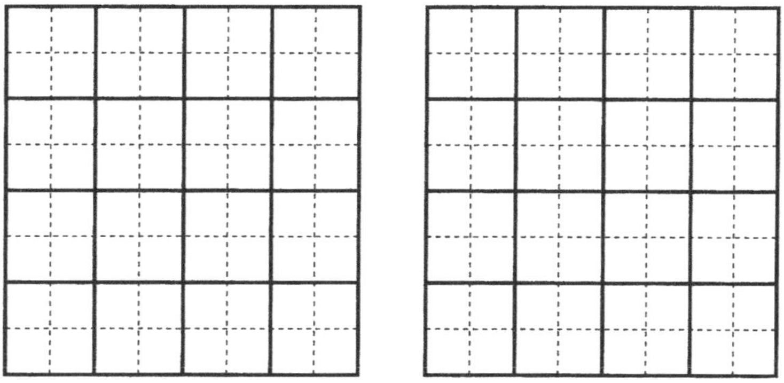

3　次の日，ひろしさんはともみさんたちと，仙台市の文化財を見学することになりました。次の１～３の問題に答えなさい。

お 父 さ ん	仙台市には，貴重な文化財がたくさんあるんだ。それをまとめた資料を用意したよ。ひろしさんは何か見たいものあるかな。
ひろしさん	僕は，社会の授業で学んだ聖武天皇《しょうむてんのう》に興味があるんだ。だから，国《こく》分寺《ぶんじ》を見てみたいな。
お 父 さ ん	聖武天皇は国ごとに国分寺を建てるよう命じたんだよ。仙台市にもその一つである陸奥《むつ》国分寺があるんだ。
ともみさん	なぜ，聖武天皇は，全国に国分寺を建てたの？
ひろしさん	**ア**聖武天皇は，不安定な世の中を治めるために，全国に国分寺を建てたって，聞いたよ。
お 父 さ ん	そうなんだよ。ところで，用意した資料には，国分寺のほかにもたくさん文化財があるから，**イ**年代の古い順番にまわってみよう。

1　下線部**ア**「聖武天皇は，不安定な世の中を治めるために，全国に国分寺を建てた」とあります。聖武天皇は，どのように世の中を治めようとしたのか，次の三つの言葉を使って説明しなさい。

仏教，東大寺，災害や反乱

2　下線部**イ**「年代の古い順番にまわってみよう」とあります。**資料１**を見て，どの順番で見学すればよいか，①～⑥の番号で答えなさい。

資料１　**仙台市の文化財**

①木造釈迦如来立像《もくぞうしゃかにょらいりゅうぞう》
武士の時代が始まり，全国にこの信仰《しんこう》がひろがりました。

②黒漆五枚胴具足《くろうるしごまいどうぐそく》
仙台藩《はん》を開いた伊達政宗《だてまさむね》が愛用したものであると伝えられています。

③陸奥国分寺跡《あと》
聖武天皇によって全国に建てられた国分寺の一つです。

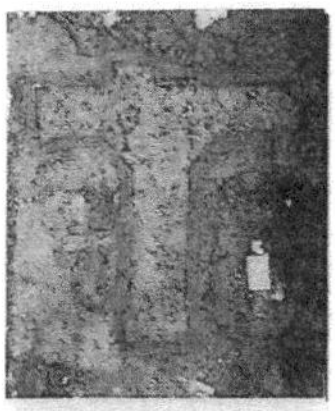

④八木山緑町遺跡《やぎやまみどりちょういせき》
仙台市では発見例が少ない，たて穴住居が複数発見されています。

⑤三居沢発電所《さんきょざわはつでんしょ》
東北地方で最初の発電所で，写真は二代目の建物です。

⑥遠見塚古墳《とおみづかこふん》
仙台平野一帯を支配した豪《ごう》族を埋葬《まいそう》した前方後円墳《ぜんぽうこうえんふん》です。

（出典　仙台市教育局文化財課ホームページより作成）

3　ともみさんの家に帰った後，ひろしさんは「三人の武将とその時代」という資料をともみさんたちに見せました。**資料2**を見て，あとの（1）～（4）の問題に答えなさい。

資料2　**3人の武将とその時代**

年	織田信長《おだのぶなが》	年	豊臣秀吉《とよとみひでよし》	年	徳川家康《とくがわいえやす》
1560	今川《いまがわ》氏を破る	1560	織田軍の兵士として戦う	1560	今川方の武将として戦う
1569	**ア**　キリスト教を保護する 堺《さかい》を支配する				
		1570	羽柴《はしば》秀吉と名乗る	1570	信長とともに浅井《あざい》・朝倉《あさくら》氏を破る
1573	室町幕府《むろまちばくふ》をほろぼす				
1575	**イ**　長篠《ながしの》の戦い（武田軍を破る）				
1576	[1] 城を築く				
1577	城下で [2] を行う				
1582	明智光秀《あけちみつひで》にうたれる （本能寺《ほんのうじ》の変）	1582	明智光秀をたおす [3] を始める		
		1583	[4] 城を築く		
		1585	関白《かんぱく》となり，後に豊臣と名のる		
				1586	秀吉の家臣《かしん》となる
		1588	**ウ**　刀狩《かたながり》を命じる		
		1590	全国を統一する	1590	関東《かんとう》に領地を移す
		1598	病死する		
				1600	[5] の戦いで西軍を破る
				1603	征夷大将軍《せいいたいしょうぐん》となる 江戸幕府を開く
				1612	**エ**　キリスト教を禁止する
				1615	豊臣氏をほろぼす ２代将軍徳川秀忠《ひでただ》が **オ**　武家諸法度《ぶけしょはっと》を定める
				1616	病死する

（1）　**資料2**の [1] ～ [5] に入る言葉の組み合わせとして正しいものを一つ選び，**表**の**あ**～**お**の記号で答えなさい。

表

	1	2	3	4	5
あ	安土《あづち》	楽市《らくいち》・楽座《らくざ》	検地	江戸《えど》	関ヶ原《せきがはら》
い	姫路《ひめじ》	検地《けんち》	楽市・楽座	江戸	壇ノ浦《だんのうら》
う	安土	楽市・楽座	検地	大阪《おおさか》	関ヶ原
え	姫路	検地	楽市・楽座	江戸	関ヶ原
お	安土	検地	楽市・楽座	大阪	壇ノ浦

（2） 下線部**ア**「キリスト教を保護する」，下線部**エ**「キリスト教を禁止する」とあります。織田信長が保護したキリスト教を，徳川家康が開いた江戸幕府が禁止した理由を説明しなさい。

（3） 下線部**イ**「長篠の戦い」とあります。あとの①，②の問題に答えなさい。

① **図**の中で，A側，B側のどちらが織田・徳川連合軍と考えられるか，A，Bの記号で答えなさい。また，そう考えた理由を，**図**を見てわかることを使って説明しなさい。

② 織田信長が当時の戦い方を大きく変えることができたのはなぜか，**資料**2にある言葉を使って説明しなさい。

図 長篠の戦い

A

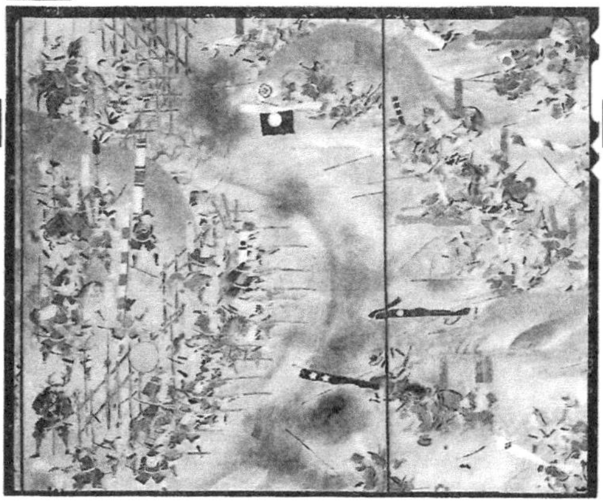

B

（出典「長篠合戦図屛風」徳川美術館所蔵
©徳川美術館イメージアーカイブ/DNPartcom）

（4） 下線部**ウ**「刀狩」，下線部**オ**「武家諸法度」について，それぞれ関係する資料を**説明文**から一つ選び，①～③の記号で答えなさい。また，それぞれの目的について，その説明文からわかることを答えなさい。

説明文

①

・学問や武芸にはげみなさい。
・毎年4月に参勤交代《さんきんこうたい》をしなさい。＊
・自分の領地の城を修理する場合，届け出ること。
・幕府の許可なしに，大名の家どうしで結婚《けっこん》してはいけない。
・大きな船をつくってはいけない。＊
〈注〉＊は後から加えられたもの。

②

・百姓《ひゃくしょう》が刀，やり，鉄砲などの武器を持つことをかたく禁止する。年貢《ねんぐ》を出ししぶり，一揆《いっき》をくわだてて領主に反抗《はんこう》する者は，厳《きび》しく処ばつする。
・集められた刀などは，京都に新しくつくる大仏《だいぶつ》のくぎなどにする。
・百姓は農具だけ持って田畑を耕していれば，孫子の代まで無事にくらせる。

③

・朝は早く起きて草をかり，昼は田畑を耕し，晩《ばん》は縄《なわ》や米俵をつくり，気をぬかずに仕事をすること。
・酒や茶を買って飲んではいけない。
・食物は大切にして，麦や粟《あわ》，ひえ，菜，大根などをつくり，米は多く食べないようにしなさい。
・百姓は，麻《あさ》と木綿《もめん》のほかを着てはいけない。

受検番号	

平成２９年度

仙台市立中等教育学校入学者選《せん》抜《ばつ》適性検査（総合問題Ⅰ）

検　査　用　紙

注　意

1　指示があるまで，この「検査用紙」を開いてはいけません。

2　総合問題Ⅰの「検査用紙」には，表紙に続き，１ページから６ページまで「検査問題」があります。「解答用紙」は１枚です。

3　「始め」の指示で，「検査用紙」と「解答用紙」に受検番号を書きなさい。その後，「検査問題」に取り組みなさい。検査時間は４０分です。

4　解答は，すべて「解答用紙」に記入しなさい。「検査用紙」の空いているところは，自由に使ってかまいません。

1　ゆうたさんは，社会科の授業で明治時代について学習しました。興味を持ったゆうたさんは，宮城県北部にある「みやぎの明治村」と呼ばれる登米《とめ》市に家族と行き，さまざまな建物などを見ながら，次のような会話をしました。

次の1，2の問題に答えなさい。

ゆうたさん　立派《りっぱ》な門のある建物だね。（**写真1**）

お父さん　ここは，明治初期の水沢県庁《みずさわけんちょう》庁舎で，登米市の文化財となっているんだ。明治時代には，宮城県北部にも県が置かれ，県令とよばれる，その土地を治める役人が派《は》けんされていたそうだ。

お母さん　それに，**ア**県令は，政府が任命していたみたいね。

ゆうたさん　こちらの建物も大きいね。外国の建物みたいだ。（**写真2**）

お父さん　ここは，旧登米高等尋常《じんじょう》小学校だ。社会全体が欧米諸国《おうべいしょこく》に追いつこうとした熱意を感じるね。**イ**世界遺産《せかいいさん》に登録された富岡製糸場ができたのは明治初期だよ。

お母さん　西洋風のものがよいという考え方は，生活や文化の面にも強くおよんでいたようね。

ゆうたさん　**ウ**「天は人の上に人を造らず」っていう言葉を，社会科の授業で勉強したよ。

お父さん　当時の人々にとって，新しい考え方がどんどん広がったようだね。

写真1　明治初期の水沢県庁庁舎

写真2　旧登米高等尋常小学校

（出典　登米市ホームページ）

1　下線部**ア**「県令は，政府が任命していた」とあります。その理由を説明しなさい。

2　下線部**イ**，**ウ**と最も関係の深いものを，**A群**，**B群**からそれぞれ1つずつ選び，記号で答えなさい。ただし，それぞれの記号は一度だけ使用することとします。

A群　①　殖産興業《しょくさんこうぎょう》　②　夏目漱石《なつめそうせき》　③　廃藩置県《はいはんちけん》　④　福沢諭吉《ふくざわゆきち》

B群

あ

い

う

え

2　れいこさんは，仙台市に住む祖父母の家に家族で遊びに行き，さまざまな体験をしました。次の１～３の問題に答えなさい。

１　れいこさんは，祖父母の家に行くとちゅうでダムを見学しました。あとの(１)～(３)の問題に答えなさい。

(１)　ダムの上流で降った雨や雪が，私たちのもとへとどけられるまでの流れが紹介《しょうかい》されていました。**図１**の**ア～ウ**の組み合わせとして正しいものを１つ選び，①～⑤の番号で答えなさい。

図１

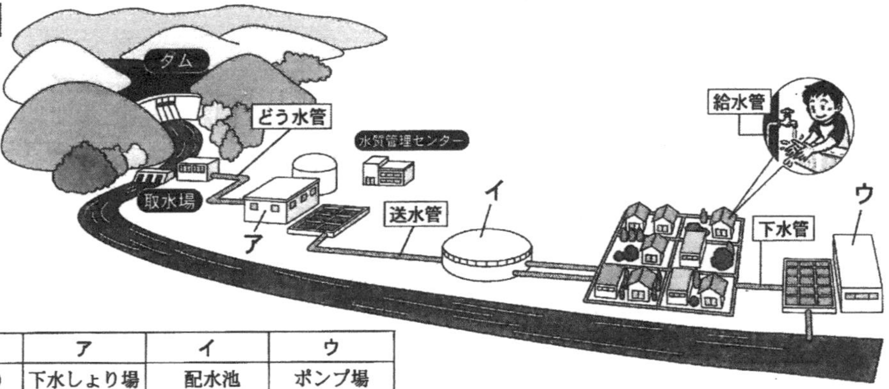

	ア	イ	ウ
①	下水しょり場	配水池	ポンプ場
②	じょう水場	水げんの森	下水しょり場
③	水げんの森	配水池	井戸
④	じょう水場	配水池	下水しょり場
⑤	下水しょり場	ポンプ場	じょう水場

(２)　れいこさんは，資料館の展示を見て，１日に使う水の量に興味を持ちました。**資料１**，**資料２**を見て，あとの①，②の問題に答えなさい。

①　平成27年度に，仙台市民一人が「家庭用」として１日に使った水の量は，約何Lになりますか。四《し》捨《しゃ》五入《ごにゅう》して上から２けたのがい数で求めなさい。
ただし，「家庭用」の水はすべて仙台市民が使ったものとし，その時の仙台市の人口は108万人とします。

②　れいこさんは１日に使われる水の量を知り，節水の大切さを考えました。**資料１**，**資料２**からわかることにふれながら，あなたができる工夫を具体的に答えなさい。

資料１　**仙台市で使われた水の量と使いみち（平成27年度）**

仙台市で１日に使う水の量は30万㎥で，学校の25mプールでは約1200はい分になります。

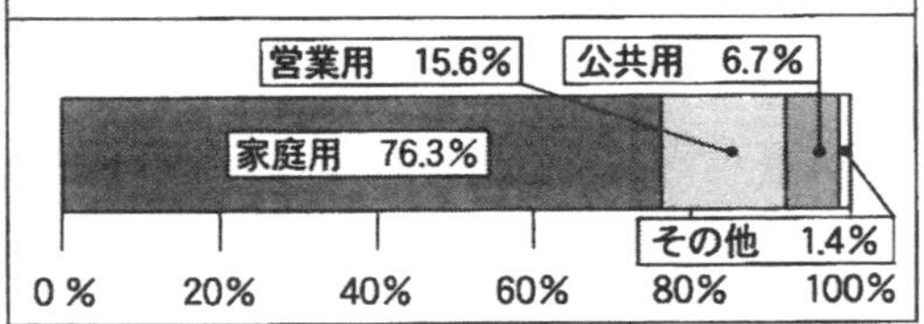

（出典　仙台市水道局）

資料２　**１日の水の使われ方の変化**

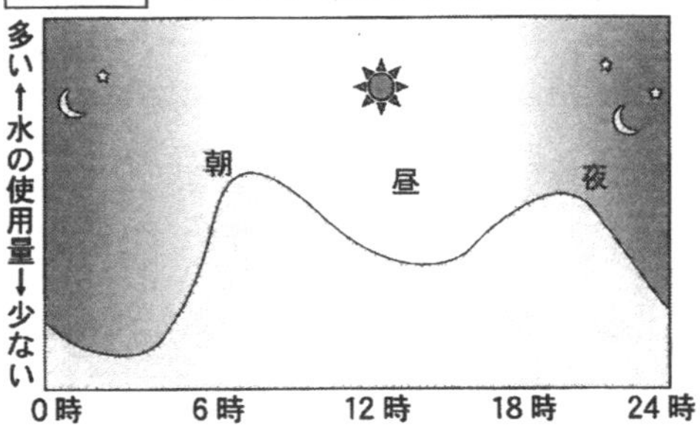

（出典　仙台市水道局）

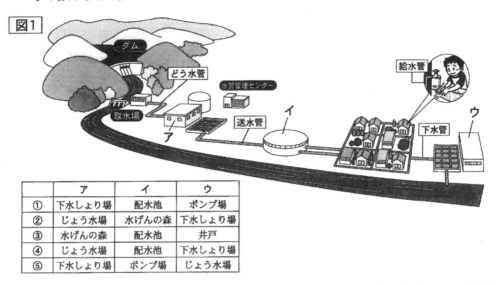

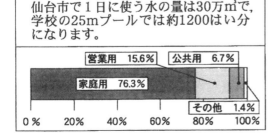

（3） 資料館の実験コーナーでは，**図2**のようなふん水の実験をしていました。

資料館の係の人が，水を入れたフラスコに，ガラス管を通したゴムせんでふたをし，お湯の入った箱の底に着くように入れました。しばらくすると，フラスコの中の水がガラス管を通って，ふん水のように飛び出しました。

その実験を見ながら，れいこさんはお父さんと次のような会話をしました。会話の下線部に「最初の実験より水の勢いが強くなる方法はどれかな？」とあります。その方法としてふさわしいものを，**図3**から1つ選び，①～③の番号で答えなさい。また，その理由も説明しなさい。

れいこさん　確かにふん水のように，ガラス管から水が出てきたわよ。でも，ちょっと勢いが足りないわね。

お父さん　もっと勢いよく水を出す方法があるのだけど，わかるかな。

れいこさん　お湯の温度を高くすれば勢いが強くなると思うわ。

お父さん　確かにそうだね。でも，水の量を変えるだけで強くなるよ。たとえば，**図3**の中で，最初の実験より水の勢いが強くなる方法はどれかな？

図2

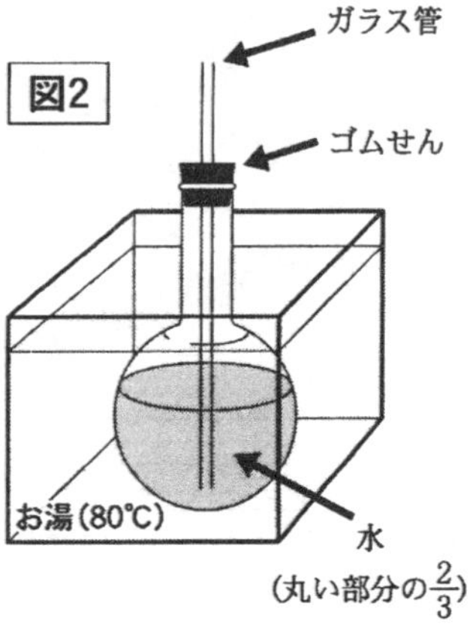
ガラス管
ゴムせん
お湯(80℃)
水
(丸い部分の$\frac{2}{3}$)

図3

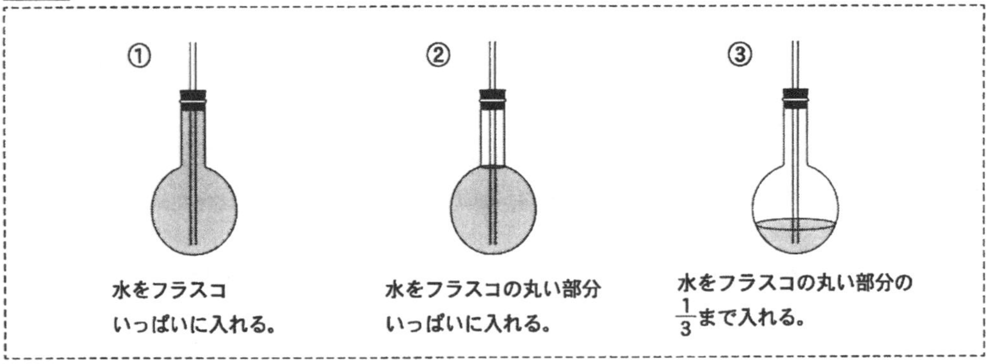
①
②
③
水をフラスコいっぱいに入れる。
水をフラスコの丸い部分いっぱいに入れる。
水をフラスコの丸い部分の$\frac{1}{3}$まで入れる。

受検番号	

平成２９年度
仙台市立中等教育学校入学者選《せん》抜《ばつ》適性検査（総合問題Ⅱ）

検　　査　　用　　紙

注　意

1　指示があるまで，この「検査用紙」を開いてはいけません。

2　総合問題Ⅱの「検査用紙」には，表紙に続き，１ページから４ページまで「検査問題」があります。「解答用紙」は１枚です。

3　「始め」の指示で，「検査用紙」と「解答用紙」に受検番号を書きなさい。その後，「検査問題」に取り組みなさい。検査時間は４０分です。

4　解答は，すべて「解答用紙」に記入しなさい。「検査用紙」の空いているところは，自由に使ってかまいません。

1　仙台市に住むゆずるさんの家に，いとこのだいすけさんが連休を利用して一人で遊びに来ることになりました。初めて仙台に来るだいすけさんのために，仙台までの交通手《しゅ》段《だん》について，家族で次のような会話をしました。

次の１，２の問題に答えなさい。

ゆずるさん	連休中だから電車は混むかもしれないね。せっかくだから座《すわ》ることができるといいんだけど。電車以外の方法はないの？
お父さん	だいすけさんの家から一番近いＡ駅から発車する高速バスもあるから，時刻《じこく》表で調べてみよう。
お母さん	昼食は12時にお店を予約してあるから，その時刻に間に合うように仙台駅に着く方法を選んであげてね。
お父さん	電車は15分おきに，高速バスは25分おきに発車しているようだな。ア７時ちょうどに，電車も高速バスも同時に発車しているね。
ゆずるさん	早起きは大変だから，朝はゆっくり出発できたほうがいいよね。
お母さん	イ昼食の20分ぐらい前にとう着すると，時間に余ゆうができていいんだけど。
ゆずるさん	みんなで食べるお昼ごはんも楽しみだね。

１　下線部アに「７時ちょうどに，電車も高速バスも同時に発車しているね」とあります。この次に，電車と高速バスが同時に発車する時刻を答えなさい。

２　Ａ駅から仙台駅までの道のりは，電車でも高速バスでも160kmとし，電車は時速100km，高速バスは時速80kmで進むこととします。あとの（１），（２）の問題に答えなさい。

（１）　７時ちょうどに発車した電車と高速バスが，それぞれ仙台駅にとう着する時刻を答えなさい。（ただし，とちゅうの駅に停車する時間や，信号で止まる時間などは考えないこととします。）

（２）　下線部イに「昼食の20分ぐらい前にとう着すると，時間に余ゆうができていいんだけど」とあります。11時40分に一番近い時刻で仙台駅にとう着するのは電車と高速バスのどちらですか。また，そのときの発車時刻を答えなさい。（とう着時刻は，11時40分を過ぎないこととします。）

2　テレビの気象情報を見ていたよしこさんは，夏の晴れた日の日中，**図1**のように海から陸の方へ弱い風がふきやすいことを知りました。よしこさんは，そのことについて，夏休みに友達と次のような話し合いをしました。

次の１～４の問題に答えなさい。

よしこさん	晴れた日には日光がよく当たるから，風向きには太陽が関係していると思うよ。
みつるさん	でも，海と陸のどちらにも日光が当たっているよ。
たかしさん	海と陸のあたたまり方が関係しているのかなあ。
よしこさん	じゃあ，海と陸のあたたまり方のちがいを調べてみようよ。

図1

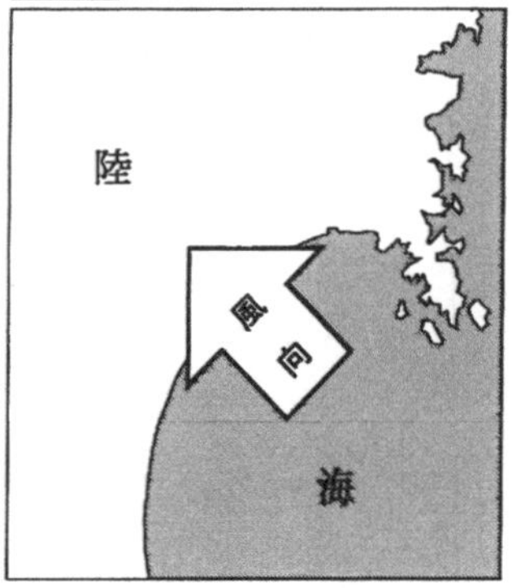

１　風のない実験室で，**図２**のように，岩石と水にそれぞれ同じ明るさの電球(白熱電球)の光を真上から当て，６分おきに表面の温度を測定しました。あとの(１)，(２)の問題に答えなさい。

〈注〉白熱電球とは，豆電球と同じ仕組みで光る照明用の電球のこと。

図2

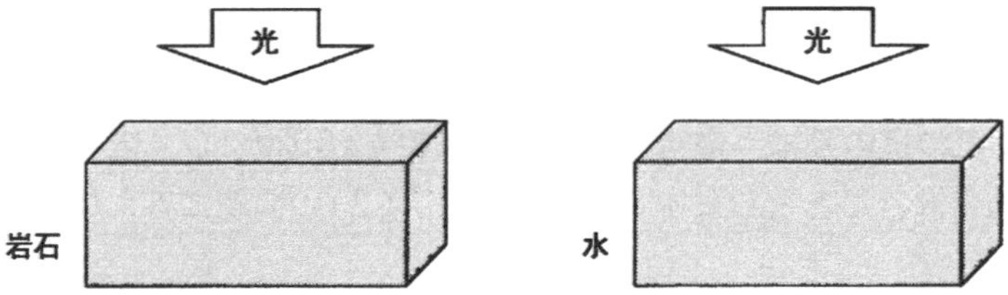

(１)　この実験で，岩石と水を，それぞれ何に見立てていますか。

(２)　３人は，岩石の表面と水の表面のあたたまり方を比べるための条件を話し合いました。だれの考えが正しいでしょうか，名前で答えなさい。

よしこさん	電球の光が真上から当たれば，岩石や水までのきょりはちがってもいいと思うわ。
みつるさん	水は光を通すから，電球から岩石の表面までのきょりと，電球から水の底までのきょりが同じじゃないとだめだよ。
たかしさん	表面の温度を測るのだから，同じきょりにするのは，電球から水面までと，電球から岩石の表面までだよね。

おそらく、記者は記事を書くとき、十分なことを伝えたつもりだったのですが、それが文章に的確に表れていなかったのでしょう。言い方を換《か》えると、自分のなかでは了解《りょうかい》されていた情報が、すべて文章として表せていなかったということです。

記事を書くプロでも、こうしたことが〈注〉日常茶飯事《にちじょうさはんじ》なのですから、ふつうの人が同じような問題にぶつかるのは当然です。

書き手は情報をたくさんもっている

どうしてこういうことが起こるのでしょうか。基本的に、書き手は読み手よりも多くの情報を持っています。例えば、あなたの家族のことを人に紹介《しょうかい》するとしましょう。「私の家族はみんな早起きです。父は毎朝五時に起きますが、母は四時に起きます。美鈴《みすず》はそれよりも早起きです」と言ったとき、読み手は「美鈴」というのは「私」の姉妹かしら、と想像したりしますが、実際は飼っている鳥の名前だった、ということもあるでしょう。「私」の家族のなかでは「美鈴」が鳥であることは常識ですが、他の人にとってはそうではありません。

文章を書くときは、読み手には文字になって表れた情報しか伝わらないのだ、ということを常に意識することが必要です。

（岩波ジュニア新書『伝えるための教科書』川井龍介 著より）

〈注〉日常茶飯事・・・いつものことで、特に取り上げるまでもないこと。

意＞ ＊ の欄に記入してはいけません。

＊ ※60点満点

検査問題の番号			解答を記入する欄《らん》		配点
2	2	(1)	①	g	4点
			②		3点
			③		4点
		(2)	約	%	5点

＊

検査問題の番号			解答を記入する欄	配点
2	3	(1)		5点
		(2)		3点
		(3)		5点

＊

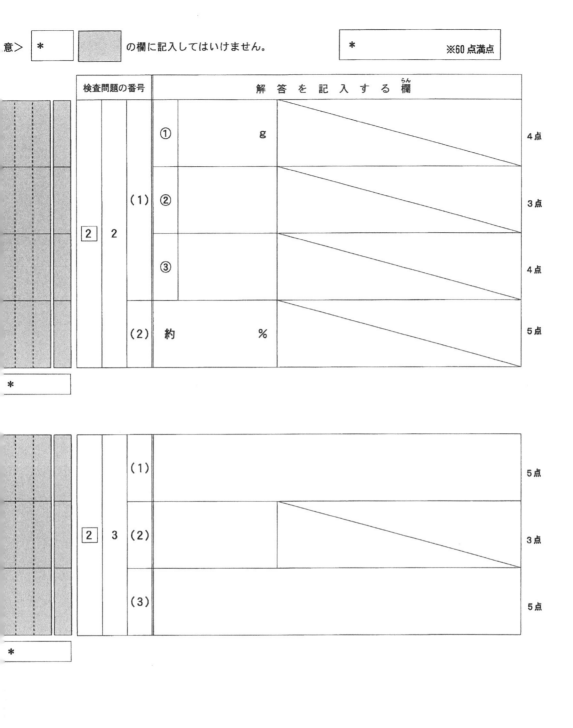

意＞ ＊ の欄に記入してはいけません。

＊ ※60点満点

検査問題の番号			解答を記入する欄《らん》		
3	1	(1)	m		5点
		(2)	（　　　）番目と（　　　）番目の印の間		5点
		(3)	倍		5点
	2		個		5点

＊

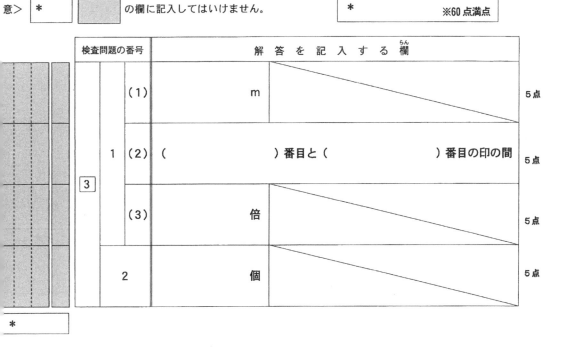

作文　解答用紙

※　の欄《らん》に記入してはいけません。

〔注意〕

① 題名、氏名は書かずに、一行目から書き始めること。

② 原稿《げんこう》用紙の正しい使い方にしたがい、文字やかなづかいも正確に書くこと。

受検番号

※

※30点満点

00字

５００字

総合問題Ⅱ　解答用紙

受検番号	

検査問題の番号				解答を記入する欄《らん》			
1	1						4
	2	(1)	電車				5
			高速バス				5
		(2)	どちらか		発車時刻		5

＊

2	1	(1)	岩石		水		3
		(2)	さん				3
	2		岩石は				5
	3	工夫					5
		理由					
	4	風の向き					5
		理由					

＊

総合問題Ⅰ　解答用紙

受検番号	

検査問題の番号				解答を記入する欄《らん》	
1	1				5
1	2	イ	A群		2
1	2	イ	B群		2
1	2	ウ	A群		2
1	2	ウ	B群		2

＊

2	1	(1)			3
2	1	(2)	①	約　　　L	5
2	1	(2)	②		5
2	1	(3)	方法		5
2	1	(3)	理由		

＊

問題

◎次の文章は、川《かわ》井《い》龍《りゅう》介《すけ》さんの「伝えるための教科書」の一節です。この文章で、筆者は文章を書く時に注意すべきことは何だといっていますか。また、あなたは、書いたり話したりして人に何かを伝える時、どんなことを大事にしていますか。あなたの体験を交えながら書きなさい。ただし、文章は四百字以上五百字以内で、三段落《だんらく》構成で書くこととします。

文字にならないこと

みなさんは、新聞や雑誌の記事がどのようにつくられるか知っていますか。時間的に順を追っていくと、まず、記者が取材やインタビューをして記事を書きます。記者が書いた原稿《げんこう》はデスクといわれる役職にある人がチェックします。デスクは、読んでわかりにくいところはないか、不足している情報はないかを確認《かくにん》します。

記者は文章を書くプロですが、それでも何も直されずに一発でＯＫになることはまずありません。明らかに間違《まちが》っていたり、わかりにくかったりする箇所《かしょ》はデスクが直します。ただし、記事を読んだだけでは直せないことがあります。その場合は、書いた記者本人に「ここは、……というふうに書いてあるけど、どういう意味？」とか「ここの部分は何かが足りないんじゃないか」などと尋《たず》ねます。

この質問に対して、書いた記者は「この文章は、……という意味で書いたんです」とか、「言いたいことはこういうことなんですが、詳《くわ》しく書くと長くなるので省略しました」などと、自分の書いた記事について説明や言い訳《わけ》をすることになります。それを聞いたデス

受検番号	

平成二十九年度　仙台市立中等教育学校入学者選抜《せんばつ》適性検査（作文）

検査用紙

注意

一　指示があるまで、この「検査用紙」を開いてはいけません。

二　作文の「検査用紙」には、表紙に続き、「検査問題」があります。「解答用紙」は一枚です。

三　「始め」の指示で、「検査用紙」と「解答用紙」に受検番号を書きなさい。その後、「検査問題」に取り組みなさい。検査時間は四十分です。

2　**表1**は，問題1の実験結果です。また，**表2**は，24分後に同時に電球を消し，6分おきに表面の温度を測定した結果です。**表1**，**表2**から，岩石のあたたまり方，冷め方を水と比べて答えなさい。

表1　【電球であたためたときの岩石と水の表面の温度変化】

電球をつけてからの時間(分)	0	6	12	18	24
岩石の温度(℃)	19.9	28.8	30.4	32.1	33.4
水の温度(℃)	20.0	24.3	25.3	25.7	26.3

表2　【電球を消してからの岩石と水の表面の温度の変化】

電球を消してからの時間(分)	0	6	12	18	24
岩石の温度(℃)	33.4	29.0	28.2	27.6	26.8
水の温度(℃)	26.3	26.2	26.0	25.8	25.4

3　次に，**図3**のような装置《そうち》で実験を行いました。ふたのついた水そうを仕切りで区切り，左側にはお湯を入れたビーカーを入れ，右側は線こうのけむりで満たします。仕切りを静かに上げると，けむりは**図4**の矢印のように動きました。

たかしさんは，この理由を次のように考えました。

> 左側のビーカーから湯気が上っていたよ。<u>湯気が上に移動する力が周りの空気を押し上げたから</u>，右側からけむりが流れてきたんだ。

下線部のたかしさんの考えが正しいかどうか，同じ実験装置と手順で確かめます。装置に1つだけ工夫を加えるとしたら，どんな工夫が必要ですか。また，その理由も答えなさい。

図3

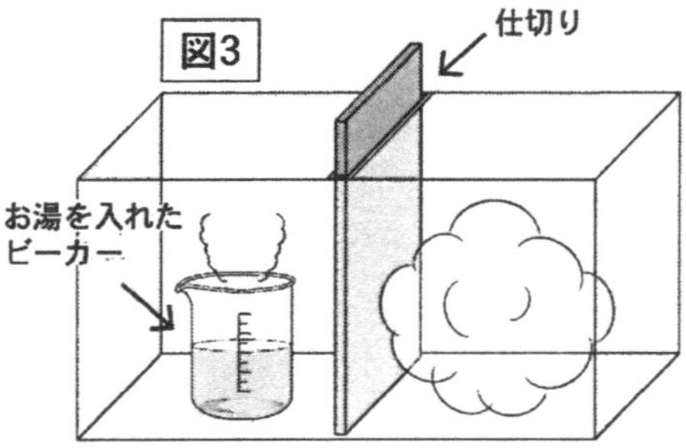

図4

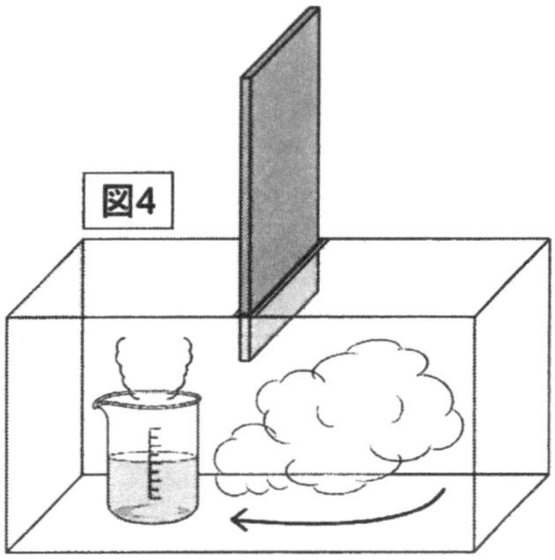

4　よしこさんたちが行った実験の結果をもとに，<u>夏のよく晴れた日の夜</u>には，風はどのような向きにふきやすくなるのか，理由とともに答えなさい。

3　太郎さんの兄は，数学が好きな仙台青陵中等教育学校の３年生です。その兄が，小学生の妹に，ひもを使いながら分数の表し方を教えていました。そのようすを見ていた太郎さんにも，兄から次の問題が出されました。

次の１，２の問題に答えなさい。

1　**図1**のように，長さが１ｍである１本のひもに，そのひもを３等分する点と４等分する点に印を付けると，全部で５個の印が付けられました。その印を左側から１番目，２番目，…，５番目と数えることとします。あとの（1）～（3）の問題に答えなさい。

図1

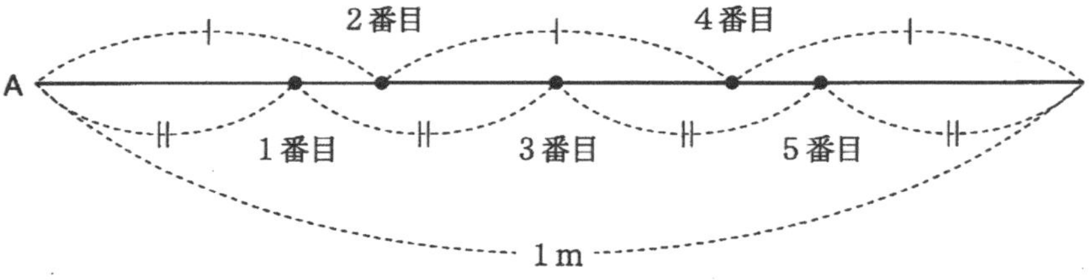

（1）　４番目の印から５番目の印までの長さは何ｍですか。

（2）　ひもの左はしＡからの長さがちょうど $\frac{5}{12}$ ｍの点は，何番目と何番目の印の間にありますか。

（3）　このひもを３等分する点で折り曲げ，ひものはしをつなぎ合わせて，**図2**のような正三角形をつくります。４等分する点とひものはしＡを結んでできる四角形の面積は，全体の正三角形の面積の何倍ですか。

図2

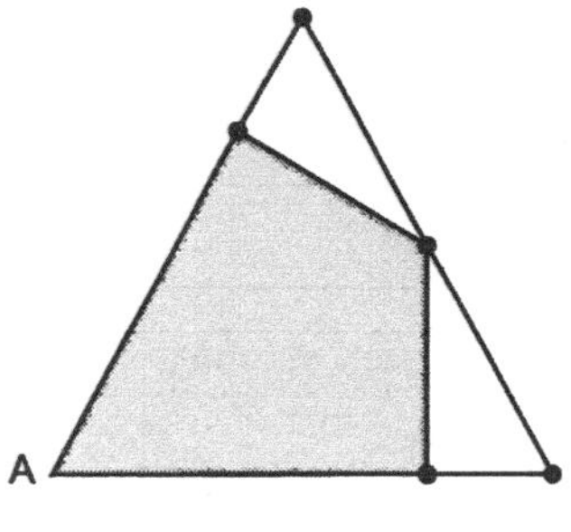

2　印が付いていない１本のひもに，そのひもを８等分，12等分，18等分する点をとりました。これらの点に印をつけたとき，印は全部で何個ありますか。ただし，印が重なったときは１個と数えることとします。

2　れいこさんは，家庭科の授業で作り方を習ったハンバーグを，祖父母の家でみんなのために作ることにしました。授業で使ったプリントには**資料3**のように分量が書かれていました。あとの(1)，(2)の問題に答えなさい。

資料3　授業で使ったプリント

おいしいハンバーグ

(4人分)

牛ひき肉	240 g	パン粉	カップ$\frac{1}{2}$
ぶたひき肉	100 g	卵《たまご》	1個
たまねぎ	1個(200 g)	塩	少々
バター	20 g	こしょう	少々
牛乳《にゅう》	大さじ2	ナツメグ	少々
		油	大さじ1

(作り方)

・・・・・・・・・・・・・・・・

・・・・・・・・・・・・・・・・

(1)　れいこさんが，10人分のハンバーグを作るとします。**資料4**の材料メモを完成させなさい。ただし，①，②は整数で，③は分数で答えなさい。

資料4　**【ハンバーグ10人分の材料メモ】**

牛ひき肉	(①)g	パン粉	カップ(③)
ぶたひき肉	250 g	卵	$2\frac{1}{2}$個
たまねぎ	$2\frac{1}{2}$個	塩	少々
バター	50 g	こしょう	少々
牛乳	大さじ(②)	ナツメグ	少々
		油	大さじ$2\frac{1}{2}$

(2)　牛ひき肉とぶたひき肉を合わせたものを，合いびき肉といいます。れいこさんが作るハンバーグの合いびき肉のうち，牛ひき肉の割合《わりあい》は約何％ですか。四捨五入して上から2けたのがい数で答えなさい。

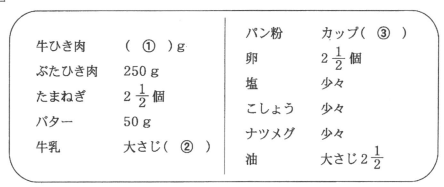

3　祖父母の家の台所にはってあった「ワケアップ！ 仙台」と書かれた**チラシ**が気になったれいこさんは，部屋にもどったあと，仙台市の「ごみ減量作戦」についておばあさんと次のような会話をしました。あとの(1)～(3)の問題に答えなさい。

チラシ　「ワケアップ！仙台」

(出典　仙台市ホームページ)

れいこさん	仙台市で１年間に出る家庭ごみの量はどれくらいなの？
おばあさん	資料を見ると，平成26年度は19.1万トンのようね。
れいこさん	平成23年度に家庭ごみが増えたのは，東日本大震災《ひがしにほんだいしんさい》があったからだね。
おばあさん	そうね。では，ア平成22年度と平成26年度の家庭ごみの量と人口の増え方を比べるとどんなことがわかるかな？
れいこさん	[　　1　　]
おばあさん	そうね。それでも，仙台市は「ごみ減量作戦」に取り組んでいるのよ。イおばあちゃんも，いろいろと工夫をしているのよ。
れいこさん	そうなの？どんな工夫をしているの？
おばあさん	たとえば，買い物に行く前には，[　2　]。もちろん，スーパーへ買い物に行く時は，[　3　]。それに，調理の後の片付けが大切なのよ。家庭ごみを減らすためには，[　4　]。
れいこさん	そうなのね。わたしでもできることがありそうね。
おばあさん	こっちの資料を見て。私たちが「ごみ減量作戦」に取り組んでいくためには，仙台市と同じ100万人の人が住んでいたと言われている江戸のまちが参考になりそうね。ウ江戸に住む人々には，生活の工夫がたくさんあったそうよ。
れいこさん	仙台市が世界一美しいまちと言われるようになるといいね。私も家に帰ったら「ごみ減量作戦」に積極的に取り組んでいきたいな。

(1)　**下線部ア**に「平成22年度と平成26年度の家庭ごみの量と人口の増え方を比べるとどんなことがわかるかな？」とあります。[　1　]には，その質問に対するれいこさんの答えが入ります。**資料５**を見てその内容を答えなさい。

(2)　下線部**イ**に「おばあちゃんも，いろいろと工夫をしているのよ」とあります。[　2　]～[　4　]には，次の**あ～え**が入りますが，その組み合わせとして正しいものを１つ選び，①～④の番号で答えなさい。

あ　エコバッグを利用するわ
い　生ごみの水をしっかり切ってからしまつすることも大切なのよ
う　食事が楽しめるように，話すことや食べ方に気をつけているわ
え　むだなものを買わないように，家にある食品を確認しておくわ

	2	3	4
①	あ	う	え
②	え	あ	い
③	う	い	あ
④	え	い	う

（3）　**下線部ウ**に「江戸に住む人々には，生活の工夫がたくさんあったそうよ」とあります。
どのような工夫か，**資料6**，**資料7**を見て答えなさい。

資料5　**仙台市の人口と家庭ごみの量**

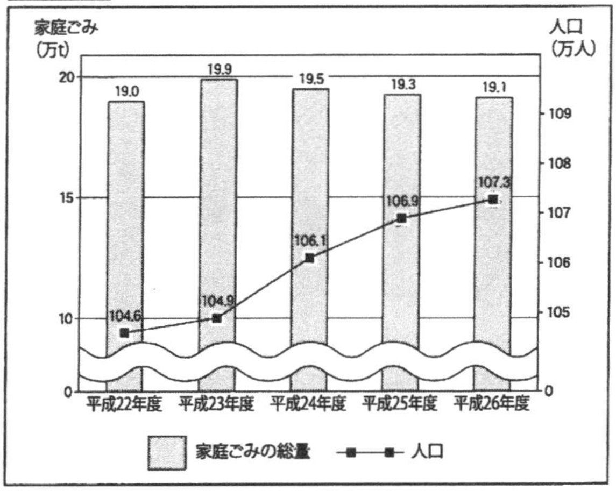

（出典　仙台市環境局）

資料6　**ごみ減量のための3R《スリーアール》**

○リデュース（Reduce）
ごみを減らすこと，出さないように工夫すること。
○リユース（Reuse）
物をくり返し使うこと。
○リサイクル（Recycle）
紙類など使いおわった物を再生資源《げん》として再び利用すること。

資料7　**江戸時代にあった仕事**

こわれた茶わんをつなぎ合わせるなどする職人

こわれたかさを買い取る職人

（出典　国立国会図書館 デジタルコレクション）

受検番号	

平成２７年度

仙台市立中等教育学校入学者選《せん》抜《ばつ》適性検査（総合問題）

検　査　用　紙

注　意

1　指示があるまで，この「検査用紙」を開いてはいけません。

2　総合問題の「検査用紙」には，表紙に続き，１ページから６ページまで「検査問題」があります。「解答用紙」は１枚です。

3　「始め」の指示で，中を開いて，「解答用紙」に受検番号を書きなさい。その後，「検査問題」に取り組みなさい。検査時間は６０分です。

4　解答は，すべて「解答用紙」に記入しなさい。「検査用紙」の空いているところは，自由に使ってかまいません。

H27. 市立仙台青陵中
K 教英出版

① 平成26年４月１日から消費税の税率が変わり，そのことが売上高の変化にあらわれたと新聞にのっていました。３月に消費税を加えた値だんが5880円だった品物は，４月にはいくらになりますか。消費税を加えた値だんを答えなさい。

② **資料２**を見て，消費税の税率が変わったことによる影きょうが最も大きかった品目と，最も小さかった品目を一つずつあげ，それぞれの理由について答えなさい。

資料2　**東北の百貨店の売上高（消費税をのぞく）と前年同月との比かく**

品目	平成 26 年 3 月売上高 （百万円）	平成 25 年 3 月と 比べた割合	平成 26 年 4 月売上高 （百万円）	平成 25 年 4 月と 比べた割合
衣料品	7,788	9.7％増	5,063	13.6％減
身の回り品〈注〉	2,886	30.9％増	1,587	16.2％減
雑貨　〈注〉	3,689	68.5％増	1,299	34.5％減
家庭用品　〈注〉	1,162	19.6％増	579	18.7％減
食料品	4,943	6.2％増	3,653	4.3％減

〈注〉「身の回り品」とは，くつ・カバン・旅行用品・かわ小物・アクセサリーなどをいう。
「雑貨」とは，美術・宝石類・貴《き》金属（金，銀など）・けしょう品などをいう。
「家庭用品」とは，家具・家電・食器などをいう。

「日本百貨店協会ホームページ」より作成

3　太陽熱温水器を製造している会社の方から，太陽の熱を利用して水を温めるそう置のしくみについてお話を聞きました。

お話を聞いたたかしさんは，小学校の理科の時間に，ものの温まり方について次のような実験をしたことを思い出しました。あとの（１），（２）の問題に答えなさい。

図

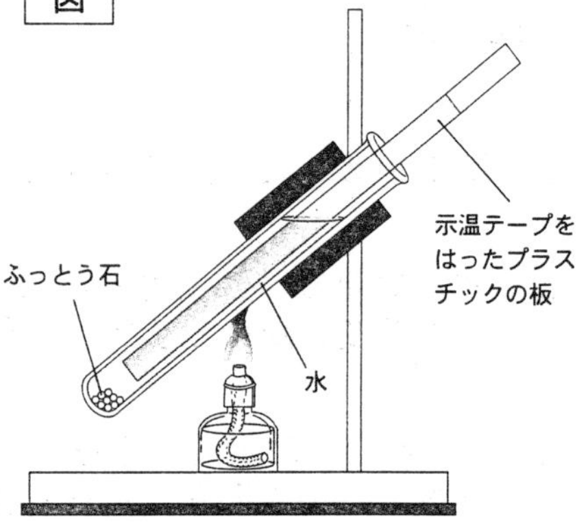

【小学校のときに行った実験】
図のように，試験管に示温テープをはったプラスチックの板と水を入れ，アルコールランプで試験管の真ん中あたりを温め，その様子を観察する。ただし，示温テープは，40℃で色が変わるテープを使用し，ふっとうし始めたら火を止める。

（１） 実験を始める前，たかしさんは水も金属と同じように温まると予想しました。たかしさんは，示温テープがどのように変化すると予想したか答えなさい。

（２） 実験の結果は，たかしさんの予想とはちがいました。示温テープはどのように変化したか答えなさい。また，その理由を説明しなさい。

2　仙台青陵中等教育学校では，入学してすぐに，蔵王《ざおう》方面へオリエンテーション合宿に行っています。
次の１～３の問題に答えなさい。

１　蔵王のキャンプ場にはブランコがあったので，みんなで乗って遊びました。さとみさんは，ブランコの動きとふりこには関係があることに気付き，学校にもどって理科室で実験をしてみました。あとの(１)，(２)の問題に答えなさい。

(１)　**表１**は，おもりの重さ10g，ふりこの長さを80cm，ふれ幅を60°にしてふりこの５往復する時間をストップウォッチで７回測定した結果です。このふりこの１往復する平均時間(秒)を答えなさい。

表1

	１回目	２回目	３回目	４回目	５回目	６回目	７回目
５往復した時間（秒）	9.6	9.7	9.3	9.4	9.4	9.6	9.5

(２)　おもりの重さを１個30g，ふりこの長さを40cm，ふれ幅を30°にして実験したときの，ふりこの１往復する平均時間は1.4秒でした。さとみさんは，条件を変えてくり返し実験したところ，ふりこの１往復する時間は約１秒になりました。何をどのように変えて，ふりこの１往復する時間を１秒に近づけることができたか，必要な条件を書きなさい。

２　合宿２日目の朝に外に出ると，草花にしも(氷)がおりているのに気付きました。きよしさんは，しものでき方を調べるために，学校にもどって理科室で，金属のコップに氷と食塩を入れて実験をしました。すると，10分後に**写真**のようにコップのまわりにしもができました。あとの(１)，(２)の問題に答えなさい。

(１)　コップのまわりにしもができた理由を答えなさい。

写真

しも（氷）

(２)　さらに，きよしさんは水を冷やしたときの温度がどのように変化するかについて知りたくなり，300mLビーカーに氷200g，食塩50gを入れて，6mLの水が入った試験管を冷やしました。はじめ，試験管の中の水の温度は20℃で，15分後には，－20℃になりました。**表２**の実験結果の記録をもとに，15分後までの水の温度変化の様子を表すグラフを書きなさい。

表2　実験結果

水がこおり始めた	実験開始から４分後
水がすべてこおった	実験開始から７分後

3　夏夫さんのお兄さんは，ホームステイ先でコミュニケーションをとるきっかけに折り紙を持っていくことにしました。お兄さんが「もし，足りなくなったら長方形の紙から切り出せばいいかな」と言ったので，夏夫さんは１枚の紙からどのくらいの大きさの正方形を何枚切り出せるのかに興味を持ち，近くにあった，縦《たて》21cm，横28cmの紙で試してみることにしました。あとの(１)～(３)の問題に答えなさい。

夏夫さん　縦21cm，横28cmの長方形からは，１辺21cmの正方形１枚と，１辺７cmの正方形を３枚切り出せたよ。(**図３**，**図４**)

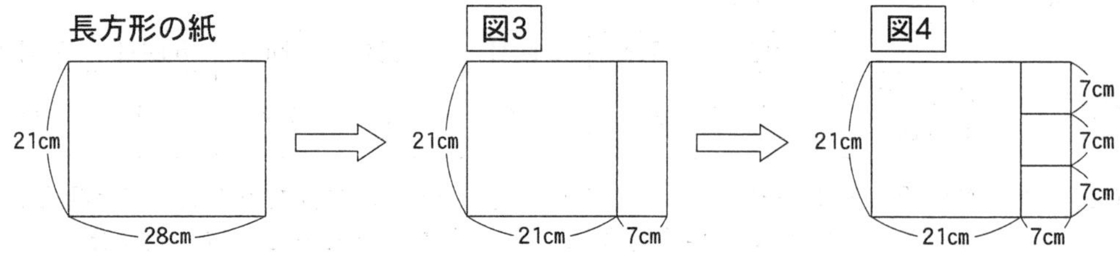

お兄さん　縦30cm，横42cmではどうだい。

夏夫さん　１辺30cmの正方形 ① 枚，１辺12cmの正方形 ② 枚，１辺 ③ cmの正方形２枚になったよ。

お兄さん　その一番小さい正方形の１辺の長さと，もとの長方形の縦と横の長さの関係がわかるかな。

夏夫さん　長方形の縦と横が，21cmと28cmのときは，一番小さい正方形の１辺は７cmだよ。30cmと42cmのときは， ③ cmだね。

お兄さん　28cmと36cmのときは，４cmになるよ。
18cmと26cmのときは，２cmになるよ。

夏夫さん　なるほど。長方形の縦と横の長さの ④ が，一番小さい正方形の１辺の長さになるんだね。

お兄さん　そのとおり。よく気づいたね。

夏夫さん　それなら，629と1961のような大きな数字の ④ も，この二つの数字が長方形の縦と横の長さだと考えて，正方形を切り出していくことで求められるね。

(１)　 ① ～ ③ に入る数を，図をかいて求めなさい。また，**図４**のように長さも書きこみなさい。

(２)　 ④ に入る最もふさわしい言葉を答えなさい。

(３)　夏夫さんが気づいた関係を使って，629と1961の ④ を求めなさい。ただし，求める手順を式と文章で説明し，答えも書きなさい。

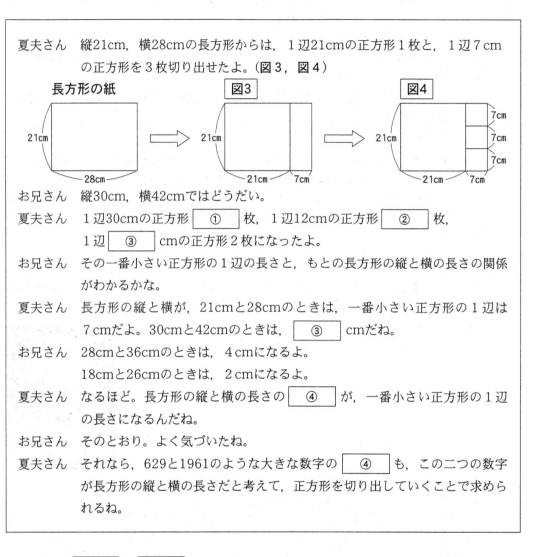

問題は次のページから始まります。

問題

◎次の文章は、佐藤文隆《さとうふみたか》さんが書いた『10代のための古典名句名言』の一節です。筆者は「科学の花を咲《さ》かせること」についてどのように考えていますか。また、そのことについて、あなたはどのように考えますか、体験を交えながら書きなさい。ただし、文章は、四百字以上五百字以内で、三段落で書くこととします。

ふしぎだと思うこと　これが科学の芽です
よく観察して確かめて　そして考えること　それが科学の茎《くき》です
そして最後に謎《なぞ》がとける　これが科学の花です

（朝永振一郎《ともながしんいちろう》）

…………

子供の頃《ころ》はいろんなことに「何故《なぜ》そうなの？」と大人《おとな》に食い下がって質問していたのに、大人になるにつれて不思議に思う機会が少なくなっていく。それは、多分、何故そうなのかの理由が分からなくとも支障《ししょう》がないので、いつの間にか「何故そうなの？」と疑問《ぎもん》をだす気持ちが衰《おとろ》えていってしまうのかもしれない。

この言葉は、一九六五年にノーベル物理学賞を受賞した朝永振一郎（一九〇六―一九七九）

解　答　用　紙

受 検 番 号	

検査問題の番号				解 答 を 記 入 す る 欄《らん》	
1	1			（下表）	※タテ完答 3点×4
	2	(1)		個	3点
		(2)			4点
		(3)		理由 答え(　　　　曜日)	4点
		(4)	①	円	4点
			②	影きょうが最も大きかった品目(　　　　　　　　) 理由	4点
				影きょうが最も小さかった品目(　　　　　　　　) 理由	4点
	3	(1)			4点
		(2)		変化の仕方 理由	5点
2	1	(1)		秒	3点
		(2)			4点
	2	(1)			4点

1 の 1：

A 群	長野県	(　　　　)県	(　　　　)県	(　　　　)県
B 群		②		
C 群			③	
D 群				④

＊1

H27. 市立仙台青陵中
教英出版

作文　解答用紙

※　の欄《らん》に記入してはいけません。

〔注意〕

① 題名、氏名は書かずに、一行目から書き始めること。

② 原稿《げんこう》用紙の正しい使い方にしたがい、文字やかなづかいも正確に書くこと。

受検番号

※

※25点満点

00字 →

５００字

＜注意＞ ＊ の欄に記入してはいけません。

＊ ※100点満点

検査問題の番号				解答を記入する欄《らん》		
2	2	(2)		水の温度の下がり方 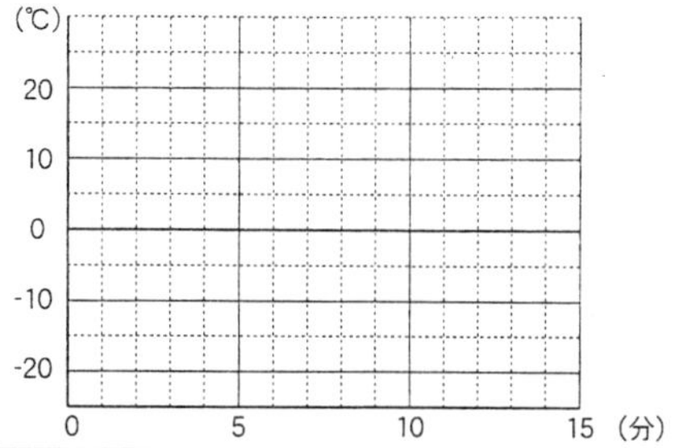		4点
2	3	(1)				4点
2	3	(2)			3点	
2	3	(3)		m cm	4点	＊2
3	1	(1)				
3	1	(2)				4点
3	1	(3)		およそ時速 km		
3	2					
3	2			理由		4点
3	3	(1)	①			
3	3	(1)	②			
3	3	(1)	③			6点
3	3	(2)	④			3点
3	3	(3)	求める手順	答え(　　　　　)		6点
						＊3

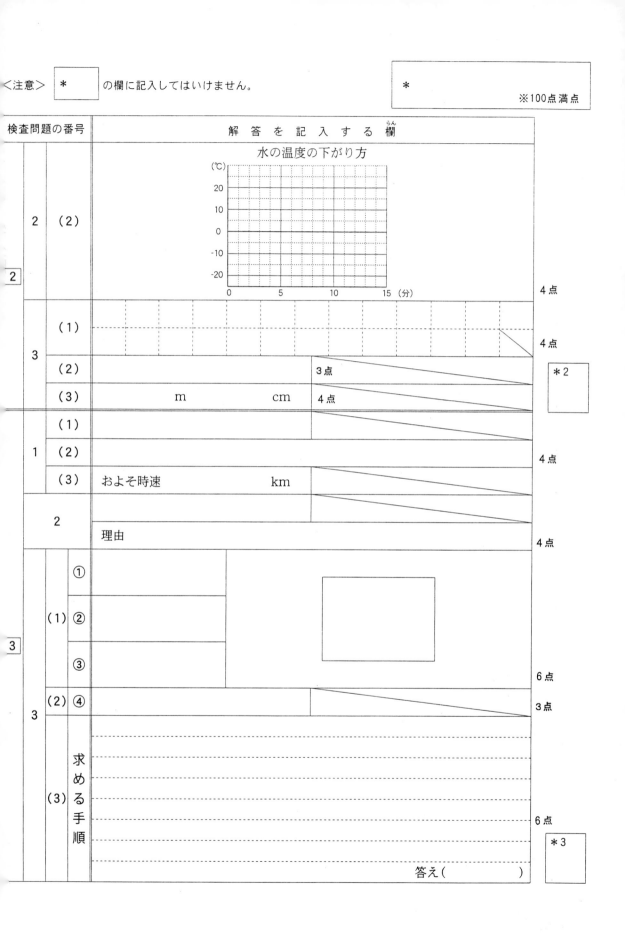

研究の最前線に進んでノーベル賞を受賞したのである。

「ふしぎだと思うこと」は「科学の芽」であって、そこから一足飛びに「科学の花」が咲くわけではない。この言葉は、この二つを結びつけるみちすじを具体的に示したものである。芽を大きくして花開かせるには「観察して、考える」という地道な努力をして、花を咲かせることのできる立派《りっぱ》な科学の茎を育て上げることが必要なのだ。そうやってこそ「謎がとける」感激《かんげき》を手に入れることができるのである。

学問に王道なしとも言うように、安直に感激を手に入れることはできない。不思議に思う気持ちを持ち続けるだけでは十分でない。大人になるということは、ゴールを目指して一歩一歩着実に前に進む手だてを自分で編み出していく息の長い努力ができることだ。不思議に思う子供のような新鮮《しんせん》な気持ちを大事にしていきたいと思う。しかし、いつまでもそこにとどまっているだけでは茎も丈夫《じょうぶ》にならないし、ましてや花の咲く感動を手に入れるのは難《むずか》しいのである。

『10代のための古典名句名言』（佐藤文隆・高橋義人 著、岩波ジュニア新書）から

〔注意〕① 題名、氏名は書かずに、一行目から書き始めること。
② 原稿《げんこう》用紙の正しい使い方にしたがい、文字やかなづかいも正確に書くこと。

平成二十七年度　仙台市立中等教育学校入学者選抜《せんばつ》適性検査（作文）

検査用紙

受検番号	

注意

一　指示があるまで、この「検査用紙」を開いてはいけません。

二　作文の「検査用紙」には、表紙に続き、「検査問題」があります。「解答用紙」は一枚です。

三　「始め」の指示で、中を開いて、「解答用紙」に受検番号を書きなさい。その後、「検査問題」に取り組みなさい。検査時間は四十分です。

3　仙台青陵中等教育学校では，５年生の時にニュージーランドへ海外研修旅行に行っています。

次の１～３の問題に答えなさい。

1　春子さんは昨年海外研修旅行に行ったお姉さんから研修のしおりを見せてもらいました。学校から千葉県の成田国際空港まではバスで移動し，**図１**のように仙台宮城インターチェンジから東北自動車道などを利用したようです。あとの(１)～(３)の問題に答えなさい。

図1

(１)　途中で休けいをした栃木県の佐野サービスエリアから，世界遺産《いさん》に登録された富士山がきれいに見えたそうです。佐野サービスエリアは群馬県に入る数km手前にあります。富士山はどの方角に見えましたか。八方位で答えなさい。

(２)　成田国際空港がある千葉県やとなりの茨城県は様々な種類の野菜を生産し，野菜の生産額は国内トップクラスです。千葉県や茨城県で野菜作りがさかんな理由が主に三つあります。そのうちの二つは，気候が温暖《おんだん》なこと，関東平野は水はけがよい平地が多いことですが，もう一つの理由を簡単《かんたん》に説明しなさい。

(３)　春子さんは，江戸時代，大名が自分の領地と江戸の間を１年ごとに往復する参勤《さんきん》交代があったことを思い出しました。仙台藩《はん》の参勤交代は，通常は７泊８日で移動し，仙台から江戸までの道のりはおよそ360kmだったそうです。出発は毎朝午前８時30分，宿に到着するのは毎日午後８時，また，昼食や休けいの時間を合わせて毎日２時間30分とり，最終日に江戸に着いたのが午後４時だとします。この場合，仙台から江戸までの移動する速さはどのくらいですか。平均時速を小数第２位を四捨五入《ししゃごにゅう》して答えなさい。

2　秋子さんのお兄さんがニュージーランドに向けて出発する前日の夕方，秋子さんの家からは**図２**のように太陽と月が見えました。このとき見えていた月はどのような形をしていたでしょうか。下の**ア～ク**から一つ選び記号を書きなさい。また，そのような形に見える理由を書きなさい。

図2

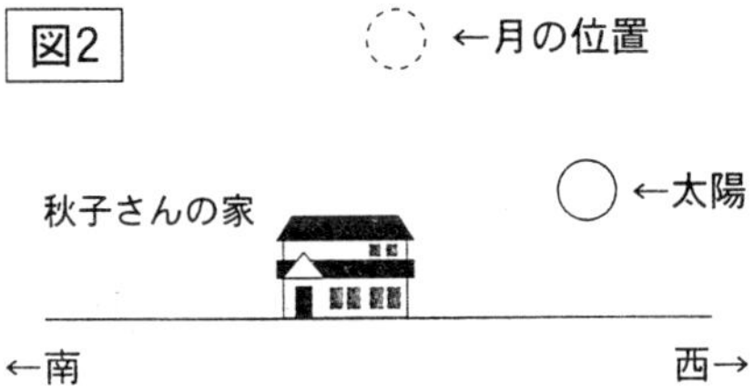

3　蔵王の合宿所に，毎年１月に開かれる円田《えんだ》地区の「親子たこあげ大会」のポスターがはってありました。つばささんは，ポスターの中にのっていた『たこ』という詩に興味を持ちました。あとの(１)～(３)の問題に答えなさい。

たこ　　北原　宗積《むねかず》

手にさげていたときは
おとなしかったが
たこよ
空にのぼるにつれて
えらくいばるじゃないか

ぼくを　みおろし
町を　みおろし
もう　おりたくない、と
ふんぞりかえる

北風に　あおられて
目をさましたのか
このまま　空のたびにでるんだ、と
しきりに
ぼくの手をひっぱる

『教科書の詩をよみかえす』
(川崎洋　著、筑摩書房)から

(１)　詩の ―― 線部分は，たこのどのような様子をたとえていますか。たこの様子を，詩の中の言葉を使わずに25字以内で説明しなさい。

(２)　つばささんは，この詩の中のたこの様子をことわざにあてはめることができると思いました。最もふさわしいものを，次の**ア**～**オ**から一つ選んで，記号で答えなさい。

ア　どんぐりの背くらべ　　**イ**　水を得た魚　　**ウ**　水と油
エ　天高く馬こゆる　　**オ**　つるの一声

(３)　つばささんはたこあげがしたくなり，休日に広場に出かけました。
下の**図**は，つばささんがたこをあげている図です。たこからつばささんの手までのたこ糸の長さが32m50cmのとき，地面からたこまでの高さを答えなさい。ただし，糸はピンと張っていてたるみがないものとし，つばささんの手の位置から地面までは１m25cmとします。

図

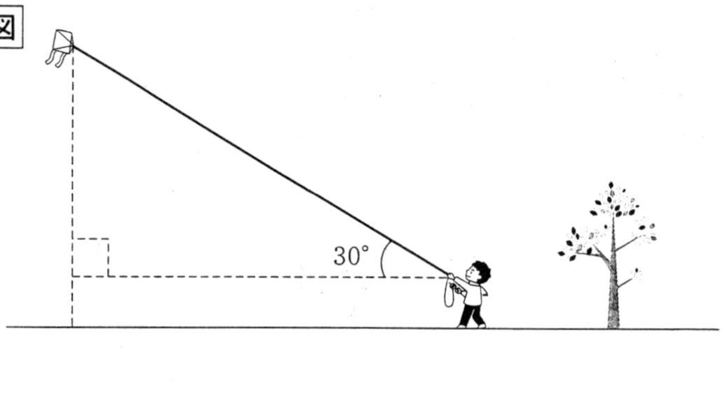

1　仙台青陵中等教育学校では，毎年各分野の専《せん》門家による「進路講演会」を開いています。次の１～３の問題に答えなさい。

1　国土交通省の人から「地図からみた日本」というお話がありました。「日本は四方を海に囲まれた島国ですが，海に面していない県もあります」という話に興味を持ったゆうたさんは，海に面していない県について調べることにしました。下の**表**はゆうたさんが調べたことをまとめたものの一部です。**A群**にあてはまる県名を，漢字またはひらがなで答えなさい。また，**B～D群**にあてはまる県の様子を表していることがらを，それぞれの群から一つずつ選び，数字を書き入れなさい。

表

A　群	長野県	(　　　　)県	(　　　　)県	(　　　　)県
B　群		②		
C　群			③	
D　群				④

［B群］　①　室町幕府をたおした武将《しょう》が天下統一のきょ点として建てた城があった。
　　　　②　８世紀の初め，当時の中国の都市にならった都がおかれた。
　　　　③　16世紀のおわりに「天下分け目」といわれた大きな戦いがあった。
　　　　④　日本で二度目の冬季オリンピックが開さいされた。
［C群］　①　北アルプスや中央アルプスなどの高い山々が連なっている。
　　　　②　日本最大の湖がある。
　　　　③　県南部に三つの川とそのてい防に囲まれた低い土地がある。
　　　　④　日本最大の半島のまん中に位置する。
［D群］　①　国内産の有名なブランドである「吉野杉《よしのすぎ》」の産地がある。
　　　　②　世界無形文化遺産《いさん》に認《にん》定された「美濃和紙《みのわし》」が有名である。
　　　　③　りんごやももなどの果物《くだもの》の生産がさかんである。
　　　　④　伝統工芸の「信楽焼《しがらきやき》」が有名である。

2　大学で数学を研究している先生から，身近な数字の一つであるカレンダーを題材にしたお話がありました。ゆいさんは先生の出す問題を真けんに考えました。あとの(１)～(４)の問題に答えなさい。

資料1

11月

日	月	火	水	木	金	土
			1	2	3	4
5	6	7	8	9	10	11
12	13	14	15	16	17	18
19	20	21	22	23	24	25
26	27	28	29	30		

(１)　**資料１**のカレンダーの日付の数にある素数の個数を答えなさい。
(２)　数の中で，その数自身を除く約数の和が，その数自身と等しくなる数のことを「完全数」といいます。**資料１**のカレンダーには完全数が二つあります。一つは，「６」ですが，残りの一つを見つけ，下の例にならって答えなさい。
〈例〉「６」の場合の答え方　→１＋２＋３＝６
(３)　ある月のある週の月曜日から金曜日までの日付の数の和が「70」でした。この月の前月の最後の日は何曜日ですか。理由もあげて答えなさい。
(４)　講演を聞いて，身近な数字に関心を持ったゆいさんは，**資料２**がのった新聞記事を見つけました。次の①，②の問題に答えなさい。

問題は次のページから始まります。

受検 番号	

平成２８年度
仙台市立中等教育学校入学者選《せん》抜《ばつ》適性検査（総合問題）

検　査　用　紙

注　意

1　指示があるまで，この「検査用紙」を開いてはいけません。

2　総合問題の「検査用紙」には，表紙に続き，１ページから６ページまで「検査問題」があります。「解答用紙」は１枚です。

3 「始め」の指示で，「検査用紙」と「解答用紙」に受検番号を書きなさい。その後，「検査問題」に取り組みなさい。検査時間は６０分です。

4　解答は，すべて「解答用紙」に記入しなさい。「検査用紙」の空いているところは，自由に使ってかまいません。

教英出版

（2） 次に見学した「電磁石をつくろうコーナー」では，下の**材料**を自由に組み合わせて，電磁石をつくることができました。

材料

じゅう電式電池

200回巻きコイル
長さ　7m

100回巻きコイル
長さ　7m

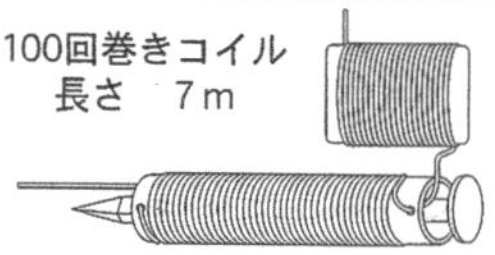

棒磁石の代わりにできるだけ強い電磁石をワニのおもちゃに近づけようと考えました。そこで，上の**材料**を組み合わせた電磁石**ア～オ**をつくり，下の**表1**と**表2**を作成しました。**表2**のA，B，Cに当てはまる電磁石を，**表1**の**ア～オ**から全て選びなさい。ただし，100回巻きと200回巻きの導線は同じ太さの物を使用し，検流計で回路に流れる電流の強さを測ることとします。

表1 ＜電磁石の種類と回路に流れる電流の強さ＞

電磁石	電池の数（つなぎ方）	コイルの巻き数（長さは全て7m）	回路に流れる電流の強さ
ア	1本	100回巻き	1.0A
イ	1本	200回巻き	
ウ	2本（直列）	200回巻き	D
エ	2本（へい列）	100回巻き	E
オ	2本（へい列）	200回巻き	F

表2 ＜電磁石の強さランキング＞

順位	電磁石の強さ
1位	A
2位	B
3位	C

〈注〉A，B，Cには電磁石**ア～オ**の全てが入ります。

（3） **表1**の**回路に流れる電流の強さ**D，E，Fはどうなりますか。下の①～⑤の中から最も近いものをそれぞれ一つ選び，番号で答えなさい。

① 0.3A　② 0.5A　③ 0.7A　④ 1.0A　⑤ 2.0A

3　ともこさんのグループは，古くから営業しているせんべい屋で教えられた工夫をもとに問題をつくりました。あとの（1），（2）の問題に答えなさい。

（1） せんべい屋では，生地《きじ》を円の形に型ぬきし，型ぬきで余った生地は，再びのばして型をぬきます。これをくり返し，むだなく生地を使う工夫をしています。

図1

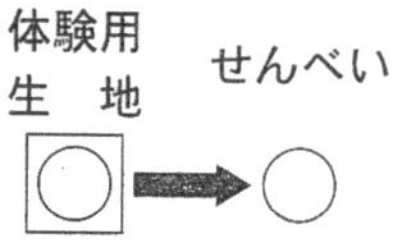

体験用の生地は図1のように正方形で，そこからせんべい1枚分の円形を型ぬきします。型ぬきで余った生地を4個集めると，体験用の生地を1個つくることができます。

体験用の生地10個で最大何枚のせんべいをつくることができますか。また，その理由を説明しなさい。ただし，生地の厚さは全て同じとします。

（2） できあがったせんべいをふくろに入れてリボンで結ぶことにしました。リボンは1mのものを3等分して使います。計算で求めようとすると，1÷3＝0.333…となり，割り切れません。ともこさんは，図2のようなかべの模様《もよう》を見て，簡単《かんたん》に3等分する方法に気づきました。

図2

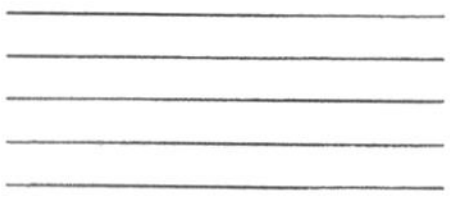

＜かべの模様＞

下のともこさんとしゅんさんの会話の（　①　）にあてはまる言葉を答えなさい。また，（　②　）については，解答用紙の図にリボンを線でかき，3等分に切る場所に●を付けなさい。ただし，かべの模様の上下のはばは全て同じです。また，そのはばは30cmよりせまいものとします。

ともこさん	あっ，簡単に3等分できる。
しゅんさん	えっ，どうやるの？
ともこさん	並《なら》び方が（　①　）な直線が同じはばで何本もあるでしょ。これを使って，リボンをぴんと張って切れば1mを簡単に3等分することができるよ。
しゅんさん	なるほど，分かった。こうだね。（　②　図をかく　）

2　みつおさん，りょうこさん，ゆうじさんの３人は，それぞれ夏休みの自由研究に取り組みました。次の１～３の問題に答えなさい。

1　みつおさんは博物館の特別展《てん》示に行き，下のレポートを作成しました。あとの（１），（２）の問題に答えなさい。

みつおさんのレポート

「江戸文化にえいきょうを与えた人」

杉田玄白について

杉田玄白《すぎたげんぱく》は西洋の医学書を翻訳《ほんやく》し「解体新書《かいたいしんしょ》」を出版した。当時の西洋の学問は蘭学《らんがく》と呼《よ》ばれ，進んだ学問が日本にも入ってきた。

歌川広重について

歌川広重《うたがわひろしげ》は浮世絵《うきよえ》の絵師である。浮世絵は江戸時代に人々の間で流行し，歌舞伎《かぶき》役者や風景などをえがいたものがある。江戸時代には，大阪や江戸の町人を中心とした文化が発達した。

（１）　みつおさんのレポートの下線部分について，西洋の学問はなぜ蘭学と呼ばれたのか。当時の日本の社会のようすにふれながら説明しなさい。

（２）　江戸時代の後半になると，**資料１**の他に，**資料２**のような浮世絵が増えました。その理由の一つとして，「当時の人々の好みが浮世絵にえいきょうしていた」と博物館の方から聞きました。当時の人々の間では，どのようなことが好まれ流行していたと考えられますか，説明しなさい。

資料1

資料2

2　りょうこさんは，右のような紙テープを一つ買いました。その紙テープを３回折り曲げ，紙テープで囲まれる図形が正三角形になるように端《はし》をつなぎ合わせました。そこで，りょうこさんは，紙テープで囲まれた正三角形の１辺の長さと紙テープの長さの関係を調べようと考えました。

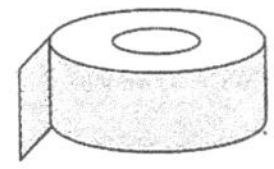

図１は，紙テープで囲まれた正三角形ABCと，紙テープが重なる三角形ADEが合同になるように折り曲げたものです。**図２**は，紙テープで囲まれた正三角形の１辺の長さを**図１**の正三角形ABCの１辺の長さの２倍にして折り曲げたものです。

図１のア，**図２**のイの線は，紙テープのつなぎ目です。どちらも最後にぴったりとつなぎ合わせたので，紙のテープののりしろは考えないものとします。あとの（１）～（３）の問題に答えなさい。

2　あおいさんは，自動車工場で働く横田《よこた》さんに製造業のお話を聞き，自動車産業について調べました。あとの(1)～(3)の問題に答えなさい。

(1)　**資料**1のグラフをもとに，自動車の生産額がもっとも多い工業地帯または工業地域の場所を，**資料**2の地図から一つ選んで番号で答えなさい。また，その工業地帯または工業地域の名前を答えなさい。

資料1　自動車(二輪自動車をふくむ)の生産額(2012年，単位：億円)

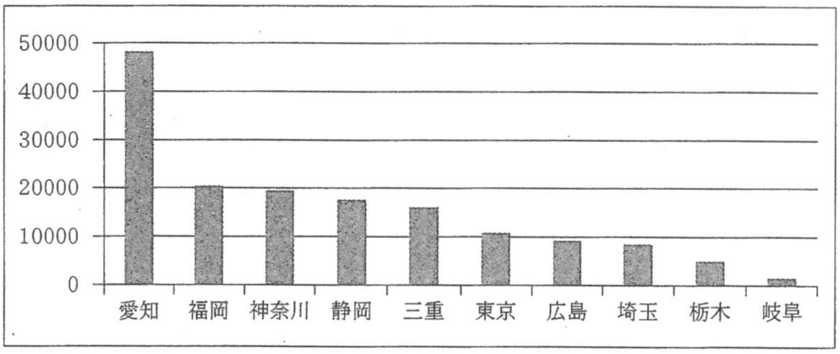

帝国書院統計資料より作成

資料2　日本の主な工業地帯・工業地域

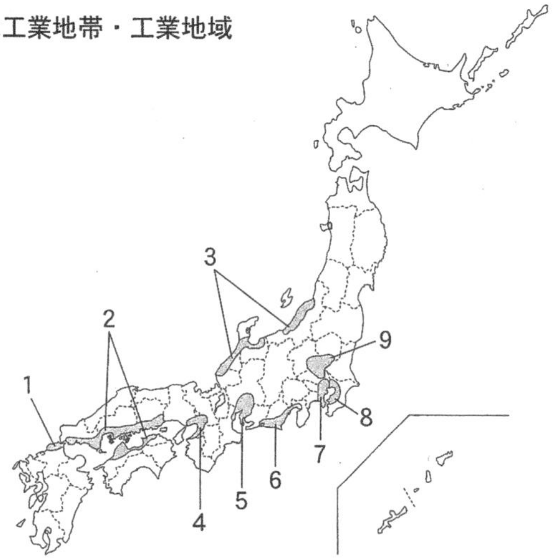

(2)　横田さんの工場では，目的に応じた自動車づくりが行われています。かん境を守ることを主な目的とした自動車づくりにあてはまるものを，下の**ア**～**オ**から二つ選んで記号で答えなさい。

ア　解体しやすい車　　**イ**　ぬれた道路でもすべりにくい車

ウ　足を使わず手だけで運転できる車　　**エ**　燃料電池で動く車

オ　自動でブレーキがきく機能を備えている車

(3)　あおいさんの家では，燃料のむだづかいを減らすために，自動車で走ったきょりを下の**表**のように記録しています。4月から9月までの走ったきょりの平均は985kmでした。8月は6月の2倍走ったとすると，8月の走ったきょりは何kmになるか答えなさい。

表

4月	660 km	5月	1250 km	6月	km
7月	970 km	8月	km	9月	1110 km

問題は次のページから始まります。

問題

◎次の文章は、ブラジルから日本に来て七年になる、初鹿野《はつしかの》プリシラ・カレンさんが、インタビューに答えたものです。カレンさんが考える「日本人らしい共同作業」とはどんなものですか。また、そのことについて、あなたはどのように考えますか。体験したことを交えながら四百字以上五百字以内で書きなさい。ただし、文章は三段《だん》落構成にしなさい。

　現在私が住んでいる東京に、大雪が降《ふ》ったときのことです。雪が珍《めずら》しくて嬉《うれ》しい私ですが、ラッキーだなんて喜んでいる場合ではなかったのです。道路はすっかり雪に埋《う》まり、一歩踏《ふ》み出すと足が雪に沈《しず》み、動きが取れません。外出を諦《あきら》めてお茶を飲んでいると、ザザザーッと聞き慣れない音が外から聞こえてきたのです。何の音かと気になっていると、あちらこちらからも聞こえてくる。外に出ると、道路の雪かきをしているのだとわかりました。皆《みな》が手にしていたのは、先がプラスチックのシャベルでした。それをうまく使って、雪をすくいます。

　歩けるように何とかしなければ、という気持ちが伝わってきました。私もプラスチックトレーを持ってきて参加です。雪は軽そうに見えて、意外と重かった。若い男の人が車を

解答用紙

受検番号	

検査問題の番号			解答を記入する欄《らん》		
				三内丸《さんないまる》山《やま》遺跡（縄文《じょうもん》時代）	吉野ヶ里《よしのがり》遺跡（弥生《やよい》時代）
1	1	(1)	資料１	（　　）	（　　）
			資料２	（　　）	（　　）
		(2)	資料３		
		(3)	大きな変化		
		(4)	人		
	2	(1)	通り		
			①（　）極　②（　）極　③（　）極　④（　）極　⑤（　）極　⑥（　）極		
		(2)	A		
			B		
			C		
		(3)	D		
			E		
			F		
	3	(1)	枚		
			（理由）		
		(2)	①		
			②		

作文　解答用紙

〔注意〕

① 題名、氏名は書かずに、一行目から書き始めること。

② 原稿《げんこう》用紙の正しい使い方にしたがい、文字やかなづかいも正確に書くこと。

※ の欄《らん》に記入してはいけません。

受検番号

※

※25点満点

0 0字

５００字

＜注意＞ * の欄に記入してはいけません。

* ※100点満点

検査問題の番号			解答を記入する欄《らん》	
2	1	(1)		3点
		(2)		3点
	2	(1)	cm	4点
		(2)	倍	4点
		(3)	cm	4点
	3	(1)	(効果)	2点
			(理由)	2点
		(2)		4点
		(3)		3点
3	1	(1)	分	4点
		(2)		4点
		(3)	①	2点
			② 植物は	4点
	2	(1)	番号	2点
			名前	2点
		(2)		3点
		(3)	km	4点

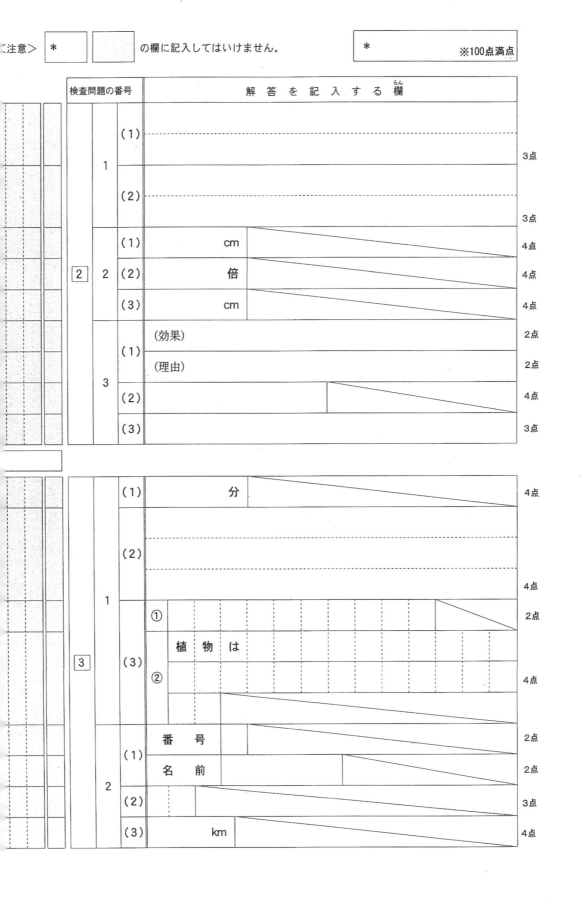

どると、再び雪をかき始めました。体が汗《あせ》ばむ頃《ころ》、狭《せま》いけれど歩くには充《じゅう》分な道が、やっと先の方まで伸《の》びたのです。

日本人らしい、そして私にとっては初めての共同作業の体験でした。誰《だれ》かが声をかけなくても、一人の人がやるべきだと実行し始めると、それが合図のように他の人への誘《さそ》いとなり、自然と共同作業の形になっていく。そして言葉少なに黙々《もくもく》と続くのです。終り方もただひと言、「お疲《つか》れさま」と言って一人去り、また一人去る、という自然さで、ゆっくりと共同作業は終りました。

私の手や足先は、冷え切っていました。でも身体は温まり、心はもっとほかほかと温くなっていました。

〝日本人らしさ〟がわかったような気がしました。そしてそこに自分が加わることができた嬉しさが、じんわりと湧《わ》き上っていたのです。

（インタヴュアー・古川祥子）

（文藝春秋『日本人のここがカッコイイ！』加藤恭子 編）から

文章は作品のまま引用しています。

〔注意〕①　題名、氏名は書かずに、一行目から書き始めること。

②　原稿《げんこう》用紙の正しい使い方にしたがい、文字やかなづかいも正確に書くこと。

平成二十八年度　仙台市立中等教育学校入学者選抜《せんばつ》適性検査（作文）

検査用紙

注意

一　指示があるまで、この「検査用紙」を開いてはいけません。

二　作文の「検査用紙」には、表紙に続き、「検査問題」があります。「解答用紙」は一枚です。

三　「始め」の指示で、「検査用紙」と「解答用紙」に受検番号を書きなさい。その後、「検査問題」に取り組みなさい。検査時間は四十分です。

受検番号	

3 りくさんのクラスでは，総合的な学習の時間に日本の産業について，講師の方からお話を聞きました。次の１～２の問題に答えなさい。

１　りくさんとゆいさんは，青陵《せいりょう》中等教育学校のしき地内にある「青陵の森」で，講師の葉山《はやま》さんから林業に関するお話を聞きました。下の会話文を読んで，あとの(１)～(３)の問題に答えなさい。

りくさん	林業では森や緑を守るためにどのような工夫をしていますか。
葉山さん	はい。いろいろありますが，その中の一つに，ある程度まで成長した木を切って，ア残りの木をより良く成長させるために行われる「間ばつ」という作業があります。
りくさん	えっ，せっかく育った木を切ってしまうのですか。
葉山さん	はい。成長した木を切るのはたしかにおしい気もしますが，森林の保護・管理のためには欠かせないことなんですよ。
りくさん	間ばつは植物が成長するしくみと関係がありそうですね。
ゆいさん	私は，増えすぎた空気中の二酸化炭素を森や緑が減らしてくれるという話を聞いたことがあります。
葉山さん	でも，植物も私たちと同じように呼吸《こきゅう》をして二酸化炭素を出しているんですよ。
ゆいさん	えっ，そうなんですか。そうなると二酸化炭素がどんどん増えて，いつか空気中の酸素がなくなってしまうんじゃないですか。
葉山さん	ゆいさんの疑問を解決するには，イ植物と空気とのかかわりを調べる必要がありそうですね。
ゆいさん	はい。さっそく実験して確かめてみます。

(１)　「青陵の森」の間ばつ作業を葉山さん１人だけですると240分，りくさんとゆいさん２人ですると360分かかるとします。この作業を葉山さんが最初に60分したあと，残った作業を葉山さん，りくさん，ゆいさんの３人で行い完成させる場合，りくさんとゆいさんは何分作業することになりますか。

(２)　下線部アの，「間ばつ」によって木がより良く成長する理由を，植物の葉のはたらきにふれながら答えなさい。

(３)　ゆいさんは，さっそく下線部イを調べる実験をしてみました。下の(Ａ)～(Ｅ)は実験の手順です。あとの①，②の問題に答えなさい。

(Ａ)　図のように植物にポリエチレンのふくろをかぶせて，ストローで息をふきこんだり吸《す》いこんだりを何度かくり返す。その後，ふくろをふくらませた状態であなをふさぐ。
(Ｂ)　気体検知管を使ってふくろの中の空気を調べる。
(Ｃ)　ふくろをかぶせた植物を１時間ぐらい(　　　　　　　)。
(Ｄ)　気体検知管を使ってもう一度ふくろの中の空気を調べる。
(Ｅ)　気体検知管を使って調べた１回目(Ｂ)と２回目(Ｄ)の結果を比べる。

図

①　手順(Ｃ)の(　　　　　　　)にあてはまる言葉を，10字以内で答えなさい。

②　この実験の結果からどんなことが分かりますか。下の文の空らんにあてはまる言葉を，25字以内で答えなさい。

植物は(　　　　　　　　　　　　　　　　　　　　　　　　　　　　)

図1

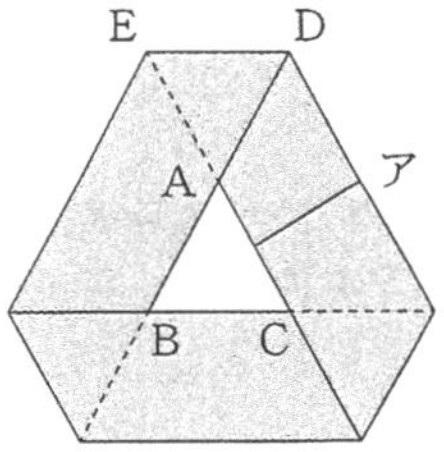

図2

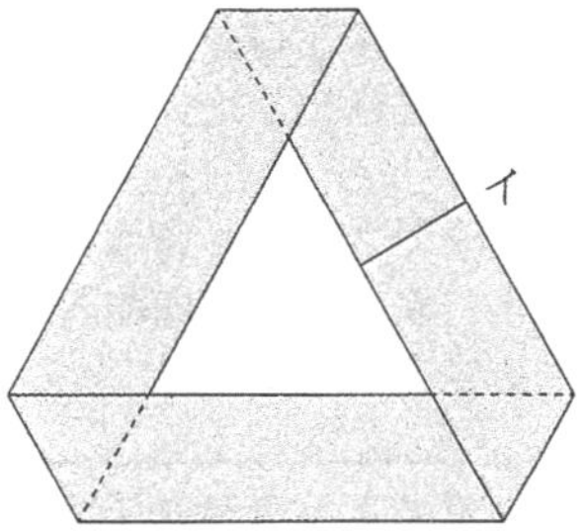

（1） **図1**の正三角形ABCの１辺の長さはちょうど２cmでした。この図形をつくるのに必要な紙テープの長さは何cmになりますか。

（2） **図2**の図形をつくるためには，**図1**で使う紙テープの長さの何倍の紙テープが必要になりますか。

（3） りょうこさんは，紙テープで囲まれた正三角形の１辺の長さと紙テープの長さの関係から，次のことに気がつきました。［　　］にあてはまる値《あたい》を答えなさい。

> 紙テープの長さが少なくとも［　　］cmより長くないと，紙テープで囲まれる正三角形はつくれない。

3　ゆうじさんは，下のレポートを書きました。あとの（1）～（3）の問題に答えなさい。

ゆうじさんのレポート

この夏の過ごし方の工夫

A 緑のカーテンを育てる
- 窓《まど》や壁《かべ》の前で育てるとよい
- 緑のカーテンはヘチマやアサガオ，ツルレイシ（ゴーヤー）が向いている

B エアコンの設定温度は 28℃くらいにする
- 設定温度を低くすると，電気の使用量が増えてしまう

C 室内ではエアコンと送風機を同時に使うと部屋全体の温度が早く下がる
- ［　　］

資料3　ある年の８月 13 日の室内の温度変化

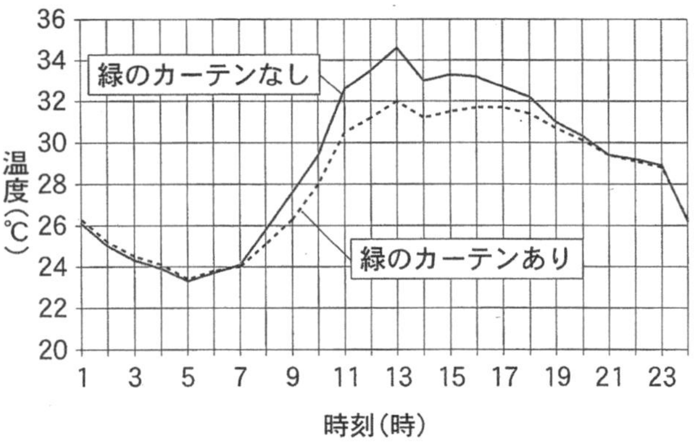

〈注〉この日の天気は晴れで，温度はエアコンや送風機を使用しないで測定した。

埼玉県ふじみ野市「花と緑の部会」より作成

（1） 緑のカーテンによる効果を調べていたゆうじさんは，**資料3**のグラフを見つけました。グラフから緑のカーテンにはどのような効果があるといえますか。また，そのようになる理由を答えなさい。

（2） 自宅の緑のカーテンの効果を確かめるために，ゆうじさんは８月の電気の使用量を比かくしました。昨年８月の電気の使用量は，一昨年の８月に比べて10％増えていました。今年８月の電気の使用量は，昨年８月と比べて10％減っていました。今年８月の電気の使用量は，一昨年８月と比べて何％増えましたか，または減りましたか。

（3） ゆうじさんのレポートの［　　］にあてはまる，エアコンと送風機を同時に使うと早く下がる理由を答えなさい。

1　たろうさんのクラスでは，町探《たん》検をして分かったことをもとに問題をつくり，みんなで解き合いました。次の１～３の問題に答えなさい。

１　たろうさんのグループは，博物館で見学した展《てん》示をもとに，「遺跡《いせき》と古代人の生活」の問題をつくりました。あとの(１)～(４)の問題に答えなさい。

資料1　写真

A

B

C

資料2　地図上の位置

資料3　それぞれの遺跡と同じ時代に出土したもの

①木製のくわ

②銅たく

③シカの角《つの》のつり針

④中国製の貨へい

⑤土器

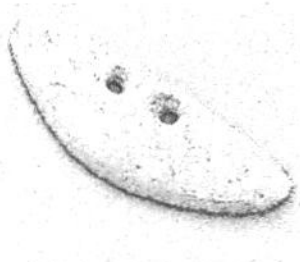
⑥石包丁

(１)　下の表の(　)にあてはまるものを，上の**資料１**，**資料２**からそれぞれ一つ選んで，記号で答えなさい。

表

	三内丸山《さんないまるやま》遺跡(縄文《じょうもん》時代)	吉野ヶ里《よしのがり》遺跡(弥生《やよい》時代)
資料１	(　　)	(　　)
資料２	(　　)	(　　)

(２)　三内丸山遺跡と同じ時代から出土したものを，**資料３**の①～⑥の中から，二つ選んで番号で答えなさい。

(３)　三内丸山遺跡の時代から吉野ヶ里遺跡の時代になって大きく変化したことが二つあります。**資料３**の遺跡から出土したものにふれながら，「大きな変化」を二つ答えなさい。

(４)　見学を終えて売店に行くと，かわいらしい古代人の人形を買う人が20人並んでいました。この店のレジは１分間で３人の会計を行うことができます。レジに並ぶ人が１分ごとに２人ずつ増えていく場合，12分後には何人並ぶことになりますか。

２　けんたさんのグループは，科学学習センターで実験したことをもとに，磁石《じしゃく》に関する問題をつくりました。あとの(１)～(３)の問題に答えなさい。

(１)　科学学習センターで見つけた磁石の性質を使ったワニのおもちゃは，**図**のようにいつも口を開けていて，棒《ぼう》磁石を近づけると口を閉じます。このようなおもちゃをつくるとき，二つの丸型磁石の極と，棒磁石の極の組み合わせは全部で何通りありますか。また，考えられる組み合わせの一つを選んで，図中の①～⑥の極を全て書きなさい。

図

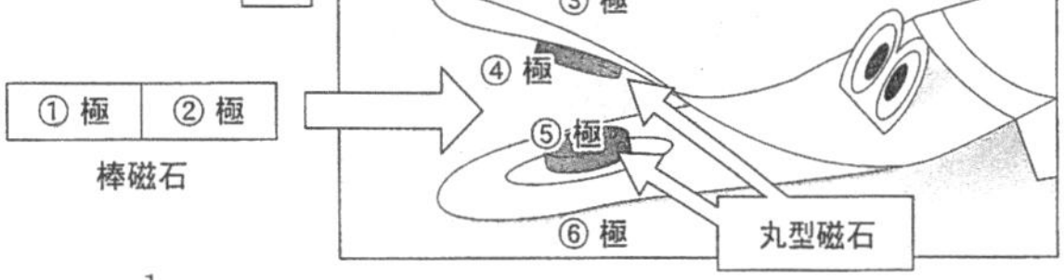

問題は次のページから始まります。